SHARING ECO

U0958737

区块链+资产数字化

破解实体经济困局

刘军稳◎著

DIGITAL ECONOMY

PLATFORM ECONOMY

BLOCKCHAIN

中国经济出版社
CHINA ECONOMIC PUBLISHING HOUSE
北京

图书在版编目（CIP）数据

区块链+资产数字化：破解实体经济困局/刘军稳著.
—北京：中国经济出版社，2019.8
ISBN 978-7-5136-5747-1

Ⅰ.①区… Ⅱ.①刘… Ⅲ.①电子商务—支付方式—研究 Ⅳ.①F713.361.3

中国版本图书馆 CIP 数据核字（2019）第 126966 号

责任编辑　姜　静　赵立颖
责任印制　马小宾
封面设计　久品轩

出版发行　中国经济出版社
印 刷 者　北京艾普海德印刷有限公司
经 销 者　各地新华书店
开　　本　710mm×1000mm　1/16
印　　张　17.5
字　　数　251 千字
版　　次　2019 年 8 月第 1 版
印　　次　2019 年 8 月第 1 次
定　　价　68.00 元
广告经营许可证　京西工商广字第 8179 号

中国经济出版社 **网址** www.economyph.com **社址** 北京市西城区百万庄北街 3 号 **邮编** 100037
本版图书如存在印装质量问题，请与本社发行中心联系调换（联系电话：010-68330607）

谨以此书献给我的爱人和我们刚出生的孩子!

——刘军稳

目 录

CONTENTS

第一章 导 论

现代人类社会经济发展存在周期性。在世界经济周期运动中最长的周期是康德拉季耶夫周期，这个周期循环一次为 50~60 年。众所周知，60 年，在中国可称为一个甲子，循环一次就是一个康德拉季耶夫周期，即康波周期。

康波周期包括四个阶段，分别是上升繁荣期、见顶回落期、经济反弹期和衰退期。每个阶段都会因其内驱力而产生经济发展的阶段性趋势，具体表现为各种资产的价格波动。

2019 年，美国的长期发展明显出现滞胀现象，资本市场岌岌可危。而在中国，全球第一个 5G 场外电话在中国广东省广州市打通，意味 5G 商业应用落地正式拉开序幕，这是一个近 30 年、未来 20 年的大机遇。

在做人生财富规划的时候，我们一定要知道，每个人都是社会大系统中的一分子，如果社会大系统给你时间机会，你就有时间机会；如果这个大系统没给你机会，你再努力也徒劳无获。

因此，如何在互联网，特别是移动互联网发展到第五代的时候，抓住时代赋予我们的机遇，成就自己的美丽人生，是每个人应时刻思考的问题。

一、本书的内容

从互联网进入中国算起，中国开始迈入互联网世界不足 32 年。在短短的 32 年里，互联网对中国经济的影响超过了以往的任何变革——从信息经济到数字经济，再到共享经济，中国正呈现一种“换道超车”的态势。

一方面，当前我国正处于经济结构转型升级与新一轮科技革命和产业变革突破爆发的历史交会期。以数字技术为代表的创新正多领域、群体性地加速突破，共享经济通过切入第三产业，开始蓬勃发展，进而不仅覆盖了三大产业，而且渗透到包括移动支付、数字商业等在内的核心领域，开始对传统商业模式发起一轮轮的颠覆；区块链时代的通证经济将数字技术推广到资产转换领域，在加速资产数字化流通的同时，也使得资产碎片化，让更多的人参与到共享共赢的浪潮中来。（图 1-1）

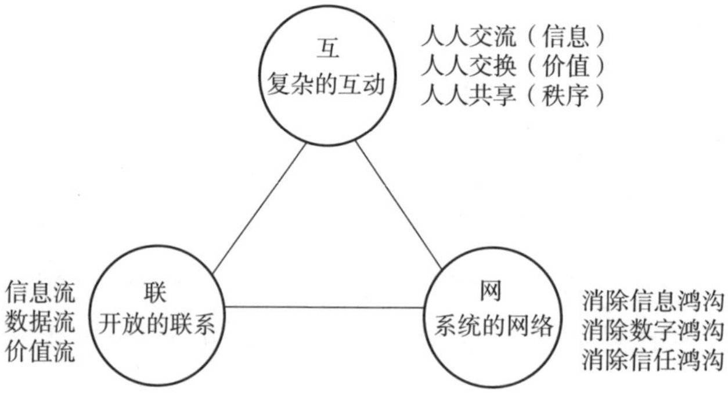

图 1-1　互联网图示

资料来源：大数据战略重点实验室．块数据 3.0：秩序互联网与主权区块链［M］．北京：中信出版社，2017.

另一方面，以数字经济、共享经济和通证经济为代表的新经济时代，在推动新模式、新业态持续涌现创造新机遇的同时，也给传统产业，特别是实体经济带来巨大的冲击。

目前，中国的实体经济面临三座大山：市场的冰山、融资的高山和转型的火山。习近平总书记在中共中央政治局第三次集体学习时强调，实体经济是一国经济的立身之本，是财富创造的根本源泉，是国家强盛的重要支柱。[①] 振兴实体经济，事关我国经济社会发展全局。习近平总书记在多个重要场合反复强调，我国是个发展中的大国，必须发展实体经济，不断推进工业现代化、提高制造业水平，不能“脱实向虚”。

但是，理想很美好，现实很残酷，变与不变已成为摆在实体企业面前艰难的抉择。变，企业已经坚守了几十年，说变就变谈何容易。不变，时代催人变。在当今互联网时代，“快”是一个最鲜明的特征。实体经济不仅要变，而且要快速转变，否则就没有出路。

中国有句俗话：办法总比问题多。区块链时代有个新名词：共识。共识是交往主体间对同一事物的一种共同理解、共同融合和共同承担的认识，是一种在一定的技术、制度和观念等媒介条件下的趋同性认识、契合性悟解。而观念是引导共识的深层次力量，因此，共识是由共同观念引导的。要达成共识，首先观念要一致。

在信息爆炸的今天，人们获得信息的成本极低。但是，海量碎片化的信息让很多人无所适从，思维无法形成体系，面对新问题也束手无策。近几年，基于通证的所谓项目最后“一地鸡毛”很重要的一个原因是，投资者对项目的辨识度严重不足，也就是“鸵鸟心态”在作祟：只看到了项目能带来巨大的收益，没有看到项目方实际上在导演“庞氏骗局”。

人生的真谛在于不断进步。正所谓“成功一定有方法，失败一定有原因”，学习不够往往是失败最重要的原因。因此，实现进步的方式和手段是系统化的学习。正是基于这样的理念，笔者在本书中介绍了当下每个读者都需要了解的理论知识和行业趋势，梳理其内在的逻辑性，并在结语给出了一个解决方案。希望这种系统化的理论知识和实践应用能够给广大读者的观念带来些许的改变，从而使更多人对当下的形势达成共识，找到合适的解决方案。

---

① 习近平在中共中央政治局第三次集体学习时强调，深刻认识建设现代化经济体系重要性，推动我国经济发展焕发新活力迈上新台阶［EB/OL］. http: //www. gov. cn/xinwen/2018-01/31/content_5262618. htm.

尽管区块链的商业应用正在如火如荼地进行着，但是传统的经济体系依然占据绝对主导地位。因此，本书从全球主要经济体的现状和展望开始，接着过渡到数字经济的前世今生，然后讨论区块链技术、介绍通证及通证经济和 STO 与资产数字化，最后通过三个借助区块链和资产数字化理念转型实例讨论破解实体经济困局之道，具体内容如下：

第一章，导论。

第二章，全球经济形势分析与展望。进入 2019 年，全球经济形势纷繁复杂。本章介绍了全球前四大单一货币经济体：美国、欧元区、中国和日本的经济现状以及存在的问题，并对全球未来的走势进行展望。

第三章，数字经济方兴未艾。目前全球数字经济的竞争异常激烈，本章首次提出数字经济 3.0 的概念，并结合 5G 的商业应用，对未来全球经济发展的场景进行描绘。

第四章，区块链技术风生水起。达沃斯世界经济论坛创始人克劳斯·施瓦布（Klaus Schwab）曾说，区块链技术是一项颠覆性的技术，是第四次工业革命的成果。区块链技术的第一个应用比特币已经给我们带来了足够的震撼。区块链技术未来的应用前景如何、能否改变我们的生产和生活，本章将为您一一解读。

第五章，通证一波三折。随着区块链技术给全球各行各业在各方面，特别是财富效应方面带来的震撼，首次币发行（Initial Coin Offerings，ICO）风行全球。不过，由于全球各国在监管方面的“空白”以及各国政策协调的不一致，ICO 最后是“一地鸡毛”。本章首次提出“首次通证发行”（Initial Token Offerings，ITO）的概念，并对其与 ICO 的关系进行了剖析。此外，本章还重点介绍了通证经济和通证经济的实施路径。

第六章，证券类通证发行（STO）与资产数字化。正当全球 ITO 市场逐渐萎缩甚至消亡的时候，证券通证发行（Security Token Offerings，

STO）迅速在全球金融业掀起了讨论的热潮，很多人认为STO将是数字资产领域的下个风口。本章通过分析美国对STO的监管法律和美国证券交易委员会主席的证词，认为STO的投资门槛非常高，可操作性不强，短期内在中国没有实施STO的可能，因此，提出资产数字化是解决方案。

第七章，破解实体经济困局的三个实例。本章重点介绍和分析三家企业的资产数字化转型实例：一是中山古镇灯饰通过区块链和通证经济相结合，成功翻越实体经济面临的“三座大山”；二是闲秀亿购基于5G商业应用和资产数字化理念，打通营销链和供应链，为消费升级和服务实体经济做出自己的贡献；三是拥德科技采用“区块链+物联网+智能防伪技术”，让更多贫困家庭通过生态养殖脱贫创富。

第八章，结语。通过回顾人类历史的系统研究，特别是近现代L. V. 贝塔朗菲（L. Von. Bertalanffy）的研究以及中国钱学森先生对系统论的贡献，并透析当前5G时代的代表——中国华为所取得的辉煌成就的背后逻辑，得出本书的结论：在信息技术飞速发展的今天，系统化的思维方式是我们更好地分析问题、解决问题的应有之策。

二、我们的未来

2019年1月中旬，中国广东联通联合中兴通讯在深圳5G规模测试外场，打通了全球第一个基于3GPP最新协议版本的5G手机外场通话（First Call），这意味5G商业应用进程拉开帷幕。

由于5G在网络速度、时延和密度方面相较4G有质的提升，未来5G将彻底改变社会。我们可以想象一下未来的生活：早晨，5G路由器叫醒你起床，这时它能感知你的睡眠质量（存储和传输体质监测的相关数据）。此时，你不用着急起床，用手机连通早餐机，即可煮出美味可口的早餐。吃早餐的时候，手机还能自动为你预约一辆无人驾驶的汽车，并且自动规划一条不拥堵的出行路线。到达公司后，你用5G手机就可以召开视频虚拟现实技术的远程会议。下班后，你用5G手机预约一辆无人驾驶的汽车，接上你的家人，在路上就可以连接智能厨房做好晚餐，到家后就可以吃上丰盛可口的晚餐了……当然，要实现这美好的场景我们还有一系列工作要做。(图1-2)

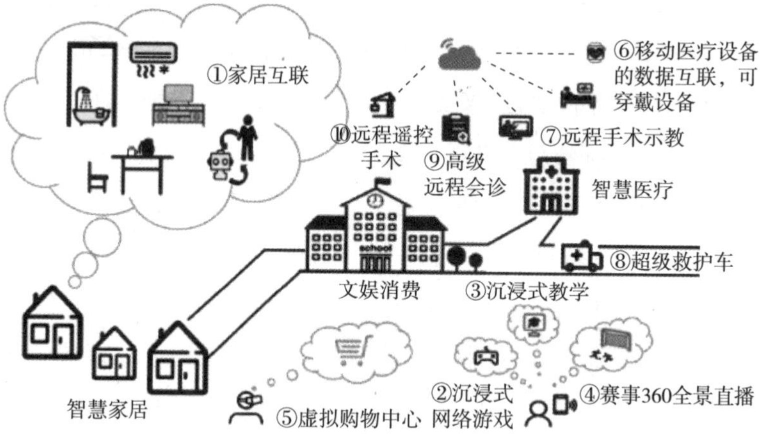

图1-2　5G实现万物互联

资料来源：德勤.5G重塑行业应用［Z］. 2018-09.

第一，数字化转型是一个方向，数字技术将带来新的商机。数字经济是移动互联网、云计算、大数据等新一代通用技术深入经济社会各个层面后产生的结果，是引领全球经济增长的重要引擎之一。中国的数字经济发展尤为迅速，2018年，我国数字经济规模达到31.3万亿元人民币，位居全球第二，同比增长15.1%。因此，在趋势面前，只有顺应才是唯一的出路。

第二，传播共享经济理念，达成共享共赢的共识。“共享经济”最早由美国得克萨斯州立大学社会学教授马科斯·费尔逊（Marcus Felson）和伊利诺伊大学社会学教授琼·斯潘思（Joel. Spaeth）在其1978年发表的论文（*Community Structure and Collaborative Consumption: A Routine Activity Approach*）中提出。目前，随着信息技术的飞速发展，个人与个人、个人与商家、商家与商家之间的链接将被重新构建，整个社会处于“你中有我，我中有你”的利益格局，整个社会经济的运行效率将逐步提升，共建一个更富人文情怀的社会。

第三，推广通证经济，构建闭环商业生态，促进实体经济转型和发展。振兴实体经济，事关我国经济社会发展全局。实体经济始终是人类社会赖以生存和发展的基础，区块链技术在落地过程中也必然绕不开与实体经济的结合。

在信息技术，特别是数字技术应用日益深入的今天，“快”已成为我们这个时代最显著的特征。我们如何用一双慧眼和一个睿智的头脑把握未来呢？凯文·凯利（Kevin Kelly）在其新著《必然》中用12个词来概括未来30年的发展趋势：“更多的流动（Flowing）、共享（Sharing）、追踪（Tracking）、使用（Accessing）、互动（Interacting）、屏读（Screening）、重混（Remixing）、过滤（Filtering）、知化（Cognifying）、提问（Questioning）和形成（Becoming），我们正站在开始（Beginning）的时刻。”乍一看，不知道这位智者想表达什么，其实，简单一句话：“飞得高，飞得低，学习再学习，多少大秘密。”（So high，so low，so many things to know.）希望这本书能成为广大读者日常学习过程中的“小拐杖”。

当下的中国，正处在最好的时代。5G大幕刚刚拉开，区块链的应用正在兴起，平台经济的模式还在萌动，我们需要有一双善于发现机会的眼睛，抓住时代赋予的机遇，分享科技带来的红利，为中华民族在下个40年再创辉煌续写新的篇章。

第二章 全球经济形势分析与展望

在 2008 年全球金融危机爆发至今的 10 多年里，各国政府通过采取各种措施刺激经济增长，以期将金融危机造成的损失降到最低。然而，由于各国经济发展的阶段和周期不尽相同，所以各国的经济状况差异明显。站在新的历史时刻，如何走好下一个经济周期成为各国政府关注的焦点。作为全球第一大和第二大经济体，美国和中国的经济周期差异较大，目前美国经济强劲，而且进入加息周期，而中国经济正处于关键的转型期。在经济全球化已成为趋势的今天，外部环境，特别是国家的货币政策对企业的影响非常深远，因此，分析全球及本国的经济现状，并以此为依据展望未来的经济前景尤为迫切和重要。

俗话说得好：要想跑得快，全靠车头带。世界经济的发展也是如此。根据各国公布的统计数据看，2018 年，美国的国内生产总值为 20. 5 万亿美元，位居世界第一，也是全球首个 GDP 总量超过 20 万亿美元的国家；欧元区 2018 全年的国内生产总值为 13. 67 万亿美元，位居世界第二；中国 2018 全年的国内生产总值约为 13. 46 万亿美元，位居世界第三；日本 2018 年的国内生产总值为 5. 07 万亿美元，位居世界第四。这四个单一货币经济体 2018 年全年的经济总量约为 52. 71 万亿美元，约占全球经济总量（IMF 预计 2018 年全球经济总量约为 84. 84 万亿美元）的 62. 13%，较 2017 年，比重有所增加（2017 年，全球四大单一经济体占全球经济总量的 61. 78%）。因此，如果能有效地分析全球这四大单一货币经济体的现状，那么全球经济的现状也会了然于胸。本章将逐一分析全球四大单一货币经济体的经济现状，并在此基础上进行展望。

一、美国经济现状与展望

（一）概述

随着2017年《减税和就业法案》以及影响个人可支配支出法规的生效，家庭和企业支出动能增强，经济中的额外需求随之增加，这使得实际GDP与潜在GDP之间的差距达到2000年以来最大值。由于支出的强劲增长使得美国经济发展动能十足。

关于一国的经济现状，美国第七十任财政部长罗伯特·爱德华·鲁宾（Robert Edward Rubin）在其自传《在不确定的世界》（*In an uncertain world*）中是这样表述的：从经济学的角度看，本国汇率水平反映了市场对本国基本经济现状相较其他国家基本经济现状的预期。这些基本经济现状包括财政状况、经济增长、就业市场状况、通货膨胀水平和基准利率。其实，经济现状还包括一个非常主要的指标：就业市场状况。

（二）财政状况

作为一个经济范畴，财政是一种以国家或地区为主体的经济行为，是政府集中一部分财政收入用于满足公共需要的收支活动。政府作为最为重要的“经济行为体”，其收支状况，即财政状况的表现一方面反映政府的执政能力，一方面也直接影响政府未来能否有效实现自身的职能。因此，财政状况是分析一国或地区经济发展基本情况非常重要的指标。

“债务”是美国宏观经济运行的基础。美国建国之初，为了偿还法国、荷兰等国的债务，时年33岁的第一任财长亚历山大·汉密尔顿（Alexander Hamilton）创建美国国债市场，开创了“借钱过日子”的先河。“借钱”逐渐成为美国迅速崛起成为世界上最强大经济体的法宝。

第二次世界大战临近结束时，“布雷顿森林体系”（Bretton Woods System）一举确立了美元在国际货币体系中的霸主地位。第二次世界大战后，美国以战胜国的身份成为全球最强大的经济体，不过美国财政失衡的状况依旧。1952—2018 年，美国财政盈余的年份只有 7 年，出现在德怀特·戴维·艾森豪威尔（Dwight David Eisenhower，第 34 任（第 42 届、第 43 届）美国总统）和比尔·克林顿（Bill Clinton，第 42 任（第 52 届、第 53 届）美国总统）主政美国时期。因此，财政赤字是美国财政状况的常态。

随着唐纳德·特朗普（Donald John Trump，第 45 任（第 58 届）美国总统）入主白宫，特朗普“一切为了美国”的口号使得美国经济韧劲十足，所以，2017 年 1 月至今，美国月度财政状况（见图 2-1）表现还是不错的。2018 年 5 月，美国单月财政收入超过 5000 亿美元，财政盈余也超过 2000 亿美元，这是非常罕见的。

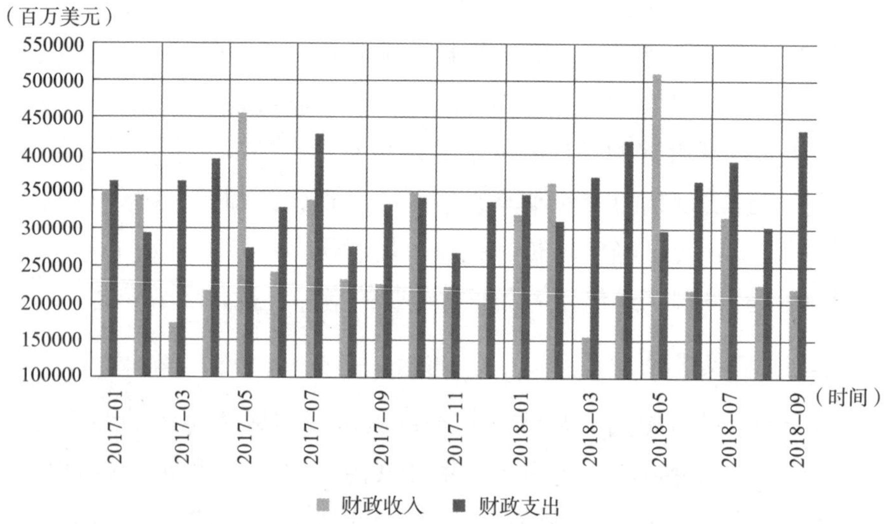

图 2-1 美国财政状况（2017 年 1 月至 2018 年 9 月）

资料来源：根据美国财政部（https：//www. fiscal. treasury. gov）公布的数据整理

不过，这种状况持续的时间不会太长。根据国会预算办公室（Congressional Budget Office，CBO）的最新报告，在有关税收和支出法律生效的背景下，未来几年美国的财政支出会翻倍，从 2017 年的 6650 亿美元增长到 2022 年的 1. 3 万亿美元，财政赤字会缓慢增加，到 2028 年，财政赤字将达到 1. 5 万亿美元。

从收入看，2018—2022 年，收入增长的速度比较温和，收入占 GDP 的比重从 2018 年的 16. 6%上升到 2022 年 16. 9%。企业所得税的收入从2018年的占比1.2%升至2022年的1.5%；个人所得税的收入从2018年的占比8.2%升至2022年的8.4%。从2022年开始，收入增速加快，收入占GDP的比重从2022年的16.9%上升至2027年和2028年的18.5%。

从支出看，由于净利息支出和大福利计划的实施，2018年至2028年，支出将以较快的速度增长。支出占GDP的比重从2018年20.8%上升至2028年的23.3%。

因此，2019—2028年，收入占GDP比重的均值为17%，较近50年平均水平低0.5个百分点；支出占GDP比重的均值为23%，较近50年平均水平高3个百分点。到2028年，财政赤字占GDP的比重将达到6%左右。

从目前美国财政和债务状况来看，未来美国财政失衡的压力会越来越大，这不仅会对美国经济产生较大的负面影响，而且会对全球经济的稳定发展增加诸多不确定因素。

（三）经济增长

经济增长，狭义指一国或地区GDP增长，即在一个较长的时间跨度上（一般为一年），一个国家或地区社会总产出（或人均产出）水平的持续增加。通常用经济增长率来衡量一国或地区经济增长的速度。

2019年3月28日，美国商务部经济分析局（Bureau of Economic Analysis，BEA）公布的最新数据显示，美国2018年第四季度GDP年化增长率为2.2%，低于初值的2.6%和预期值的2.3%。作为美国GDP最大组成部分，消费支出的增速也下调至2.5%，未达预期。美国第三季度实际GDP年化季率修正值为3.5%，第一季度的数字仅为2.2%，第二季度的增速为4.2%。

全年来看，2018年美国GDP增速为2.9%，创2015年以来最高纪录，但仍低于美国总统特朗普设定的3%的增长目标。

从图2-2可以清晰地发现，美国经济自2008年第四季度开始触底，随后缓慢复苏，并于2009年第三季度开始实现正增长。而且，从2014年第二季度开始，美国经济增长不仅动能十足，而且非常有韧劲，进入 2018 年，美国经济有加速的迹象。

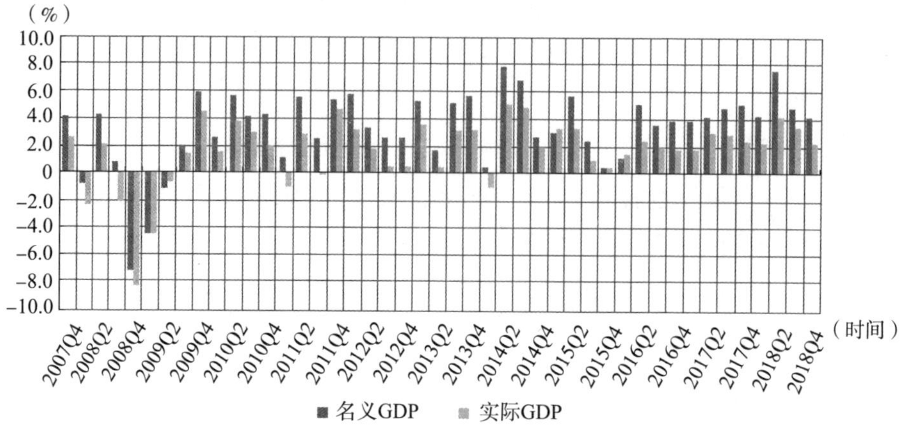

图 2-2 美国经济增长状况（2007 年第四季度至 2018 年第四季度）

资料来源：根据美国商务部经济分析局（https：//www. bea. gov/data/gdp/gross-domestic-product#gdp）公布的资料整理

然而，第四季度企业利润疲软，与标准普尔 500 相对应的利润指标在第四季度下跌 342 亿美元，这是企业税后利润自 2016 年第三季度以来首次未实现增长。2018 年第四季度 GDP 数据的修正反映了个人消费支出、州和地方政府支出以及被向下修正的进口抵销的非住宅固定投资部分的下降。另外，有迹象表明，零售额小幅增长，制造业生产和住宅建设步伐缓慢。

根据 CBO 的预测，2017 年《减税和就业法案》生效后，2018—2028 年，美国实际 GDP 的增长将加速 0. 7%，即 2018 年加速 0. 3%，2019 年加速 0. 6%，到 2022 年加速效应达到顶峰，达到 1. 0%；随后几年，加速效应回落，2028 年加速效应将回落至 0. 5%。

与实际 GDP 类似，《减税和就业法案》将会使得实际潜在 GDP 的增长率在 2018 年至 2028 年更高。不过，直到 2022 年，实际 GDP 的增长量仍大于实际潜在 GDP 的增长量。2022 年之前，美国经济更大的产出缺口将会给物价产生较大的上行压力。

（四）就业市场状况

就业是指在法定年龄内的有劳动能力和劳动愿望的人们所从事的

为获取报酬或经营收入进行的活动。随着消费对GDP的贡献值不断提升，就业对一国或地区经济增长和社会稳定至关重要。全球各国政府对于本国就业市场状况非常重视。

“次贷危机”爆发后，美联储和美国联邦政府采取了强有力的措施来阻止21世纪初的这次金融恐慌的蔓延，并与美国国内的其他机构、其他国家中央银行和政府进行合作。其中，美联储强力推出的量化宽松的货币政策最为引人瞩目：首先，将联邦基金利率降到0~0.25%；其次，2009年3月至2012年9月，美联储连续推出了三轮量化宽松的货币政策。在此刺激下，美国的就业市场强势复苏。就业市场的表现主要体现在四个方面：非农就业人数、失业率、时薪收入和职位空缺数量。

1. 非农就业人数

美国非农就业人数是美国非农报告中的一项，反映出农业就业人口以外的新增就业人数，由美国劳工部统计局在每月第一个星期五美国东部时间20:30（夏令时为20:30，冬令时为21:30），即北京时间星期五20:30发布前一个月的就业市场数据。

2019年2月1日，美国劳工部公布的数据显示，2019年1月美国非农部门新增就业人数为30.4万人，远超市场预期的16.5万人。2018年12月数据被下修，从31.2万人被大幅下修至22.2万人，而11月的数据则从17.6万人升至19.6万人。三个月的平均新增就业岗位为24.1万个。不仅如此，2008—2018年，美国非农就业人数增加约1270.1万人（图2-3），而且，从2011年开始，美国每年非农就业增加的人数都在120万人以上。这就意味着，2009—2018年，10年间美国非农就业增加的人数达到1457.1万人，年均145.71万人，超过了平均水平。受到2019年1月非农就业人数大幅增加的提振，截至2019年1月，季调后美国非农就业总人口突破1.5亿人，达到15027万人。

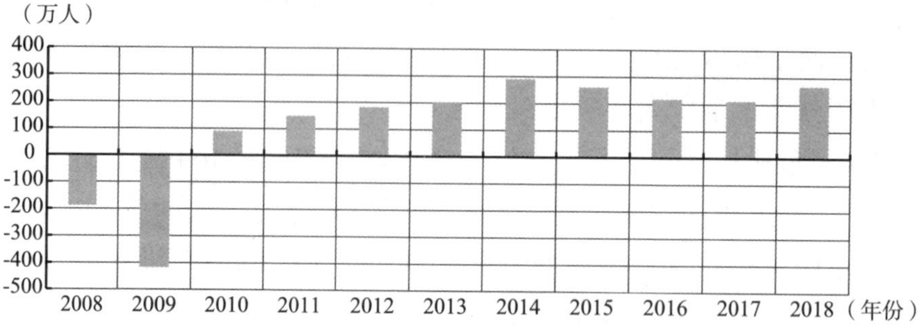

图 2-3 美国非农就业人数年度表现（2008—2018 年）

资料来源：根据美国劳工部（https：//www. bls. gov）公布的数据整理

另外，初次申请失业救济人数（每周）低于 30 万人的象征性水平长达三年半之久，这是美国有史以来持续时间最长的纪录，说明美国劳动力市场持续收紧，这为美国经济的持续增长打下了坚实的基础。

2. 失业率

失业率（Unemployment Rate）是指没有工作且在积极找工作的人（没工作且在此前 4 个星期中不曾试图找工作的人，不在此列）占总工作的人口（除了小孩、老人和不能工作者）的百分比，是美国非农报告中的一项。旨在衡量闲置中的劳动产能，是反映一个国家或地区失业状况的主要指标，属滞后指标范畴。

根据劳工部公布的最新数据，2019 年 1 月美国失业率为 4. 0%，较上月上升 0. 1 个百分点，但仍处于历史最高水平。尽管失业率有所上升，但是 2019 年 1 月的就业参与率达到 63. 2%，较上月增加 0. 2 个百分点。美联储认为未来失业率将降至 3. 5%，远低于长期水平 4. 5%。回顾“次贷危机”以来美国的失业率（见图 2-4），美国的失业率在 2009 年 10 月创下 1983 年 6 月以来新高 10%，随后失业率一路下降，在 2018 年 9 月达到 3. 7%，也是创 1969 年 12 月以来的新低。美国过去 10 年来的经济复苏不断创造就业机会，将失业率推至历史低位。

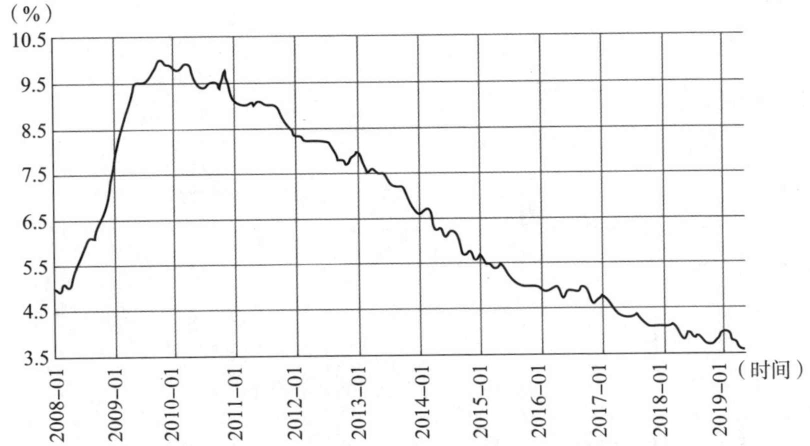

图 2–4 美国失业率表现（2008 年 1 月至 2019 年 1 月）

资料来源：根据美国劳工部（https：//www. bls. gov）公布的数据整理

3. 时薪收入

由于消费是美国经济发展最重要的引擎，收入直接决定消费的数量和质量，因此，收入，特别是时薪收入是非常重要的考量指标，也是评估美国劳动力市场基本面的核心指标。

从美国劳动力市场与实体经济之间的关系来看，劳动力收入水平是影响劳动力市场和实体经济（个人消费支出、工业生产和投资）发展的核心变量。具体来说，劳动力收入能否稳定提升将直接影响个人消费支出的增长速度，而消费是美国经济最重要的组成部分（消费占 GDP 比重超过 80%），它的变动将直接影响企业生产和投资的走向。因此，与失业率和非农就业人数等指标相比，时薪收入的表现更为“灵敏”，能准确反映劳动力市场的深层次变化，并展现经济内生增长的动力。

从 2008—2018 年的数据来看，时薪收入（月率）的变动区间为 [−0. 05，0. 12]，总体基本保持稳定，2019 年 1 月，美国劳工个人时薪的增速有所回落，月率增速为 1%，2018 年 12 月的数字为 4. 02%。从具体数字看，美国劳工个人时薪从 2007 年 12 月的 21. 18 美元稳步上升，到 2019 年 1 月，美国劳工个人时薪升至 27.51 美元，创十多年来新高（见图 2-5）。收入的稳定增长为美国经济的持续稳定发展奠定了坚实的基础。

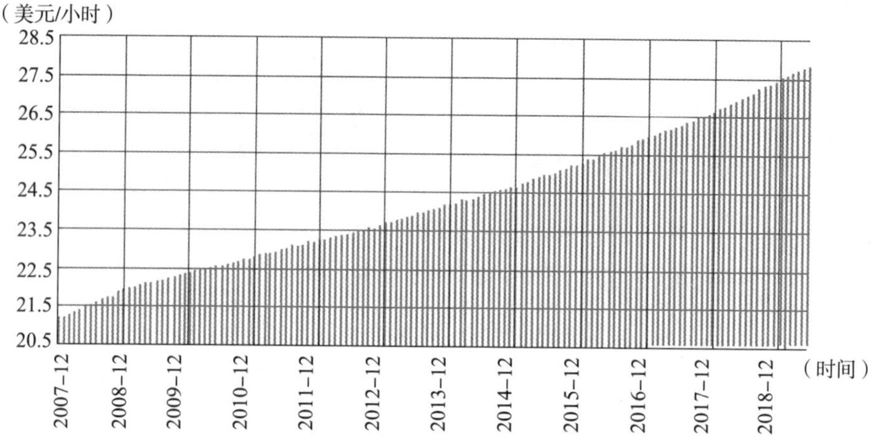

图 2-5　美国个人时薪表现（2007 年 12 月至 2018 年 12 月）

资料来源：根据美国劳工部（https://www.bls.gov）公布的数据整理

4. 职位空缺数量

《职位空缺和劳动力流动率调查》（Job Openings and Labor Turnover Survey，JOLTS）由美国劳工部劳动统计局（Bureau of Labor Statistics of the U.S. Department of Labor）负责。该项目包括每月收集、处理和发布职位空缺和劳动力流动数据。这些数据是在自愿的基础上从抽样机构收集的，包括就业、职位空缺、雇佣、辞职、裁员和解雇以及其他离职。

空缺职位的数量——用来计算职位空缺率——是衡量未被满足的劳动力需求的一个重要指标。劳动力流动的信息对于正确地分析和解释劳动力市场的发展以及作为对失业率的补充都是有价值的。

尽管《职位空缺和劳动力流动率调查》比非农就业、美联储新指标“就业市场状况”等指标滞后一个月，美联储时任主席珍妮特·耶伦（Janet Yellen）仍视其为反映劳动力市场效率和员工信心的重要指标。

根据美国劳工统计局的数据，2018 年 8 月，美国职位空缺数量创下历史新高 729.3 万个，高于 7 月的 707.7 万个。2019 年 1 月 8 日，美国劳工统计局公布的最新数据显示，2018 年 11 月美国职位空缺数量有所回落，降至 688.8 万个。

更重要的是，美国劳工部 2018 年 6 月 5 日公布的《职位空缺和劳动力流动调查》显示，美国就业市场职位空缺在 4 月底增至季节性调整后创纪录的 670 万个，超过失业人数的 630 万人，这是劳工部自 2000 年追踪该数据以来，工作空缺数首次超过失业人数，显示经济强劲且影响雇主与劳工的行为。这意味着劳动市场紧绷，想要工作的几乎每个人都已有一份工作。2018 年 11 月是连续第八个就业机会超过美国失业者数量的月份。数据显示，目前正在寻找工作的失业美国人与职位空缺个数之比创出历史新低 0.9（见图 2-6），这意味着当前美国经济理论上可以将失业人数降至零。

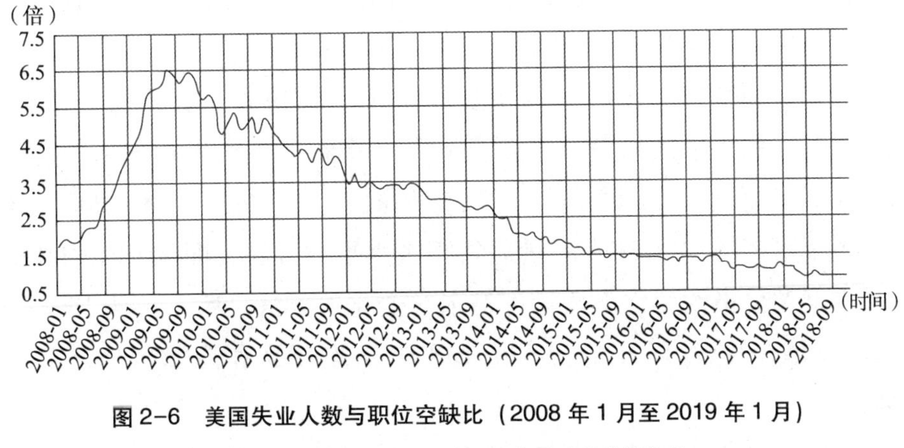

图 2-6　美国失业人数与职位空缺比（2008 年 1 月至 2019 年 1 月）

资料来源：根据美国劳工部（https：//www. bls. gov）公布的数据整理

除了繁荣的劳动力市场之外，就业机会仍然高于总失业率，总就业人数也增至历史新高。2018 年 8 月，总就业人数从 7 月的 571.3 万人增至 578.4 万人。总的来说，空缺职位数量再创新高，当前美国劳动力市场表现强劲。

（五）通货膨胀水平

通货膨胀（Inflation）指在信用货币制度下，因货币供给量超过了流通中货币实际需求量，导致货币贬值，从而引起物价水平持续普遍上涨的一种经济现象。现实中一般用消费者物价指数（Consumer Price Index，CPI）来衡量一国或地区的通货膨胀水平。通货膨胀水平过高或过低对一国或地区的经济发展都不利。

时任美联储主席本·伯南克（Ben Shalom Bernanke）在其公开课中表示，美联储的两大目标和任务：一是实现充分就业，促进经济增长；二是维持物价稳定、低通货膨胀。在谈到通货膨胀目标时，伯南克表示，2%的目标是全球公认的通货膨胀共识，这也是长期以来美联储的非正式目标。

美国著名经济学家、诺贝尔经济学奖获得者米尔顿·弗里德曼（Milton Friedman）认为，在信用货币时代，通货膨胀更多的时候是一种货币行为，而货币代表了政府信用，因此，各国政府对待通货膨胀都高度重视。

1974—1975 年，美国的通货膨胀水平大幅攀升，从结构上来看，此次通货膨胀水平大幅攀升主要是受第一次石油危机影响导致的能源和食品价格推动。因此，美国经济学家戈登（Robert J. Gordon）于 1975 年提出用核心 CPI 来考量通货膨胀水平的方法，即从 CPI 中扣除食品和能源价格的变化来衡量价格水平变化的方法。所以，从 1978 年起，美国劳工统计局开始公布从 CPI 中剔除食品和能源价格之后的数据。

美国劳工统计局最新公布的数据显示，2018 年 11 月经季节性因素调整后城镇居民消费价格总水平（CPI-U）环比下跌 0. 3%，年化上涨 2. 2%。剔除食品和能源价格之后的核心 CPI 环比上涨 0. 2%，年化上涨 2. 2%。

从图 2-7 可以看出，从 2017 年 9 月开始，美国的通货膨胀水平保持稳定，并保持向上的趋势。目前，美国的通货膨胀率和核心通货膨胀率年化水平均在2%以上，这使得美联储考量货币政策时有非常大的回旋余地。

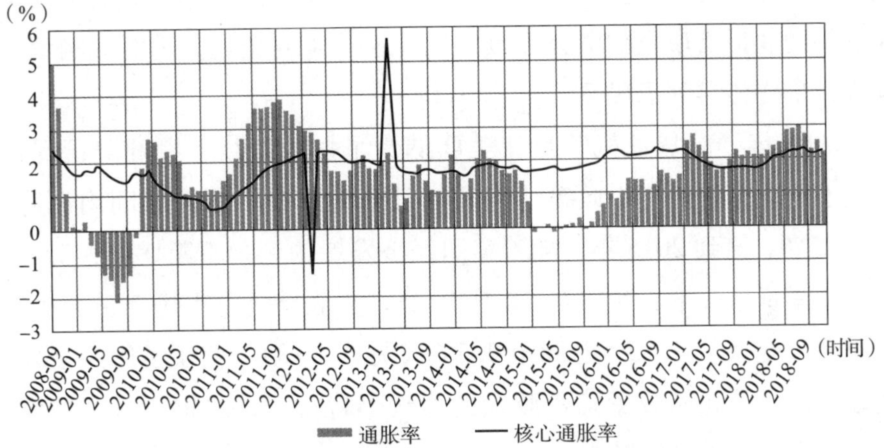

图2-7 美国通胀水平表现（2008年9月至2018年11月）

资料来源：根据美国劳工部（https：//www.bls.gov）公布的数据整理

（六）基准利率

利率是指一定时期内利息额与借贷资金额即本金的比率。现代经济中，作为资金的价格，利率不仅受到经济社会中许多因素的制约，而且，利率的变动对整个经济产生重大的影响。其中，基准利率是一国中央银行实现货币政策目标的重要手段之一，是金融市场上具有普遍参照作用的利率，是最为重要的利率。

随着信息革命的兴起，特别是金融科技的发展，货币电子化的趋势日趋明显，美国金融管理当局的管理观念也开始发生变化。在新低金融环境下，货币主义所倡导的货币供应与经济增长之间的关联关系被打破，以货币供应量增长率作为美联储（The Federal Reserve System，Fed）的中介目标将会使得货币政策的有效性大打折扣。1994年7月，时任美联储主席艾伦·格林斯潘（Alan Greenspan）在向国会递交的经济状况报告中表示：美联储将放弃以控制货币供应量的增长来对经济实行宏观调控的做法，未来将以调控实际利率作为联储主要的调控手段。

联邦基金利率是美国银行同业拆借市场的利率，最重要的利率是隔夜拆借利率。该利率的变动能够敏感地反映银行之间资金的存量状况。美联储锚定并调整同业拆借利率能直接影响商业银行的资金成本，并且将同业拆借市场的资金存量状况传递给工商企业，进而影响消费、投资，最终传导到国民经济。

2008 年“次贷危机”后，美联储为了挽救持续下滑的美国经济，实施了量化宽松的货币政策，将联邦基金利率在极短的时间内调降至 0~0.25%，直到 2015 年，随着美国经济发展的韧劲不断增强，美联储开始收紧货币政策。2018 年 12 月 19 日，美联储公开市场委员会决定，将联邦基金率从 2.25%上调至 2.5%（见图 2-8）。鉴于美国经济发展良好，预计美联储收紧货币政策的步伐仍将持续，这将会对全球资本市场产生至关重要的影响。

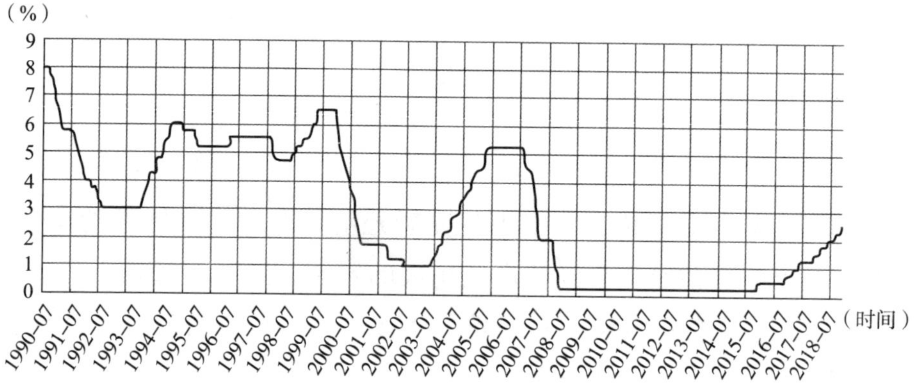

图 2-8　美国联邦基金利率表现（1990 年 7 月至 2018 年 12 月）

资料来源：根据美国联邦储备委员会（https://www.federalreserve.gov）公布的数据整理

（七）结论

尽管从经济数据看，美国的现状还不错，但是，从整体看，美国经济社会面临的隐忧并不少，这些隐忧具体表现在以下三个方面：

(1) 围绕美国和墨西哥边境墙的修建一直悬而未决

一直以来，在美国总统特朗普看来，建造边境墙是其竞选总统时的核心承诺之一，也是被视为其连任的重要政治筹码。但是，民主党指责边境墙低效、多余且昂贵，是特朗普的“政治噱头”。由于中期选举后，民主党夺回国会众议院控制权，共和党则进一步巩固了参议院多数党地位，美国国会将再度进入“分裂”时代。这意味着美国总统特朗普想“为所欲为”已经不可能，2018 年 12 月 22 日凌晨 00：01（北京时间 2018 年 12 月 22 日 13：01）至 2019 年 1 月 25 日美国政府持续长达 35 天的“停摆”就是明证，这将导致美国政局的不稳定，从而使得政策的执行效率下降。

延伸阅读

美国政府“停摆”

美国政府“停摆”（US government shutdown）是指由于总统的预算拨款案无法在美国国会参众两院获得通过批准，美国政府没钱可花，导致美国政府大部分部门关门歇业的一种政治现象。从 1977 年到 2019 年的 42 年间，联邦政府曾关门 19 次，最短 1 天，最长 35 天。其中 2018 年至 2019 年，特朗普政府执政时期，曾 3 次关门，导致数十万政府雇员被遣散回家“待业”。

因美国国会和白宫围绕总统特朗普“边境墙计划”的拨款问题未达成一致，美国政府于当地时间 2018 年 12 月 22 日凌晨 00：01（北京时间 2018 年 12 月 22 日 13：01）正式部分关门，此次关门涉及 9 个部门，包括国土安全部、运输部、内政部、农业部、国务院和司法部，以及国家公园和森林管理部。这是美国政府年内第三次关门。

2018 年 1 月 19 日，由于美国参议院未能通过临时拨款法案，联邦政府非核心部门从 1 月 20 日零时起被迫关闭。

2018 年 2 月 9 日，由于美国国会未能在 8 日午夜前批准一项临时拨款法案，美国联邦政府被迫技术性“停摆”。（表 2-1）

表 2-1　美国政府“停摆”记录（1976—2019 年）

开始日期	结束日期	时任总统	参议院多数党	众议院多数党	记录内容
1976 年 9 月 30 日	1976 年 10 月 11 日	福特	民主党	民主党	时任总统杰拉德·福特以支出超出控制为由否决了向美国劳工部与卫生、教育及福利部提供资金的议案，导致政府部分关闭。10 月 1 日，由民主党控制的国会推翻了福特的决定，但直到 10 月 11 日解决政府其他部门资金短缺的持续决议案才正式成为法律
1977 年 9 月 30 日	1977 年 10 月 13 日	卡特	民主党	民主党	民主党控制的众议院支持了除非母亲生命受到威胁，否则不以医疗补助支付人工流产费用的禁令。与此同时，民主党控制的参议院却支持以医疗补助支付由强奸或乱伦所致怀孕的人工流产。两院的分歧使得劳工部与卫生、教育及福利部出现了资金短缺的问题，导致政府部分关闭。为争取更多时间谈判，两院随后达成一项提供资金至 10 月 31 日的临时议案
1977 年 10 月 31 日	1977 年 11 月 9 日	卡特	民主党	民主党	早前的临时议案失效，时任总统吉米·卡特签署了另一份临时协议
1977 年 11 月 30 日	1977 年 12 月 9 日	卡特	民主党	民主党	临时议案再次失效。两院最终同意以医疗补助支付由强奸或乱伦所致怀孕，以及母亲生命受到威胁时的人流费用
1978 年 9 月 30 日	1978 年 10 月 18 日	卡特	民主党	民主党	卡特总统以浪费为由否决了一项向公共工程拨款的议案，以及一项国防议案。卫生、教育及福利部再次因为人流医疗补助的争议出现资金问题
1979 年 9 月 30 日	1979 年 10 月 12 日	卡特	民主党	民主党	众议院不顾参议院反对推行一项对国会议员及资深公务人员加薪 5.5%的议案。众议院亦试图将人流医疗补助限制在仅当母亲生命受到威胁的情况下。而参议院则要求继续对强奸或乱伦所致怀孕的人流的补助

续表

开始日期	结束日期	时任总统	参议院多数党	众议院多数党	记录内容
1981年11月20日	1981年11月23日	里根	共和党	民主党	时任总统罗纳德·里根称其将否决任何不满足他提出的84亿美元减赤方案至少一半的议案。共和党控制的参议院通过了一项符合其期望的议案，但民主党控制的众议院却希望能够减少更多国防赤字以及控制对国会议员及资深公务人员的加薪。最终，妥协而成的议案与里根的要求相差了20亿美元，里根以此为由否决了该议案并关闭了联邦政府。随后一项持续至12月15日的临时议案给了国会足够时间解决问题
1982年9月30日	1982年10月2日	里根	共和党	民主党	国会因聚餐推迟一天通过预算案
1982年12月17日	1982年12月21日	里根	共和党	民主党	民主党控制的众议院与共和党控制的参议院希望增加公共建设投入以创造工作机会，但里根总统却誓言否决任何相关议案。国会亦反对向和平守护者导弹提供研发资金。政府“停摆”在国会放弃了其公共建设计划后得以解决，但里根也被迫放弃了向和平守护者导弹与潘兴导弹提供研发资金。里根也不得不同意了向法律服务公司提供资金的方案，以换得国会同意对以色列提供更多援助
1983年11月10日	1983年11月14日	里根	共和党	民主党	民主党控制的众议院试图提升教育支出，同时减少国防与对外援助支出，这遭到了里根总统的反对。此后国会降低了其提升教育支出的要求，同时同意了对和平守护者导弹研发的资金补助。但国防与对外援助支出最终得到削减，此外国会还成功地通过了对在联邦野生动物保护区进行石油与天然气租赁业务的禁令，以及不得以政府雇员健康保险支付人流费用（母亲生命受到威胁除外）的议案

续表

开始日期	结束日期	时任总统	参议院多数党	众议院多数党	记录内容
1984 年 9 月 30 日	1984 年 10 月 3 日	里根	共和党	民主党	国会希望预算案能涵盖里根提出的犯罪打击计划以及国会提出的水利计划，但后者遭到里根的反对。参议院亦试图让预算案包括一项旨在推翻高院对 GroveCityCollegev. Bell 一案的判决的措施。里根同意在国会放弃其计划的前提下放弃自己的打击犯罪计划。但双方最终未能达成协议，仅通过了一项延长资金供应三日的临时议案
1984 年 10 月 3 日	1984 年 10 月 5 日	里根	共和党	民主党	临时议案失效，政府被迫“停摆”。国会放弃了前述的水利及民权计划，而里根得以保留其犯罪打击计划。同时亦通过了对尼加拉瓜反政府武装援助的议案
1986 年 10 月 16 日	1986 年 10 月 18 日	里根	共和党	民主党	民主党控制的众议院与里根在多项问题上产生分歧，共和党控制的参议院强制让政府关闭。众议院放弃了其大部分要求以换取对其提出的福利计划的支持，以及对出售国营联合铁路公司的让步
1987 年 12 月 18 日	1987 年 12 月 20 日	里根	民主党	民主党	民主党控制的参众两院反对向尼加拉瓜反政府武装提供援助，同时要求美国联邦通信委员会贯彻其“公平原则”。最终民主党在“公平原则”问题上作出让步，换取向尼加拉瓜反政府武装仅提供非致命性援助
1990 年 10 月 5 日	1990 年 10 月 9 日	布什	民主党	民主党	时任总统乔治·赫伯特·华克·布什誓言否决任何不包含减赤方案的持续决议案。后国会的一项议案因此遭到否决，更导致政府“停摆”。国会最终通过了一项包含减赤方案的持续决议案
1995 年 11 月 13 日	1995 年 11 月 19 日	克林顿	共和党	共和党	时任总统比尔·克林顿否决了一项由共和党控制的国会的议案。最终双方通过了一项持续四周，保持原资金供应 75% 的临时决议，克林顿并认可了一项长达 7 年的预算平衡方案

续表

开始日期	结束日期	时任总统	参议院多数党	众议院多数党	记录内容
1995年12月16日	1996年1月6日	克林顿	共和党	共和党	共和党要求总统克林顿的7年预算平衡方案基于美国国会预算局所提供数据，而非美国行政管理和预算局所提供的数据进行设计（后者给出的统计数据更为乐观）。克林顿拒绝了这一要求。最终国会与克林顿在预算上取得了妥协
2013年10月1日	2013年10月16日	奥巴马	民主党	共和党	由于未能对患者保护与平价医疗法案达成一致看法，美国政府无法按时通过预算议案。10月16日美国国会参议院和众议院先后投票通过议案，给予联邦政府临时拨款，同时调高公共债务上限，美国联邦政府非核心部门的关门风波宣告结束
2018年12月22日	2019年1月25日	特朗普	民主党	共和党	由于未能对是否拨款修建美墨边境墙达成一致看法，美国国会无法按时通过预算议案

资料来源：根据公开公布的信息整理

在美国政府“停摆”期间，美国的国家机器还是照常运转，并没有出现混乱的迹象，一方面，美国的核心部门：国防、邮政、航空管制、医疗、紧急服务、电力等关键政府功能仍如常运作；另一方面，这与美国的政治制度是分不开的。

美国是一个联邦制的国家，在国际上代表美国的是联邦政府，在国内，美国还有州政府。这些州政府在国内高度自治，联邦政府“停摆”之后，各州政府还在运转。因此，在美国政府“停摆”期间，美国民众的日常生活并未受到重大影响。

（2）美国债务的持续增长以及美国股市在历史高位震荡成为悬在美国社会头上的两把“利剑”

2019年2月12日，美国财政部发布的数据显示，截至11日，美国公共债务总额达到创纪录的 22.01 万亿美元。此外，美国三大股指持续在历史高位震荡也是美国未来发展过程中的一颗“定时炸弹”。道琼斯工业平均指数在 2009 年 3 月创出 6049.95 点的低点之后持续上扬，目前仍在 26000 点附近强势震荡，随着美联储货币政策的持续收紧，美国股市的下行风险在不断积聚（见图 2-9）。

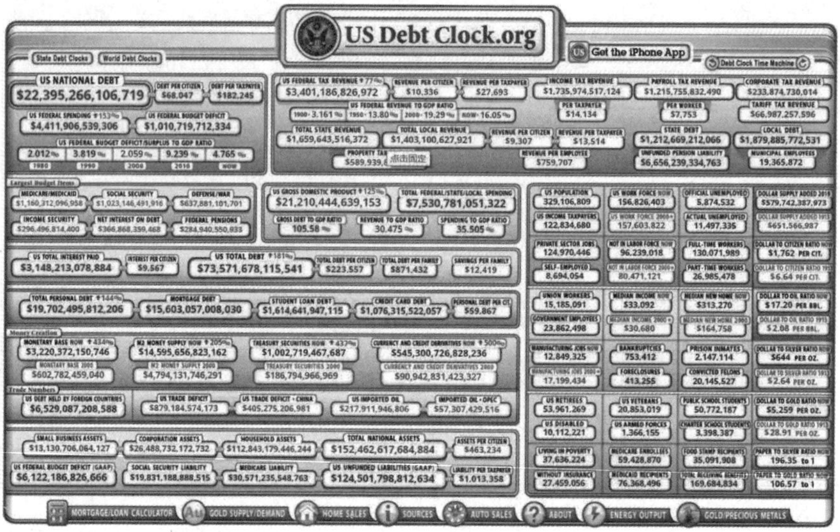

图 2-9　美国国债钟（北京时间 2019 年 6 月 21 日 23：34）

（3）中美贸易摩擦给全球贸易乃至经济发展带来的不稳定性增加

2018 年 6 月 15 日，美国政府发布了加征关税的商品清单，将对从中国进口的约 500 亿美元商品加征 25%的关税，其中对约 340 亿美元商品自 2018 年 7 月 6 日起实施加征关税，同时就约 160 亿美元商品加征关税开始征求公众意见。由此，中美之间的贸易摩擦正式拉开序幕。美国东部时间 9 月 17 日，美国总统特朗普正式宣布，将对产自中国的 2000 亿美元产品加征 10%关税，这一决定于 9 月 24 日生效，这一税率实行到年底。2019 年 1 月 1 日起，税率将提高到 25%。美国的贸易措施必将导致中国政府采取对等的应对措施。居全球前两位的经济大国之间的贸易摩擦必将对全球贸易乃至经济发展产生极大的不确定性。

二、欧元区经济现状与展望

部分欧洲人认为，欧洲原本就是一个统一的整体。因此，欧洲统一的历史和欧洲的历史一样久远。16 世纪以后，随着早期资本主义的萌芽和资产阶级启蒙思想的传播，以法国为代表的早期关于欧洲联合与统一的思想开始出现，不过，这些思想和实践因为各种原因最终均未能成为现实。进入 20 世纪，特别是第二次世界大战后，随着“马歇尔计划”的实施，以德国、法国和意大利为代表的欧洲国家的国民经济迅速恢复并快速发展，欧洲一体化进程的实践开始落地。

（一）欧元区的发展历程

1952 年 7 月 23 日，《欧洲煤钢联营条约》（1951 年 4 月 18 日，法国、联邦德国、意大利、荷兰、比利时和卢森堡六国根据“舒曼计划”在巴黎签订，也称《巴黎条约》）正式生效，宣告了欧洲煤钢共同体（European Coal and Steel Community，ECSC）的建立，正式成立超国家的权力机构——高级机构。高级机构是欧洲漫长历史上出现的第一个拥有超国家权限的机构。这意味着欧洲开始了一体化合作形式的零的突破。

1957 年 3 月 25 日，六国又在罗马签订了建立《欧洲经济共同体条约》（European Economic Community，EEC）和建立《欧洲原子能共同体条约》（European Atomic Energy Community，EAEC）（合称《罗马条约》），条约于 1958 年 1 月 1 日生效。

1965 年 4 月 8 日，六国签订了《布鲁塞尔条约》，决定将欧洲煤钢共同体、欧洲原子能共同体和欧洲经济共同体统一起来，统称欧洲共同体（European Communities，EC），条约于 1967 年 7 月 1 日生效。

1991 年 12 月 11 日，欧共体马斯特里赫特首脑会议通过了建立欧洲经济货币联盟和欧洲政治联盟的《欧洲联盟条约》（Treaty of the European Union）（通称《马斯特里赫特条约》（Treaty of Maastricht），简称《马约》）。

1993年10月29日，欧共体在布鲁塞尔召开特别首脑会议，宣布《欧洲联盟条约》（《马约》）于11月1日正式生效，欧盟（European Union，EU）诞生。欧盟的建立是自1993年统一大市场建立后欧洲一体化的又一次伟大的飞跃。它标志着欧洲一体化进入了一个新的阶段，一个不仅在经济方面全面实施一体化，而且在外交、安全、房屋和司法等方面向一体化发展的新的历史时期。

1999年1月1日，欧盟的11个成员国确定了汇率，在欧洲中央银行的领导下采取了共同的货币政策，并推出了一种新的共同货币——欧元。它最初是一种电子货币，用于金融市场和无现金支付。三年后，欧元纸币和硬币开始流通。

欧元是自罗马帝国以来欧洲货币改革最为重大的结果。欧元不仅使欧洲单一市场得以完善，欧元区国家间自由贸易更加方便，而且是欧盟一体化进程的重要组成部分。如今，欧元是19个欧盟国家和3.4亿欧洲人的货币。它是世界上最重要的货币之一。欧元纸币和硬币是有形的，每天都在提醒人们，欧盟让自由、便利和机遇成为可能。

欧元区是指欧洲联盟成员中使用统一货币——欧元的国家组成的区域。1999年1月1日，欧盟28个成员国中的11个国家开始实行单一货币——欧元，并由欧洲中央银行（European Central Bank，ECB）负责在实行欧元的国家实施统一的金融及货币政策。欧洲中央银行是世界上第一个管理超国家货币的中央银行。

2002年7月，欧元成为欧元区唯一的合法货币。2015年，使用欧元的国家为德国、法国、意大利、荷兰、比利时、卢森堡、爱尔兰、西班牙、葡萄牙、奥地利、芬兰、希腊（2001年1月1日加入）、斯洛文尼亚（2007年1月1日加入）、塞浦路斯和马耳他（2008年1月1日加入）、斯洛伐克（2009年1月1日加入）、爱沙尼亚（2011年1月1日加入）、拉脱维亚（2014年1月1日加入）、立陶宛（2015年1月1日加入），称为欧元区。截至目前，欧元区共有19个成员国，人口超过3.2亿人。

延伸阅读

埃居（ECU）与欧元（EURO）

欧元是自罗马帝国以来欧洲货币改革最为重大的成果。欧元不仅使欧洲单一市场得以完善，欧元区国家间自由贸易更加方便，而且是欧盟一体化进程的重要组成部分。

其实，在欧元诞生的过程中，埃居扮演了非常重要的角色。埃居是欧洲货币单位（European Currency Union，ECU）的简称。由欧洲经济共同体会员国货币共同组成的“一篮子”货币，是欧共体各国之间的清算工具和记账单位。

埃居是一种人为的“一篮子”货币，被欧洲联盟（EU）成员国用作其内部会计单位。欧洲货币联盟（European Currency Union，ECU）是1979年3月13日由欧洲联盟的前身欧洲经济共同体（European Economic Community，EEC）构想出来的，作为欧洲货币体系（European Monetary System，EMS）这一货币区的记账单位。ECU创立时，各国在其中的权重按其在欧共体内部贸易中所占权重及其在欧共体GDP中所占权重加权计算，以确定各国货币在ECU内占有权数和金额，联邦德国27.3%、法国19.5%、英国17.5%、意大利14%等，并依当天汇率，换算各国货币当天对ECU的比价。ECU中各成员国货币所占的权重，每隔5年调整一次。欧洲货币单位也是欧洲单一货币欧元的前身，最终在1999年成为欧元，成为取代欧元区各国主权货币的单一货币①（见表2-2）。

表2-2　埃居的构成

成员国货币	权重（%）	成员国货币	权重（%）
德国马克（DEM）	32.68	西班牙比塞塔（ESP）	4.24
法国法郎（FRF）	20.79	★丹麦克朗（DKK）	2.71
★英镑（GBP）	11.17	爱尔兰镑（IEP）	1.08
荷兰盾（NLG）	10.21	葡萄牙埃斯库多（PTE）	0.71
比利时法郎（BEF）	8.38	★希腊德拉克马（GRD）	0.49
意大利里拉（ITL）	7.21	卢森堡法郎（LUF）	0.33

注：★为非欧元区国家货币。

资料来源：Eurostat. ECUSTAT，02，1996，Commission of the European Union.

① http：//fx. sauder. ubc. ca/ECU. html.

1996 年 12 月，欧盟首脑都柏林会议通过了相关货币转化成欧元的兑换规则，具体内容如下：①采用间接标价法；②兑换率为六位有效数字；③欧元实行十进位制，1 欧元等于 100 欧分，所有兑换后的欧元货币金额按照四舍五入的算法保留小数点后两位有效数字；④一种欧元区国家原有货币兑换成另一种欧元区国家原有货币时，首先应换算成欧元（金额精确到小数点后三位），然后换算成另一种欧元区国家原有货币；⑤欧洲货币单位（ECU）等值兑换成欧元。

从 2002 年 1 月 1 日起，欧元区 12 个国家的货币将在 2 个月的时间内以与欧元的固定折算率完成向欧元的转换。欧币与欧元的固定折算率见表 2-3。

表 2-3 欧元的构成比例

成员国货币	1 欧元的固定兑换率	成员国货币	1 欧元的固定兑换率
奥地利先令（ATS）	13.7603	葡萄牙埃斯库多（PTE）	200.482
比利时法郎（BEF）	40.3399	西班牙比塞塔（ESP）	166.386
德国马克（DEM）	1.95583	斯洛文尼亚托拉尔（SIT）	239.640
法国法郎（FRF）	6.55957	塞浦路斯镑（CYP）	0.585274
芬兰马克（FIM）	5.94573	马耳他里拉（MTL）	0.429300
希腊德拉克马（GRD）	340.75	斯洛伐克克朗（SKK）	30.1260
爱尔兰镑（IEP）	0.787564	爱沙尼亚克朗（EEK）	15.6466
意大利里拉（ITL）	1936.27	拉脱维亚拉特（LVL）	0.70204
卢森堡法郎（LUF）	40.3399	立陶宛立特（LTL）	3.44828
荷兰盾（NLG）	2.20371		

资料来源：根据公开的信息整理

后来，欧元在发展过程中出现了诸多波折，有学者认为，埃居与欧元等值兑换，欧元价值有高估之嫌。

欧元区的建立是“欧元之父”、诺贝尔经济学奖获得者罗伯特·蒙代尔（Robert A. Mundell）“最优货币区理论”的最佳实践。欧元区的建立促进了国家间的贸易往来，降低了交易成本，对要素流动、产品和服务流通、建立开放型经济体都具有重大意义。但是，欧元区的实践也表明，建立在非最优货币基础上的最优货币区，也在区内爆发出的债务危机和金融危机面前，表现出其脆弱性。

要加入欧元区，欧盟成员国必须达到下列标准①：第一，每一个成员国年度政府财政赤字控制在国内生产总值的3%以下；第二，国债必须保持在国内生产总值的60%以下或正在快速接近这一水平；第三，在价格稳定方面，成员国通货膨胀率不高于3个最佳成员国上年的通货膨胀率+1.5%；第四，长期名义年利率（以长期政府债券利率衡量）不超过上述通胀表现最好的3个国家平均长期利率2个百分点；第五，该国货币至少在两年内必须维持在欧洲货币体系的正常波动幅度以内。加入欧元区的趋同标准见表2-4。

由于欧元区中德国和法国的地位至关重要，特别是德国，因此，欧元区继承了德国经济的许多特点。鉴于此，在分析欧元区经济现状及前景时，本部分选取了经济增长、通货膨胀水平和失业率三个指标。

表2-4 加入欧元区的趋同标准

衡量指标	物价稳定	健康的公共财政	可持续的公共财政	趋同的持久性	汇率稳定
如何衡量	通胀率	政府债务占GDP的比重	政府债务占GDP的比重	长期利率	与中心汇率的偏离
趋同标准	通货膨胀率≤三个最佳成员国上年的通货膨胀率+1.5%	参考值：不超过3%	参考值：不超过60%	长期名义年利率（以长期政府债券利率衡量）不超过上述通货膨胀表现最好的3个国家平均长期利率2个百分点	必须至少在两年内维持在欧洲货币体系的正常波动幅度以内

资料来源：根据欧盟官网公布的信息整理

① https：//ec.europa.eu/info/business-economy-euro/euro-area/enlargement-euro-area/convergence-criteria-joining_en.

（二）经济增长

根据世界银行公布的最新数据显示，欧元区 19 个成员国 2017 年的经济总量为 12.59 万亿美元，为仅次于美国的单一货币经济体。“次贷危机”爆发后，欧元区也深受其害，“欧猪五国”（PIIGS）即葡萄牙、爱尔兰、意大利、希腊、西班牙的债务危机使得欧元的汇率大幅下挫。此后，尽管欧洲央行推出了一系列量化宽松的政策措施，甚至将基准利率调降至零以下，但欧元区的经济恢复仍然不太尽如人意。

2018 年 12 月 7 日，欧盟统计局（Statistical office of the European Union，Eurostat）公布了欧元区三季度经济增长数据。数据显示，2018 年第三季度，欧元区 GDP 同比增长 1.6%，低于预期的 1.7%；环比增长 0.2%，与预期持平，是 2014 年二季度以来增长最缓慢的季度。欧元区第三季度实际 GDP 增速下滑主要原因在于汽车生产遇到了“瓶颈”（图 2-10）。

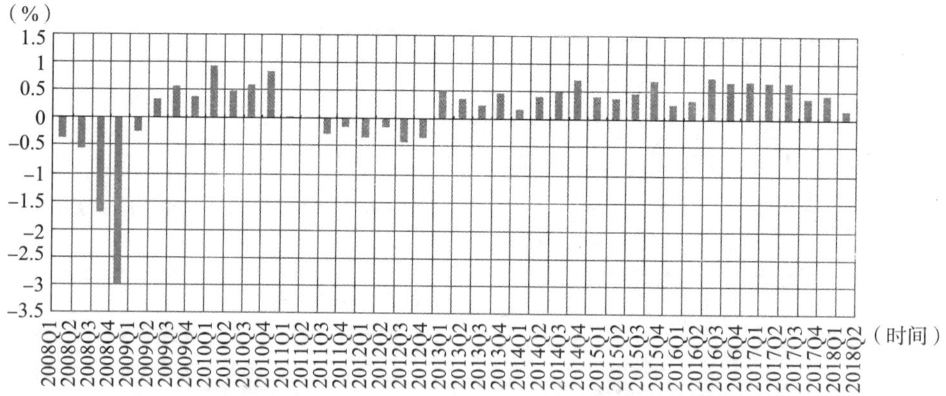

图 2-10 欧元区实际 GDP（2008 年第一季度至 2018 年第四季度）

资料来源：根据欧盟统计局（https：//ec.europa.eu/eurostat/）公布的数据整理

由于欧元区实际 GDP 的增长主要依靠私人消费和投资。因此，2018 年 12 月欧元系统宏观预测未来三年欧元区实际 GDP 增长率分别为 1.7%、1.7%和 1.5%，与 9 月欧元系统宏观预测未来三年欧元区实际 GDP 增长率的数据相比，略有下调。

（三）通货膨胀水平

欧洲中央银行负责欧元区的金融及货币政策，它是世界上第一个管理超国家货币的中央银行。欧洲中央银行的首要目标是稳定价格，其货币政策有两大主要基础，一是对价格走向和价格稳定风险的展望。价格稳定主要通过调整后的消费物价指数（Harmonized Index of Consumer Prices，HICP）来衡量，使其年增长率低于2%。HICP尤为重要，由一系列指数和预期值组成，是衡量通货膨胀的重要指标。二是控制货币增长的货币供应量（M3）。ECB将M3年增长的参考值定为4.5%。

消费者物价调和指数（Harmonized Index of Consumer Prices，HICP）是欧盟根据统一方法和一套定义计算得出的消费者价格指数，采用欧元的成员国价格指数的加权平均。它主要用来衡量通货膨胀。欧洲央行通过控制隔夜拆借利率来达成其保持物价稳定的首要目标。同时根据HICP来评估欧元区国家遵守的通货膨胀指标。

HICP从1997年3月开始编制和发布，但协调CPI的努力要追溯到更早以前。20世纪70年代中期，欧盟统计局（Eurostat）看到了协调CPI方法的必要性，并推动了这种做法。早期的倡议之一是由欧洲国家组织委托编写的一份报告，该报告回顾了当时的9个成员国是如何构建CPI的。在20世纪80年代后期，国际劳工组织（International Labour Organization，ILO）为发展消费者价格指数的理论和实践作出了相当大的努力（见图2-11）。

HICP的设立是为了提供一种高质量的、可比较的消费者价格通货膨胀指标。它有两个主要用途。

（1）用于量化欧洲央行（ECB）货币政策策略中价格稳定的定义

维护价格稳定的主要目标是欧洲央行和欧元区国家的中央银行。1998年，欧洲央行的管理委员会宣布了以下定义："物价稳定应定义为一个统一的消费者价格指数同比增长（HICP）欧元区的2%以下。价格稳定将在中期维持。在2003年对其货币政策战略进行了全面评估后，理事会进一步明确指出，在这一定义范围内，其目标是保持通货膨胀率低于但接近2%的中期增长率。"

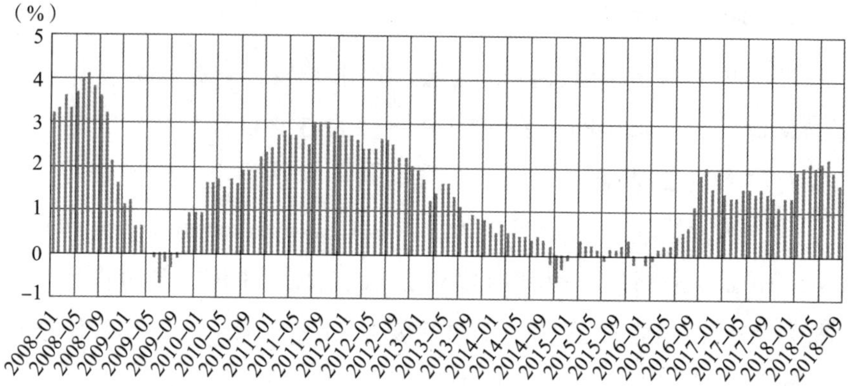

图 2−11　欧元区 HICP（2008 年 6 月至 2018 年 12 月）

资料来源：根据欧盟统计局（https：//ec. europa. eu/eurostat/）公布的数据整理

（2）用于评估一国加入货币联盟时的价格趋同程度

除了这些特定的欧盟用途，它还可以像其他消费者价格指数一样，用于经济分析和编制合同价格指数。

2019 年 1 月 4 日，欧盟统计局公布的数据显示，预计欧元区 2018 年 12 月的年通货膨胀率为 1. 6%，低于 2018 年 11 月的 1. 9%，2018 年 10 月为 2. 2%。根据欧盟统计局（Eurostat）的初步估算，从欧元区通货膨胀的各个分项来看，非能源工业品仅上涨 0. 4%，说明欧元区工业增长前景相对暗淡（见图 2−12）。

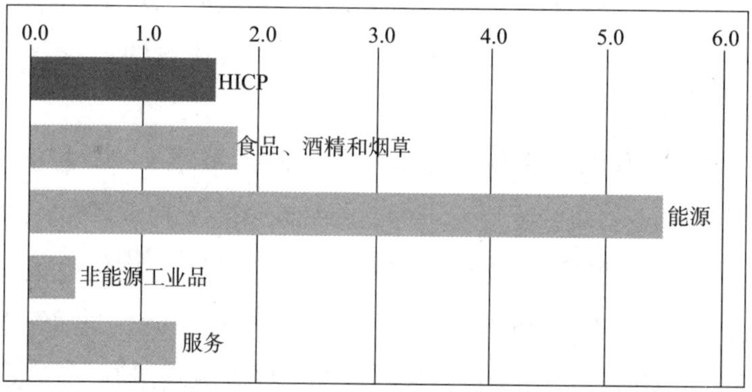

图 2−12　欧元区 HICP 结构

资料来源：根据欧盟统计局（https：//ec. europa. eu/eurostat/）公布的数据整理

（四）失业率

自17世纪以来，欧洲逐渐成为世界经济中心。18世纪，欧洲爆发人类第一次工业革命，欧洲成为当时世界经济中心。在推动人类历史步入工业化进程中，欧洲贡献巨大。欧洲既是现代文明的发源地，也是全球开启高福利型社会保障制度先河的地区。

欧洲高福利型社会保障制度会通过影响人们的生产积极性和提高劳动力成本而使得社会失业率上升，影响社会效率。首先，由于高福利制度的存在，一定会从整体上降低劳动者的积极性，自然提高失业率。其次，欧洲的高福利政策会使得劳动力成本高，企业往往会雇佣尽量少的工人来减少生产成本，这也是高福利政策会提高失业率的一个原因。因此，欧盟，特别是欧元区整体失业率远远高于世界对自然失业率的估计水平。

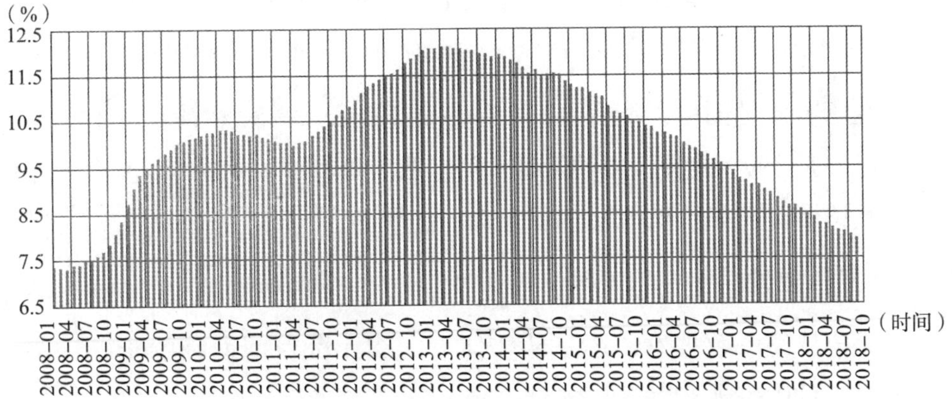

图2-13 欧元区失业率表现（2008年6月—2018年11月）

资料来源：根据欧盟统计局（https：//ec. europa. eu/eurostat/）公布的数据整理

2019年1月9日，欧盟统计局（Eurostat）公布了欧元区2018年11月的就业报告。数据显示，欧元区（EA19）2018年11月经季节性调整后的失业率为7.9%，低于2018年10月的8.0%和2017年11月的8.7%。这是欧元区自2008年10月以来的最低水平。

欧盟统计局（Eurostat）估计，2018年11月，欧盟28个成员国中有1649.1万人失业，其中有1300.4万人来自欧元区。与2018年10月相比，欧盟28国和欧元区的失业人数分别减少了10.7万人和9万人。与2017年11月相比，欧盟28国和欧元区的失业人数分别下降了1489万人和135万人（见图2-14）。

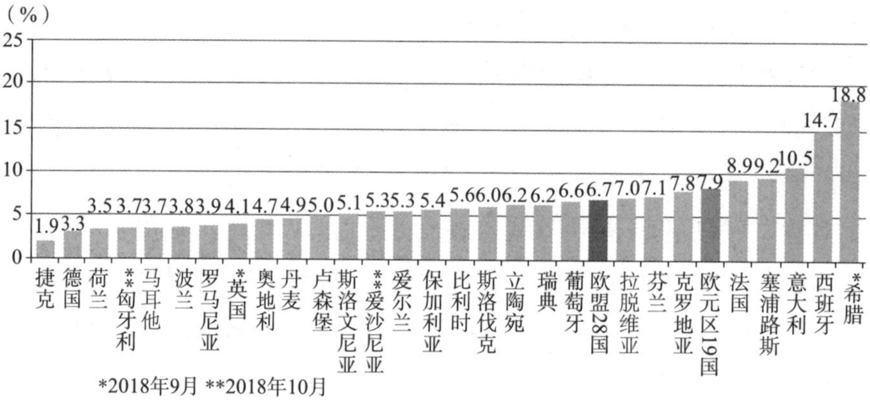

图2-14 欧元区各国2018年11月失业率

资料来源：根据欧盟统计局（https：//ec. europa. eu/eurostat/）公布的数据整理

在所有成员国中，捷克（1.9%）、德国（3.3%）和荷兰（3.5%）的失业率是19个成员国中的最低水平。失业率最高的是希腊（2018年9月为18.6%）和西班牙（14.7%）。

（五）结论

无论从经济数据看，还是从整体看，欧元区目前面临的难题远多于美国，具体表现在以下几方面：

首先，欧元区各国的经济竞争力不平衡是欧元区各种问题的症结所在。欧元区各国经济结构存在很大差别，尽管都是欧元区国家，但各国的预算状况千差万别。货币政策统一，财政政策不统一使得欧元区各国间的协调成本太高。

其次，欧元区当前的通缩风险仍在持续。尽管欧元区仍然在实施量化宽松的货币政策，但是欧元区的通胀水平持续低迷，仍然低于央行2%的目标。另外，欧元区和美国经济周期的差异将会给欧元区的政策效果带来极大的威胁。

最后，英国脱欧久拖不决会对欧元区发展产生极大的负面影响。鉴于脱欧协议仍无法在英国议会获得通过，英国在规定期限内有序脱欧的希望越发渺茫。这给欧洲，特别是欧元区的发展带来了极大的不确定性。

三、中国经济现状与展望

进入21世纪，随着互联网和信息技术的飞速发展，中国老百姓的生活方式发生了巨变。2017年5月，来自“一带一路”沿线的20国青年评选出了中国的“新四大发明”：高铁、扫码支付、共享单车和网购。“新四大发明”给老百姓的生活带来了极大的便利。

2018年是中国改革开放40周年。在过去的40年里，中国社会、经济、文化等各方面都在显现改革开放带来的红利。2014年5月，习近平总书记在河南考察时指出，我国发展仍处于重要战略机遇期，我们要增强信心，从当前中国经济发展的阶段性特征出发，适应新常态，保持战略上的平常心态。这是新一代中央领导首次以新常态描述新周期中的中国经济。随后，随着中国经济增速的明显下滑，实体经济面临的困境日益凸显。

2019年是中华人民共和国成立70周年。在过去的70年里，中国在中国共产党的坚强领导下发生了翻天覆地的变化。特别是1978年党的十一届三中全会后，中国实施了改革开放的政策，中国经济发展步入了快车道。随着中国经济的快速发展，中国人民的生活日益富足。在未来40年中，中国如何要在新的起点更上一层楼，将面临国内外不少挑战。

在下一个40年的周期中，中国能够按照自己的方式健康地发展并再次给全世界一个惊喜，是所有中国人的愿望。为了顺利实现这一愿景，我们需要清晰地认识自己的现状。因此，本章挑选了国内生产总值、物价水平和居民可支配收入三个指标来分析中国经济的现状，并以此为基础做出展望。

（一）国内生产总值

自从1978年中国实行改革开放以来的40多年中，中国发生了翻天覆地的变化，最为显性的指标是中国经济规模的持续快速增长。从总量上看，1978年，中国的经济总量仅为3679亿元；2017年，中国国内生产总值（Gross domestic products，GDP）（名义）已经高达82.71万亿元（折合12.24万亿美元），已经成为世界第二大经济体。中国经济总量占世界经济总量的比重由1978年的1.8%上升到2017年的16%，仅次于美国（见图2-15）。

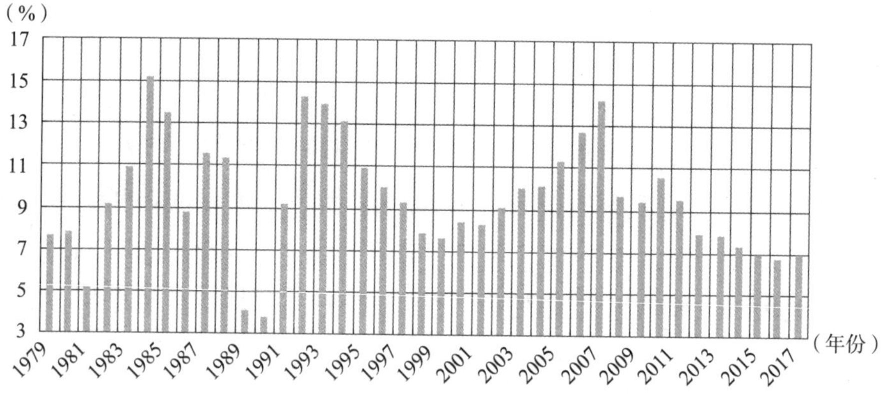

图2-15 中国GDP表现（1979—2017年）

资料来源：根据中国国家统计局（http：//www.stats.gov.cn）公布的数据整理

从增速来看，1978—2017年，中国国内生产总值（GDP）的年均名义增速为14.5%，剔除通胀因素，年均实际增速高达9.3%。这在人类发展史上是绝无仅有的。

然而，从2010年开始，中国经济增长速度的下滑趋势开始显现，可能在不久的将来，中国经济的增速会跌破6%。如何在经济增速下滑的背景下保持整个社会的均衡发展显得尤为紧迫和重要。

（二）物价水平

在市场经济条件下，价格机制是核心机制。物价稳定是经济稳定、财政稳定和货币稳定的集中体现，物价稳定同时标志着社会总体需求量的基本平衡，财政收支的基本平衡和市场流通的货币供应量与市场的货币量的基本适应。因此，为了实现物价稳定，全球各国或地区均有一整套衡量和监测物价水平的机制。从通行做法看，各个国家或地区一般用消费者物价指数和生产者物价指数来衡量和监测物价水平。在我国，用居民消费价格指数（Consumer Price Index，CPI）和工业品出厂价格指数（Producer Price Index，PPI）来衡量和监测物价水平。

居民消费价格指数是反映一定时期内城乡居民所购买的生活消费品和服务项目价格变动趋势和程度的相对数，是对城市居民消费价格指数和农村居民消费价格指数进行综合汇总计算的结果。通过该指数可以观察和分析消费品的零售价格和服务项目价格变动对城乡居民实际生活费支出的影响程度。在我国，用居民消费价格指数来衡量通货膨胀水平。

2019 年 1 月 10 日，国家统计局公布的数据显示，2018 年 12 月全国 CPI 同比上涨 1.9%，2018 年全年 CPI 同比上涨 2.1%。其中，城市上涨 1.9%，农村上涨 1.9%；食品价格上涨 2.5%，非食品价格上涨 1.7%；消费品价格上涨 1.7%，服务价格上涨 2.1%。

PPI 是反映一定时期内全部工业产品出厂价格总水平的变动趋势和程度的相对数，包括工业企业售给本企业以外所有单位的各种产品和直接售给居民用于生活消费的产品。[①] 该指数可以观察出厂价格变动对工业总产值及增加值的影响。由于企业最终要把它们的费用以更高的消费价格的形式转移给消费者，所以，通常认为生产物价指数是消费物价指数的先行指标。

2019 年 1 月 10 日，国家统计局公布的数据显示，2018 年 12 月全国 PPI 同比上涨 0.9%，环比下降 1.0%，为 2016 年 9 月以来的最低水平；2018 年全年 PPI 同比上涨 3.5%（见图 2-16）。

2012 年 3 月至 2016 年 8 月，全国 PPI 同比增速均在 0 以下，持续

① 国家统计局官网，http：//www.stats.gov.cn/tjsj/zbjs/201310/t20131029_449518.html.

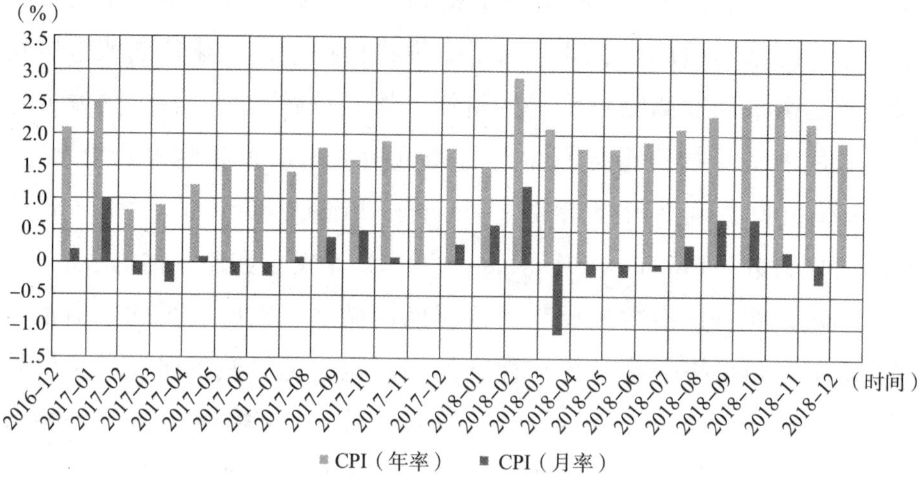

图 2-16 中国居民消费物价水平表现（2016 年 12 月至 2018 年 12 月）

资料来源：根据中国国家统计局（http：//www. stats. gov. cn）公布的数据整理

时间高达 54 个月。从 2018 年 6 月开始，全国 PPI 同比已经连续 7 个月出现增速下滑，环比连续两个月增速为负（全国 PPI 11 月环比为-0. 2%，12 月环比为-1%），而且下滑的速度有所加快。这将会给 CPI 带来负面影响（见图 2-17）。

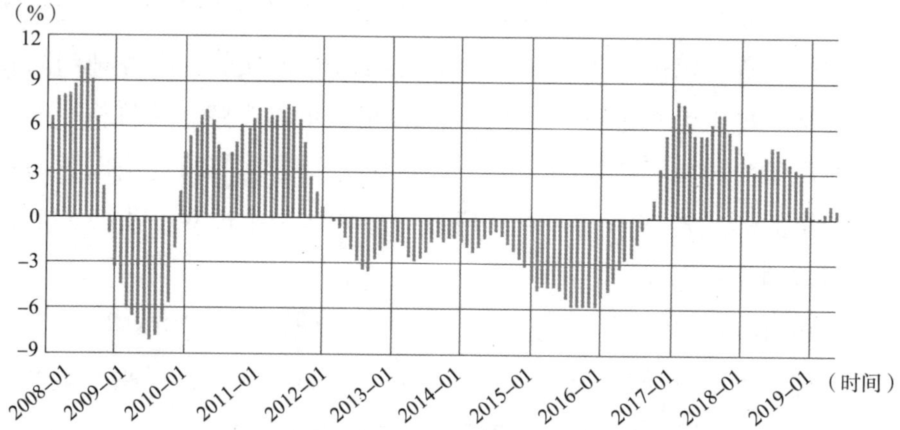

图 2-17 中国工业生产者物价水平（2008 年 1 月至 2018 年 12 月）

资料来源：根据中国国家统计局（http：//www. stats. gov. cn）公布的数据整理

2018 年 12 月 CPI、PPI 双双低于市场预期，CPI 重回 1 时代，PPI 则直接回到零时代。可见，当前中国经济运行的主要矛盾不是通货膨胀问题，而是需求放缓过快的问题。

（三）居民可支配收入

改革开放 40 年来，随着中国经济的高速发展，中国的经济结构也在悄然发生变化。从 2004 年开始，最终消费对 GDP 的贡献率首次突破 40%，并在此后保持稳步上升的态势，2016 年，最终消费对 GDP 的贡献率首次突破 60%，达到 66. 5%，2018 年，最终消费对 GDP 的贡献率首次超过 70%，达到 76. 2%。从国家统计局公布的数据来看，从 2015 年开始，连续 4 年最终消费对 GDP 的贡献率均超过 50%，这意味着居民消费升级的基础比较牢固。目前中国经济的增长主要靠内需拉动，而且在内需中投资和消费贡献的比例在发生积极的变化，这说明中国经济结构在进一步改善（见图 2-18）。

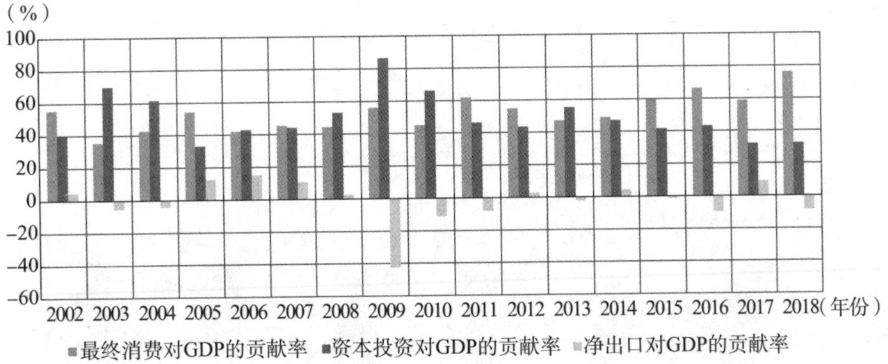

图 2-18 中国 GDP“三驾马车”贡献率（2002—2018 年）

资料来源：根据中国国家统计局（http：//www. stats. gov. cn）公布的数据整理

传统的经济学理论比较关注商品价格与消费之间的关系，即商品价格越便宜，消费者消费的可能性越大，但实际上，影响消费需求的因素是多方面的，其中最重要的一个因素是居民的收入，特别是居民可支配收入。

居民可支配收入是指城乡居民户用于最终消费支出和其他非义务

性支出及储蓄的总和，即居民家庭可以用来自由支配的收入。可支配收入具体构成是：家庭总收入扣除缴纳的个人所得税、个人缴纳的社会保障费及调查户的记账补贴后的收入。它不仅是衡量国家和各地区居民生活水平的基本指标，而且在宏观经济学理论及实证研究中有着非常重要的地位，对国家宏观经济政策的制定也有着重要的作用。

2018 年 2 月 28 日，国家统计局发布《中华人民共和国 2017 年国民经济和社会发展统计公报》（以下简称《公报》）。《公报》显示，全年全国居民人均可支配收入 25974 元，同比增长 9.0%，扣除价格因素，实际增长 7.3%。全国居民人均可支配收入中位数 22408 元，增长 7.3%。按常住地分，城镇居民人均可支配收入 36396 元，比上年增长 8.3%，扣除价格因素，实际增长 6.5%。城镇居民人均可支配收入中位数 33834 元，增长 7.2%。农村居民人均可支配收入 13432 元，比上年增长 8.6%，扣除价格因素，实际增长 7.3%。农村居民人均可支配收入中位数 11969 元，增长 7.4%。1978 年，全国居民人均可支配收入仅为 171 元，2017 年全国居民人均可支配收入达到 25974 元，扣除价格因素，比 1978 年实际增长 22.8 倍，年均增长 8.5%，这是人类发展史上的一个奇迹。

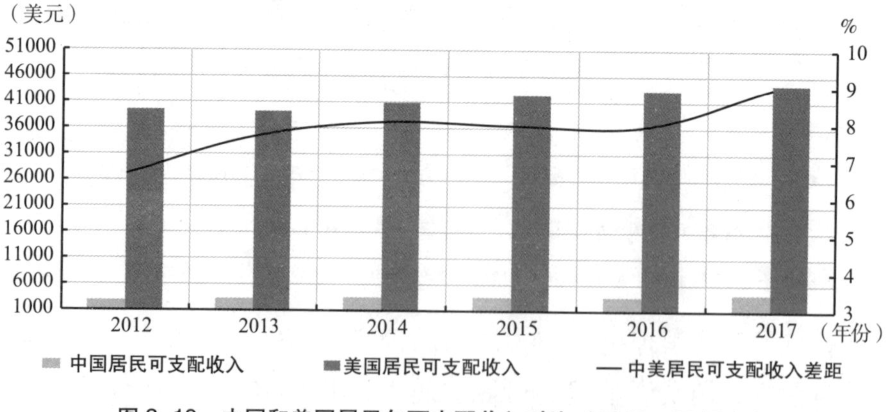

图 2-19　中国和美国居民年可支配收入对比（2012—2017 年）

资料来源：根据中国国家统计局（http://www.stats.gov.cn）和美国劳工部（https://www.bls.gov）公布的数据整理

俗话说：没有对比，就不可能进步。尽管中国居民可支配收入在过去的 40 年实际增长了 22.8 倍。但是，和世界上最发达的国家美国相比，横向差距还是非常巨大的。从图 2-19 可以看出，2012—2017 年，中国居民可支配收入稳步增长，但是，2017 年，中国居民可支配收入仅为美国居民可支配收入的 7.9%，从绝对数上看，我国目前居民可支配收入水平仅相当于美国 20 世纪 60 年代末的水平。因此，尽管我国目前是全球第三大单一货币经济体，但是，我国居民的可支配收入水平仍处于全球后列，未来还有很多工作要做。

因此，我们所看到的一般不是事实的真相，要切实了解事实的真相，尽可能多地收集与此有关的信息，并对其进行系统性的分析和研究或许是上策。

（四）结论

改革开放 40 年来，中国各方面发生了翻天覆地的变化。在中国进入“经济新常态”以及全球经济进入数字经济 3.0 时代之际，中国经济、社会面临全方位的挑战，具体表现在以下三方面：

（1）我国经济增长内生动力严重不足

从 2010 年开始，中国经济增速明显下滑，这说明中国经济增长的动能走弱。2017 年，中国 GDP 的增速为 6.9%，相较 2016 年，这一数据有所回升，但是，投资和消费对经济增长的贡献出现回落，如果不考虑外需变化，即剔除出口对经济增长的贡献，2017 年我国经济增长的内生增速仅为 6.3%。

（2）在新的经济形势下实体经济如何转型

中国经济高速发展 40 年之后，实体经济面临需求不足、生产成本的提升以及产业利润空间降低和虚拟经济对实体经济的冲击等一系列挑战。从目前情况看，实体经济转型的效果不佳。由于实体经济是创造价值的源泉，因此，有效促进实体经济转型成为当务之急。

（3）巨额地方债务以及房地产面临下行的风险

由于地方债务的不透明与规模增长过快，地方债务问题无疑是中国债务问题担忧的核心所在。另外，随着中国政府对房地产行业调控的不断加深，房地产行业发展出现拐点，这必将增加地方债务的压力。

四、日本经济现状与展望

（一）概况

日本位于亚洲东部、太平洋西北部。国名意为“日出之国”，领土由本州、四国、九州、北海道四大岛及7200多个小岛组成，总面积37.8万平方千米。主体民族为和族，通用日语，总人口约1.26亿人。

第二次世界大战结束后，日本战败投降，美国派军队占领日本。1947年，日本颁布《新宪法》，由天皇制国家变为以天皇为国家象征的议会内阁制国家。战后，日本奉行“重经济、轻军备”路线，励精图治，1968年，日本国民生产总值超过德国，成为世界第二大经济体。不过，随着1985年《广场协议》的签订，日本陷入长达30年的经济衰退，伴随而来的是政府债务高企和老龄化、少子化等严峻的社会问题。2010年，中国的经济总量正式超过日本，成为全球第二大经济体。目前，日本是仅次于美国、欧元区和中国的全球第四大经济体。

日本是一个高度发达的资本主义国家，不过，由于其资源匮乏，所以日本高度依赖进口。高度发达的制造业是其国民经济的主要支柱。此外，以ACG（Animation、Comic、Game的缩写，是动画、漫画、游戏（通常指电玩游戏或GalGame）的总称）产业为首的文化产业和发达的旅游业也是其重要象征。至今，其仍较好地保存着以茶道、花道、书道等为代表的日本传统文化。

由于日本特殊的国情以及发展历史，日本的经济现状分析与全球其他三大单一货币经济体有所不同，分析指标为进出口、人口问题、汇率和政府债务状况。

（二）进出口

外贸在日本国民经济中占有非常重要的地位，这与日本的基本国情紧密相关。日本自然资源极度匮乏，除煤炭、天然气、硫黄等极少量矿产资源外，其他工业生产所需的主要原料、燃料等都需要从海外进口。另外，日本位于环太平洋火山地震带，全球有十分之一的火山位于日本，因此，火山活动在日本全国都非常活跃。据统计，世界全部里氏6级以上的地震中超过两成都发生在日本。

因此，在20世纪50年代，日本就确立了贸易立国的发展方针。"入关"① 后，日本开始取得和其他缔约方同样的平等地位。与大多数国家和地区进行自由贸易，为日本对外贸易规模的不断扩大创造了有利的国际市场条件。此后，日本对外贸易迅速增长，主要贸易对象为美国、亚洲国家和欧盟国家。日本财政年度从当年4月1日起，至次年3月31日止。

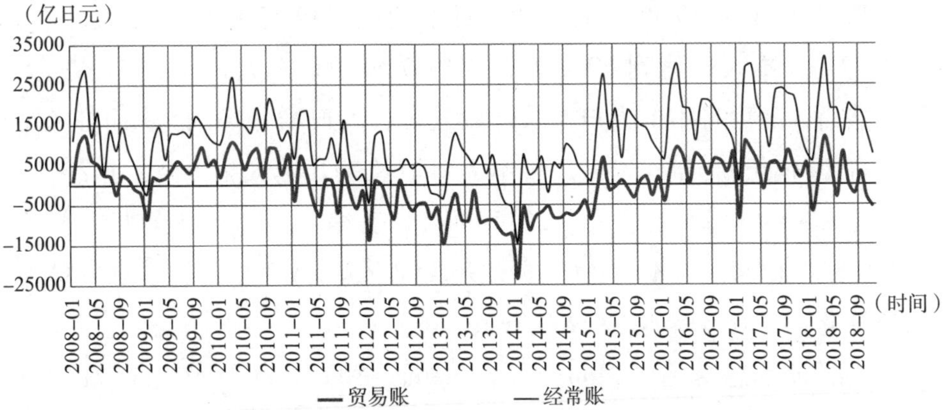

图2-20　日本外贸状况（2008年1月至2018年11月）

资料来源：根据日本财务省（https：//www.mof.go.jp/english/index htm）公布的数据整理

从图2-20可以看出，"次贷危机"后，日本外贸状况急剧恶化，尽管从2016年开始，日本的贸易账（Balance of trade）有所转暖，但是这种状况并没有形成趋势，进入2018年，日本的贸易账再次恶化，这也拖累了日本经常账（Current Account）的表现。

---

① "入关"指加入关税与贸易总协定（The General Agreement on Tariff and Trade，GATT）。关税与贸易总协定是世界贸易组织（World Trade Organization，WTO）的前身。

2019年1月11日，日本财务省公布了2018年11月的外贸数据。数据显示，日本11月贸易账前值为-3217亿日元，此次公布值为-5591亿日元。11月末季调经常账前值为13099亿日元，此次公布值为7572亿日元。11月季调后经常账前值为12113亿日元，此次公布值为14387亿日元。

由于外贸在日本经济中所占的地位举足轻重，另外，随着美国经济的强劲复苏，美联储连续加息，未来将会对全球市场的稳定性产生负面影响，因此，目前日本外贸的局面对于急于摆脱通货紧缩和经济停滞困境的日本政府来说无疑是雪上加霜。

（三）人口问题

尽管日本的国土面积和我国的云南省面积差不多，但是，2017年日本的人口达到1.267亿人，占全球总人口的1.7%。

从18世纪到19世纪上半叶，日本的人口稳定在3000万人左右。1926年，日本人口达到6000万人，1967年，日本人口超过1亿人大关。然而，随后日本的人口增长开始放缓，人口增长率约为每年1%左右。自20世纪80年代以来，日本人口增长率开始大幅下降。据统计，日本总人口为1.2709亿人（2015年人口普查），与上一次人口普查（2010年）相比，日本总人口减少962607人。2017年，日本总人口为1.2671亿人，比上年减少22.7万人。

按照日本总务省（Ministry of Internal Affairs and Communications）编撰的《2018日本统计手册》的预测，日本在2030年总人口将跌破1.2亿人的关口；到21世纪中叶，日本人口将跌破1亿人的大关。最令人担忧的是，日本的有效劳动力将在21世纪中叶跌破5000万人的关口（见表2-5）。

现代日本的人口结构有两个特点：一是老龄化；二是人口减少。按照联合国的规定，65岁以上人口的比例称为老年人口比例，该比例超过7%的社会就是老龄化社会。老年人口超过14%的社会是老龄社会。衡量老龄化速度的指标是老年人口比例从7%上升至14%所需的时间。数据显示，日本年满65岁人口数量超过3500万人，占总人口比例达 27.7%，创下自 1950 年开始采用现行标准统计以来的历史新高。

表 2-5　日本人口的历史进程（1872—2060 年）

年份	人口（千人）	男性（千人）	年龄段占比（%）			人口变化率（%）	人口密度（每平方米）
			0~14 岁	15~64 岁	65 岁以上		
1872	34806	17666	—	—	—	—	91
1900	43847	22051	33.9	60.7	5.4	0.83	115
1910	49184	24650	36.0	58.8	5.2	1.16	129
1920	55693	28044	36.5	58.3	5.3	1.30	147
1930	64450	32390	36.6	58.7	4.8	1.42	169
1940	71933	35387	36.7	58.5	4.8	1.10	188
1950	84115	41241	35.4	59.6	4.9	1.58	226
1955	90077	44243	33.4	61.2	5.3	1.38	242
1960	94302	46300	30.2	64.1	5.7	0.92	253
1965	99209	48692	25.7	68.0	6.3	1.02	267
1970	104665	51369	24.0	68.9	7.1	1.08	281
1975	111940	55091	24.3	67.7	7.9	1.35	300
1980	117060	57594	23.5	67.4	9.1	0.90	314
1985	121049	59497	21.5	68.2	10.3	0.67	325
1990	123611	60697	18.2	69.7	12.1	0.42	332
1995	125570	61574	16.0	69.5	14.6	0.31	337
2000	126926	62111	14.6	68.1	17.4	0.21	340
2005	127768	62349	13.8	66.1	20.2	0.13	343
2010	128057	62328	13.2	63.8	23.0	0.05	343
2015	127095	61842	12.6	60.7	26.6	-0.15	341
2016	126933	61766	12.4	60.3	27.3	-0.13	340
2017	126706	61655	12.3	60.0	27.7	-0.18	340
预测，2017 年							
2030	119125	57697	11.1	57.7	31.2	-0.47	319
2040	110919	53595	10.8	53.9	35.4	-0.71	297
2050	101923	49257	10.6	51.8	37.7	-0.84	273
2060	92840	44744	10.2	51.6	38.1	-0.93	249

资料来源：日本总务省（http：//www.soumu.go.jp）

从图 2-21 可以看出，发达国家老龄化速度日本最快。日本从老龄化社会步入老龄社会只用了 14 年的时间，英国用了 50 年的时间，美国用了 70 年的时间，法国则用了 130 年的时间。

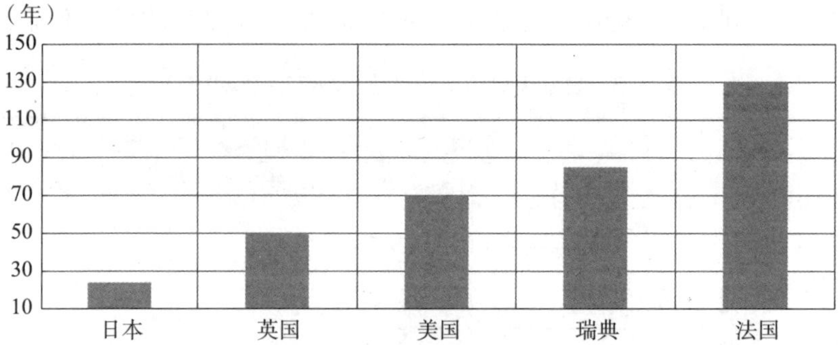

图 2-21　全球主要工业化国家老龄化速度

资料来源：根据公开的信息整理

不仅如此，日本人口出生率持续下降的现象在恶化。21 世纪以来，日本人口出生率持续下降，2005 年是日本人口绝对值开始减少的第一年，这在日本人口史上具有特殊的意义。2004 年，日本人口（不包括在日本的外国人，以 10 月 1 日的人口数为准）为 12778.7 万人，2005 年，这一数字 12776.8 万人，较 2004 年减少 1.9 万人。预计到 2029 年，日本的总人口将跌破 1.2 亿人；2053 年，日本的总人口将跌破 1 亿人。在此背景下，日本有效劳动力也在减少，目前日本的劳动人口数量正在以每年 50 万人的规模减少，这对于深陷困境的日本经济来说绝对是坏消息（见图 2-22）。

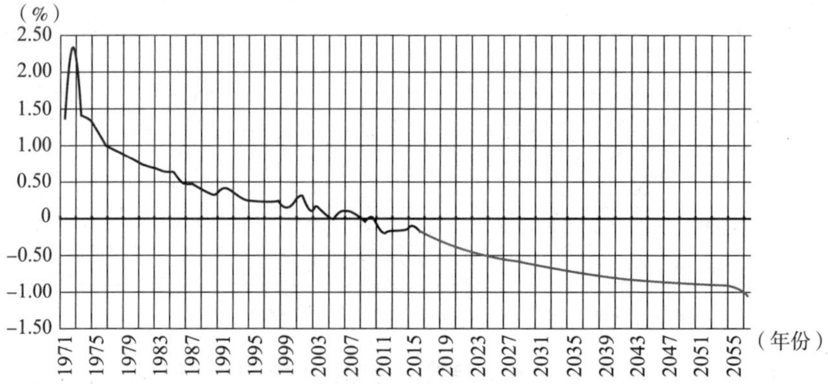

图 2-22　日本人口出生率（1971—2065 年）

注：图中——线条代表日本总务省 2016 年预测的 2017—2065 年的数据

资料来源：根据日本总务省（http：//www.soumu.go.jp）公布的数据整理

（四）汇率

汇率是指一国货币与另一国货币的比率或比价，或者说是用一国货币表示的另一国货币的价格。随着国与国之间沟通交流，特别是经济贸易活动的日益频繁，汇率的作用越来越大。

1973 年布雷顿森林体系崩溃后，美元指数[①]诞生，国际货币体系进入了一个新时代——浮动汇率制的时代。在浮动汇率制的时代，汇率是国际贸易中最重要的调节杠杆。在一定条件下，通过使本国货币对外贬值，即让汇率下降，会起到促进出口、限制进口的作用；反之，本国货币对外升值，即汇率上升，则起到限制出口、增加进口的作用。

由于在 20 世纪 50 年代，日本就根据自身的国情确立了贸易立国的发展方针，因此，日元汇率对于日本外贸乃至整个日本经济的发展有举足轻重的作用。

1971 年，日本开始实施浮动汇率制。1971 年 12 月，1 美元 = 308 日元，这是日元的最低水平，此后日元开启了升值之路。1995 年 4 月，日元创下战后最高纪录，1 美元 = 79.75 日元，这并没有结束。“次贷危机”爆发后，全球避险情绪高涨，加之各国在应对经济危机的策略和措施的差异，全球恐慌指数一直居高不下，2011 年 10 月 31 日，1 美元仅可兑换 75.56 日元，再次刷新日元战后的最高纪录。日元飙升对日本经济摆脱金融危机极为不利，尽管此后随着全球经济，特别是美国经济的强劲增长，日元汇率有所回落，但是随着美国总统特朗普上台之后，全球不稳定性大幅上升，全球恐慌指数居高不下，作为一种避险资产，日元汇率仍处于高位，这对于急于摆脱通货紧缩、经济停滞困

① 美元指数（US Dollar Index，USDX），是综合反映美元在国际外汇市场强弱的指标，用来衡量美元对一揽子货币的汇率变化程度。1973 年 3 月，史密斯索尼安协议（Smithsonian Agreement）达成，美元指数诞生。当时，美元指数由美元和选定的十种货币的汇率以加权的方式计算得出，初始值为 100。1999 年 1 月 1 日，欧元诞生后，美元指数的构成从 10 个货币对减少为 6 个货币对，欧元一跃成为权重最大的货币，所占权重达到 57.6%，其次是日元，占 13.6%，英镑为 11.9%，加拿大元 9.1%，瑞典克朗 4.2%。美元指数的诞生标志着国际货币体系进入了一个全新的时代——信用本位下的国际货币体系。

局的日本来说不是一个好消息。

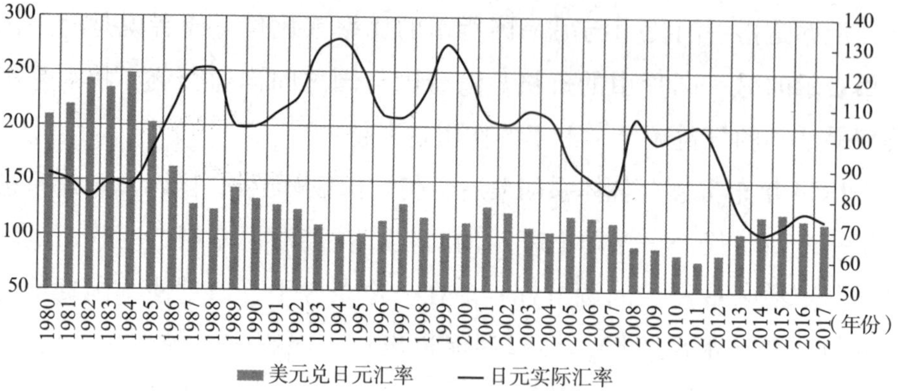

图 2-23　日元汇率表现（1980—2017 年）

资料来源：根据公开的信息整理

从图 2-23 可以看出，近年来，不仅美元兑日元的汇率处于下降通道，而且日元的实际汇率持续走高。因此，日本未来的前景不容乐观。

（五）政府债务状况

第二次世界大战后，日本百废待兴。为了尽快实现经济复苏，日本在欧美经济体系的基础上建立了一套自己的金融系统模型——利用国民储蓄进行投资。这个模型是企业家和中产阶级财富迅速积累的重要因素。但是该模型带来的经济成功是非常脆弱的，因为任何系统模型的成功都是有前提条件的。

第二次世界大战后，除美国外，全球其他各国均在加速战后重建。因此，只要有国家在某些方面有优势，将会获得巨大的市场需求。

第二次世界大战后，盟军总司令麦克阿瑟（Douglas MacArthur）接管日本，为日本打造了一个文明的政治制度，而且在《日本宪法》的指引下，日本只需要全力发展本国的经济即可。

在战后日本经济奇迹的过程中，一个美国人厥功至伟，他就是“质量管理之父”爱德华兹·戴明（W. Edwards Deming）。1950 年，戴明以较低的价格和较好的质量占领市场的战略思想与日本文化注重细节的思想无缝对接，日本各行各业全盘接受了戴明的思想并切实实施，从而创造了震惊世界的“日本奇迹”。

中国有句俗话说得好：月满则亏，水满则溢。日本的经济奇迹也不例外。进入20世纪70年代，日本在制造业的巨大优势使得日本产品在全球获得了广泛赞誉的同时也成为众矢之的。

回顾过去40多年日本的发展轨迹，日本目前政府债务高居不下并不断恶化的原因主要来自两个方面：

（1）人口红利的急剧下滑并转变为人口负担成为经济发展的主要障碍

战后日本的人口出生率在1972年达到2.33%的高点之后快速下降，并在2005年人口出生率为负，这使得日本快速从老龄化社会向老龄社会转变，这一方面使得日本的有效劳动力得不到补充，另一方面社会保障的压力越来越大，给日本经济发展带来了巨大的障碍。

（2）1985年《广场协议》（Plaza Accord）的签订将日本推入了万劫不复的深渊

由于日本经济的迅速崛起，加上日本是出口导向型国家，日本产品在国际市场随处可见，包括在美国，这引起了美国政府的极大不满。为了有效抑制日本产品在国际市场上的优势，1985年9月22日，美国、日本、联邦德国、法国以及英国的财政部部长和中央银行行长（以下简称G5）在纽约广场饭店（Plaza Hotel）举行会议，达成五国政府联合干预外汇市场，诱导美元对主要货币的汇率有秩序地贬值，以解决美国巨额贸易赤字问题的协议。因协议在广场饭店签署，故该协议又被称为《广场协议》（见图2-24）。

《广场协议》签订后，协议五国开始联合干预外汇市场，在国际外汇市场大量抛售美元，继而形成市场投资者的抛售狂潮，导致美元持续大幅贬值。到1987年，美元兑日元汇率最低曾跌到120，这意味在不到三年的时间里，美元兑日元贬值了50%，即日元兑美元升值了一倍。

日元的大幅升值严重影响了日本经济的发展：1989年12月29日，

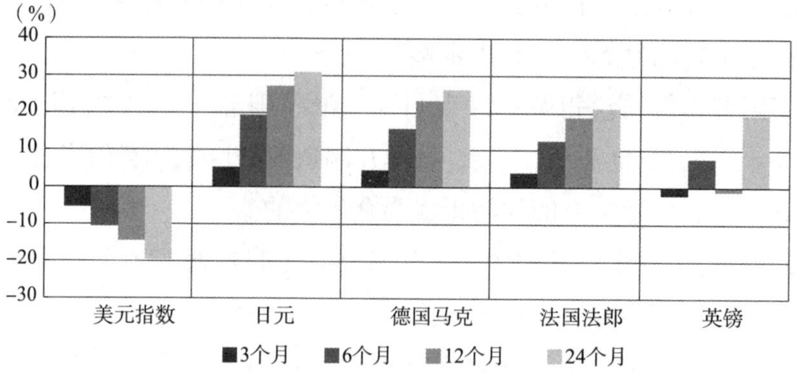

图 2-24　“广场协议”后相关货币汇率走势

资料来源：根据公开的数据整理

日经 225 指数达到最高 38915.87 点，此后开始下跌，到了 1992 年 3 月，日经平均股价跌破 2 万点，仅达到 1989 年最高点的一半，8 月，进一步下跌到 14000 点左右。土地价格也在 1991 年前后开始下跌，泡沫经济开始正式破裂，“多米诺骨牌”效应开始显现，这直接对日本金融造成了严重打击。受此影响，日本的经济增长几近停滞。按美元计，2017 年日本 GDP 的绝对值甚至低于 1994 年的水平（见图 2-25）。

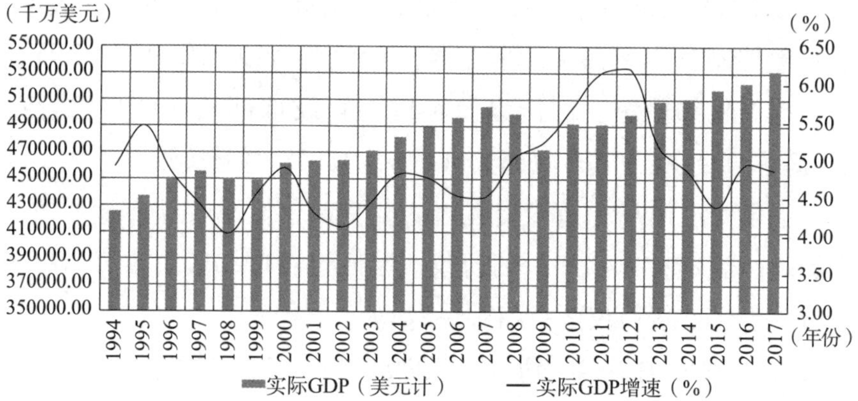

图 2-25　日本 GDP 发展状况（1994—2017 年）

资料来源：根据日本财务省（https：//www.mof.go.jp/english/index.htm）公布的数据整理

世界是变化发展的，因为这个世界唯一不变的是变化。所以，日本在战后30多年的时间里通过强力的宏观管理以及在器物、制度和文化方面与西方文明接轨获得了极大的成功。不过，随后发生的一系列事件使得日本经济举步维艰，这直接导致日本政府债务快速飙升。1995年阪神大地震后，日本政府债务恶化的速度开始加快，1996年，日本政府债务/GDP的比率正式突破100%。2009年，这一比率正式突破200%。2018年，这一比率已经达到238%，在发达国家中居于首位，并在不可持续的轨道上继续螺旋式上升（见图2-26）。

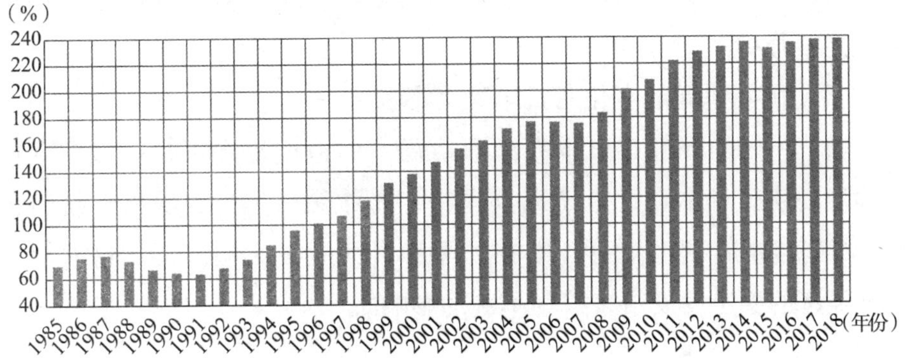

图2-26　日本政府债务/GDP的表现（1985—2018年）

资料来源：根据国际货币基金组织（https：//www. imf. org/external/index. htm）公布的数据整理

从目前情况看，日本面临内忧外患的局面，最为重要的是，日本政府短期内无法找到合适的解决办法。

（六）结论

“失去的三十年”（自1985年《广场协议》签订至今）已经成为表述日本经济社会的专用术语。在新的时代背景下，日本经济社会面临的挑战非常艰巨，具体表现在以下三方面：

（1）日本经济的结构性矛盾日益突出

20世纪60—80年代，日本依靠精准的管理和技术的革新使得“日本制造”（Made in Japan）风靡全球，不过，随着《广场协议》的签订以及全球信息技术特别是数字经济的发展，日本制造业陷入困境，一些知名的日本制造业巨头，如三洋（SANYO）、索尼（Sony）、东芝

（Toshiba）、佳能（Canon）、高田（Takata）因各种原因业绩急转直下，甚至破产，这使得日本结构调整的难度陡增。

（2）通缩的拖累使得日本经济长期处于停滞状态

稳定和通缩，通货膨胀和风险，这是一个两难的选择。日本国内持续的通缩环境，是日本得以在高额债务情况下能够低利率融资的基础，而通货膨胀将揭开日本国债市场的“潘多拉魔盒”。另外，日本人口日益严峻的老龄化趋势会导致个人储蓄持续减少和政府养老金支出的增加，从而削弱日本国债市场稳定的根基，这是日本经济发展的一个“定时炸弹”。

（3）国际格局的变化对日本极为不利

随着中国的崛起，日本在国际格局中的地位岌岌可危。俄罗斯的持续强硬使得日本在北方四岛问题中举步维艰。另外，美国总统特朗普对日态度的转变也使得日本在国际舞台的能量大幅减弱。这些将为日本经济的稳定发展带来极为不利的影响。

五、总结

目前全球四大经济体所面临的问题迥异，其中，美国的整体情况最为乐观。不过，“家家都有本难念的经”，全球四大单一货币经济体各自面临的问题虽然各不相同，但是要想彻底解决这些问题，挑战依然很大。

不仅如此，由于美国、欧元区、中国和日本各自的经济周期差异较大，这意味着这四大经济体在未来沟通交流的过程中，摩擦一定无法避免（见图 2-27）。

矛盾无时不有，矛盾无处不在。同样，问题无时不有，问题无处不在。面对问题，我们首先要承认问题的存在，接着分析问题，最后达到解决问题的目的。

在信息技术飞速发展以及趋势交替的今天，全球未来的不确定性在增加。在下一个 40 年的发展周期，中国面临的挑战不小。如何有效地应对挑战并成功突围是所有中国人都应该思考的问题。接下来，本

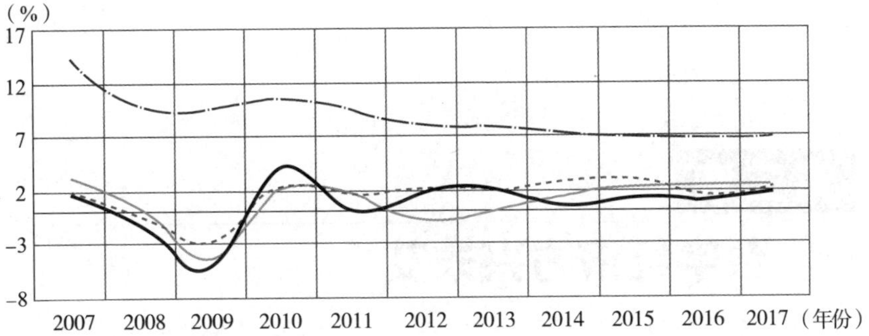

图 2-27　全球主要经济体实际 GDP 表现（2007—2017 年）

资料来源：根据欧盟统计局（https：//ec. europa. eu/eurostat/）公布的数据整理。

书将通过对当今全球新背景、新趋势和新技术的分析，结合中国的实际情况，找到一整套具有可操作性的应对之策。

参考文献

[1] 曹永智．欧元运行现状及前景分析［J］．烟台大学学报（哲学社会科学版），2000（4）．

[2] 张舒英．浅析日本庞大债务形成的原因［J］．日本学刊，2000（2）．

[3] 张建平，沈博．改革开放 40 年中国经济发展成就及其对世界的影响［J］．当代世界，2018（5）．

[4] 世界银行．东亚奇迹：经济增长和公共政策［R］．1993．

[5] 徐以升，许元荣．大分化——全球经济金融新格局［M］．北京：中国经济出版社，2014．

[6] 杨娟．经济转型时期实体经济创新发展路径［N］．光明日报，2016-02-14（6）．

[7] 刘琳琳．日本概况［M］．北京：北京大学出版社 2011．

[8] 杜厚文，李小牧，王广中．欧元——区域货币一体化的矛盾与挑战［M］．北京：中国金融出版社，2003．

[9] ECB. Economic Bulletin［Z］．August 2018．

[10] CBO. The Budget and Economic Outlook：2018 to 2028［Z］．2018-04-09．

第三章
数字经济方兴未艾

人类社会的文明史是一部人类从抽象到具体、从感性到理性的探索史。在这部探索史中，数学扮演了至关重要的角色。

数学源自古希腊语的 μθημα（máthēma），有学习、学问、科学之意。古希腊学者视其为“哲学之起点”“学问的基础”。它是最集中、最深刻、最典型地反映人类理性和逻辑思维所能达到的高度，所以，11 世纪大数学家、物理学家约翰·卡尔·弗里德里希·高斯（Johann Carl Friedrich Gauss）说过：数学是科学之王。

美国数学史学家 M. 克莱因（Morris Kline）曾经说过：“一个时代的总特征在很大程度上与这个时代的数学活动密切相关。这种关系在我们这个时代尤为明显。”

由于数学具有内容的抽象性、逻辑的严密性和应用的广泛性的特点，因此，在人类向信息化迈进的过程中，数学起到了举足轻重的作用。2006 年，“互联网之父”罗伯特·埃利奥特·卡恩（Robert Elliot Kahn）“*Leadership in the digital age—A study on the effects of digitalization of top management leadership*”一文中认为，人类拥抱数字化进程可以分为三个阶段，信息的数字化、业务的数字化和数字转型。

人类经历了农业革命、工业革命，正在经历信息革命。本章将对信息经济、数字经济以及数字经济在全球的发展现状和趋势进行阐述。

一、从信息经济到数字经济

在《信息简史》中，詹姆斯·格雷克（James Gleick）将人类处理信息的历史大致划分为两个阶段：历史阶段和超历史阶段。这两个阶段以1948年克劳德·艾尔伍德·香农（Claude Elwood Shannon）的《通信的数学原理》（A Mathematical Theory of Communication）为时间节点，即在1948年香农的《通信的数学原理》问世以前，人类处于历史阶段；在1948年香农的《通信的数学原理》问世以后，人类处于超历史阶段。

在历史阶段，人类有信息与计算技术，但更重要的还是利用传统的生产资料生存；而在超历史阶段，信息则成为最重要的资源，其地位和重要性远超出传统生产资料。

既然信息如此重要，那么何谓"信息"？信息有什么特点，对于经济发展有何益处？信息、信息经济与数字和数字经济有何种渊源？接下来本章将一一呈现。

（一）信息的定义

温（Wing，2008）指出，"什么是信息？"被挑选出来作为最深刻和最普遍的计算机科学问题反映了更加深远的问题，它驱使人类日复一日地探索，驱使研究人员不断研究并扩展计算的前沿领域。回顾人类发展的历史，信息概念应该是人类创造出来最伟大的思想之一，我们的任务是使得这个概念更加精准。

尽管信息处理和支配着当今社会，并渗透进生活的方方面面，但是至今信息的历史不到一百年的时间。信息作为科学术语最早出现在拉尔夫·温顿·里昂·哈特利（Ralph Vinton Lyon Hartley）于1928年撰写的《信息传输》一文中。20世纪40年代，信息论的奠基人香农（Claude Elwood Shannon）给出了信息的明确定义。香农认为"信息是用来消除不确定性的东西"，这一定义被人们看作经典性定义而加以引用。此后，越来越多的科学家创造了大量的信息理论：动态信息理论、雅各布·马尔萨克（Jacob Marschak）的经济信息理论、实用信息理论、罗纳德·艾尔默·费希尔（Ronald Aylmer Fisher）的统计信息理论和演算信息理论等。大量的研究者研究了信息经济学（Marschak，J.，1959，1964；Stigler，G.，1961；Hirshleifer，J.，1971，1973；Arrow，K. J.，1974，1979，1984；Grossman，Sanford J and Stiglitz，Joseph E.，1976；Sanford J. Grossman and O. D. Hart，1981），建立了信息几何学（Amari and Nagaoka，1985）、信息逻辑（Van Rijsbergen，1986，1989；Demri and Orlowska，1999）、信息物理学（Stonier，1990；Siegfried，2000；Pattee，2006）、信息演算（Van Rijsbergen and Laimas，1996）、信息生态学（Davenport，1997）、信息代数（Burgin，1997b；Kohlas，2003）和信息哲学（Herold，2004）。除此之外，每年关于信息问题的数据和论文大量问世，但是，关于“信息是什么”仍然没有达成一致。《信息政策和科学研究》（1986）中关于“信息是什么”的表述是：我们的主要问题是我们不真正知道信息是什么。

俗话说：只可意会，不可言传。此成语出自《庄子·天道》：“意之所随者，不可以言传也。”意思是只能用心去揣摩体会，无法用语言具体地表达出来，指道理奥妙，难以说明。有时也指情况微妙，不便说明。从古至今，能真正诠释“只可意会，不可言传”的恐怕只有两个例子：一个是《道德经》中的“道”；另一个是“信息是什么”。它们如此重要，而且和我们的生活密切相关，我们每天都会用到，但是我们却无法准确知道其内在含义。

其实，这里有个哲学小奥秘：虽然我们无法给“道”和“信息”一个准确的定义，但是，我们却可以明确知道“什么是道”和“什么是信息”。

（二）信息的特点

信息，特别是数字信息，已经成为当代社会最为重要的资源。正确认识信息的特点，可以帮助我们深入把握信息的本质，实现信息资源利用最大化，从而为创造价值打下坚实的基础。信息的特点表现在以下六个方面[①]：

非消耗性：信息的使用（消费）并不减少它的数量，因此，信息可以重复多次利用。

信息传递成本低：在互联网时代，与生产成本比较起来，信息的传播成本要低得多，甚至接近零，而且每一个信息的接受者可以成为一个新的信息中心，向周围的次级信息接受者发布信息。

价值性：信息的价值性体现在它能消除不确定性。阿罗（K. J. Arrow）认为，信息的价值等于有信息和无信息两种情况下拥有一定资产的决策者进行最优化决策时所得到的最大期望效用的差值。

时效性：信息的时效是指从信源发送信息，经过采集、加工、传递和使用的时间间隔和效率。信息的使用价值与信息经历的时间间隔成反比：信息经历的时间越短，使用价值就越大；反之，经历的时间越长，使用价值就越小。

从某种意义上说，信息的时效性表现为滞后性，因为信息作为客观事实的反映，是对事物的运动状态和变化的历史记录，总是先有事实，后产生信息，因此，只有加快传输，才能减少滞留时间。

可存储性：所谓存储，是指信息在时间上的传递。信息的可存储性使信息可以积累，信息经过记忆、记录等存储起来，以便今后使用，因而信息可以被继承。

共享性：由于信息可以在不同的载体间转换和传播，并且在转换和传播的过程中不会消失，所以谁拥有了某信息的载体谁就拥有了该信息。在信息传递和使用过程中，允许多次和多方共享使用，原拥有者只会失去信息的原创价值，不会失去信息的使用价值和潜在价值。因此信息不会因为共享而消失，这是信息与物质和能量资源的本质区别。

---

① 信息经济学讲义，https：//wenku. baidu. com/view/34419b09bb68a98271fefac4. html.

（三）从信息到信息时代

信息是人的镜子，它在技术更新与模式兴替中展现出变化万端的色彩。进化生物学家理查德·道金斯认为："处于所有生物核心的不是火，不是热气，也不是所谓的'生命火花'，而是信息、字词以及指令……如果你想了解生命，就别去研究那些生机勃勃、动来动去的原生质了，从信息技术的角度想想吧。"

语言、文字是最初的信息传播方式。纸张和印刷术使信息流通的数量、广度和速度大大提高。电磁波是信息技术的一场革命，电报、电话、收音机、电视机的发明，颠覆性地改变了信息传递的方式。进入 20 世纪，特别是第二次世界大战期间，交战各方对处理信息的速度有极高的要求，从某种程度上说，谁处理信息的速度快，谁就能够赢得时间并极有可能成为最终的赢家。有需求就会有创新。第二次世界大战以后，电子计算机的出现，不仅大大提高了处理信息的速度，而且掀开了信息时代的新篇章。

延伸阅读

"电"的历史

回顾人类社会的发展史，"电"被发现并走进人们的生活是促使人类迈向更高层次文明的速度明显加快的最重要助推器。

"电"这个名词是由希腊语"琥珀"转来的。人类最早发现的"电"现象是摩擦起电现象。公元前 600 年前后，古希腊正处于文化鼎盛的时期，贵族妇女外出时都喜欢穿柔软的丝绸衣服，戴琥珀做的首饰。当时有个叫泰勒斯的希腊人，他发现用丝绸摩擦过的琥珀确实具有吸引灰尘、绒毛、麦秆等轻小物体的能力。于是，他把这种不可理解的力量叫作"电"。这应该是人类探索"电"的最早起源。

随后，人类经过了近 2400 多年的探索，直到 1831 年，英国科学家迈克尔·法拉第（Michael Faraday）发现，当磁铁穿过一个闭合线路时，线路内就会有电流产生，这个效应叫电磁感应。这是法拉第最伟大的一项贡献，并由此发明了世界上第一台能产生连续电流的发电机。1866 年，德国工程师维尔纳·冯·西门子（Emst Werner Von Siemens）发明强力发电机，并用于机车上，电真正进入人类社会生产，从此人类进入了电器应用时代。

1946 年 2 月 14 日，世界上第一台通用电子数字计算机“埃尼阿克”（Elextronic Numerical Integrator And Computer，ENIAC）宣告研制成功。“埃尼阿克”由 17468 个电子管、6 万个电阻器、1 万个电容器和 6000 个开关组成，其总体积约 90 立方米，重达 30 吨，占地 170 平方米，需要用一间 30 多米长的大房间才能存放。

这台耗电量为 174 千瓦的计算机，运算速度为每秒 5000 次加法，或者 400 次乘法，比机械式的继电器计算机快 1000 倍，成本高达 45 万美元。

“埃尼阿克”的问世是计算机发展史上的一座纪念碑，是人类在发展计算技术的历程中到达的一个新的起点。此后的半个世纪，人类在计算机运算能力和制造成本的不断探索推动信息技术的发展。

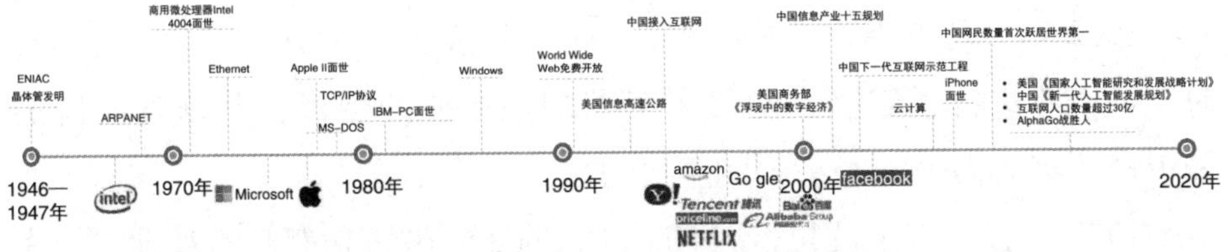

图 3-1 第二次世界大战以来信息技术发展轨迹

资料来源：阿里研究院，毕马威.2018 全球数字经济发展指数［Z］. 2018-09:10.

1948 年，克劳德·香农在《贝尔系统技术期刊》（*Bell System Technical Journal*）上发表了《通信的数学原理》（*A Mathematical Theory of Communication*）。这是人类第一次系统、全面、理性地认识信息，也是第一次赋予了“信息”一词精准的定义，而且提出以比特（bit）为单位来计量信息量，并将一切形式的信息都视为二进制数字，阐述了如何在保证准确率的前提下用数字编码对信息进行压缩和传输，从此奠定了一门新的学科——信息学。而几乎与此同时，图灵（Alan Mathison

Turing）和哥德尔（Kurt Gödel）也分别在密码学和算术逻辑系统领域达到巅峰，这是人类信息史上的英雄时代。接下来，我们看到信息学犹如一股洪流，在一个又一个领域里掀起了颠覆性的革命：心理学、热力学、经济学、遗传学、传播学、量子力学，不一而足。每一门学科在经受了信息学洗礼后，面貌都焕然一新，不仅在技术上有了长足的进步，而且更重要的是在哲学思辨上大大地深化了。这意味着人类正式进入了信息时代（见图 3-1）。

（四）从信息经济到数字经济

随着人类进入商业社会，任何在科学上的发现只有为更多人使用，服务社会，推动社会向前发展，才能创造更大的价值，香农、图灵和哥德尔等科学家在信息学方面的发现也不例外。

马尔萨克（Marschak，J.，1959）从不确定性的角度讨论了信息的价格，这是“信息经济学”一词首次出现在文献当中。从此，作为经济学一个新的分支，信息经济学在此后获得了长足发展，并吸引越来越多的经济学家参与到这一领域的研究。

1962 年，马克卢普（Fritz Machlup）发表美国的知识生产与分配，对知识产业进行了定义，测量了美国知识产业的规模，并预言美国的知识产业将成为美国经济中的主要力量。

1977 年，马克·波拉特（Marc U. Porat）在马克卢普的基础之上完成了《信息经济》（*The Information Economy*）一书。在书中，波拉特认为，信息是经整理和传递的数据。信息活动包括与用于生产、处理和分配信息产品和服务的所有资源相关的活动。他把美国经济从概念上划分为六个部门：三个信息部门、两个非信息部门和家庭部门。三个信息部门生产和分配经济需要的所有信息产品和服务；两个非信息部门供应所有的实物和服务，这些实物和服务的价值或用途并不涉及信息；家庭部门提供劳动力并消费最终产品。不仅如此，波拉特对美国 1967 年的信息经济规模和结构作了详尽的统计测量和数量分析（见表 3-1）。信息经济概念由此诞生。

表 3-1 1967 年美国经济结构 单位：百万美元

生产者	中间消费者			最终需求	GNP 占比（%）
	一级信息部门	二级信息部门	非信息部门		
一级信息部门	69754	78917	0	174585	22%
二级信息部门	0	616	227778	27440	3.4%
非信息部门	59538	0	571503	593363	74.6%
附加值	199462	167826	427920	795388	—
GNP 占比（%）	25.1%	21.1%	53.8%	—	

资料来源：根据 The Information Economy：Sources and Methods for Measuring the Primary Information Sector（Detailed Industry Reports）. Washington，DC：US Department of Commerce，Office of Telecommunications. Porat，M.（1977），page 7 整理

马克·波拉特的这种方法不仅引起美国商务部的重视，而且经济合作与发展组织（Organization for Economic Co-operation and Development，OECD）在 1981 年采纳这种方法来测算其成员国信息经济的发展程度。至此，信息经济的发展步入快车道。

其实，在信息技术飞速发展的过程中，数字技术也是日新月异。从 1947 年半导体三极管的发明及真空管的诞生，到 20 世纪 60 年代集成电路的发明，再到 20 世纪 70 年代初英特尔设计出第一个微处理器，软件领域的革命性成果都加速了数字技术扩散，数字技术与其他经济部门交互发展不断加速。

正是在这样的技术背景和应用背景下，随着尼古拉斯·尼葛洛庞帝（Nicholas Negroponte）的《数字化生存》（1995）一书的热销，数字化概念首先兴起。1996 年美国学者唐·泰普斯科特（Don Tapscott）在《数字经济时代》中正式提出数字经济概念。1998 年，美国商务部出版了名为《浮现中的数字经济》（*The emerging digital economy*）的研究报告。报告指出，数字革命已成为世纪之交各国战略讨论的核心和焦点，数字经济也成为新的经济活动主题，并且对当时最为凸显的数字经济——电子商务及其所涉及的商品和服务、零售、消费者、劳动者等进行具体描述。这意味着数字经济在国家层面得到了认可。随着

全球互联网技术的发展及其应用的不断深入，信息经济完成了蜕变，数字经济逐渐成为全球各行各业，包括政府关注的焦点。

二、数字经济

数字经济的本质在于信息化。互联网的诞生和发展是人类信息化过程中的又一里程碑。互联网（Internet），是网络与网络之间所串连成的庞大网络，这些网络以一组通用的协定相连，形成逻辑上的单一巨大国际网络。这种将计算机网络互相联结在一起的方法可称作“网络互联”，在这基础上发展出覆盖全世界的全球性互联网络称“互联网”，即“互相连接一起的网络”。全球互联网自 20 世纪 90 年代进入商用以来迅速拓展，目前已经成为当今世界推动经济发展和社会进步的重要信息基础设施。互联网是全球性的，这就意味着，不管是谁发明了网络，它是属于全人类的。互联网这一特点也为后来共享经济理念的诞生提供了基础和前提。

延伸阅读

信息领域的三大定律

近年来，信息产业的迅猛发展引人注目。信息时代有三大定律，即摩尔定律（Moore's Law）、吉尔德定律（Gilder's Law）、梅特卡夫定律（Metcalfe's Law）。这三大定律共同勾勒出了信息技术发展的历程。

第一定律：摩尔定律。摩尔定律是由英特尔（Intel）创始人之一戈登·摩尔（Gordon Moore）1965 年提出并于 1975 年完善后流传至今。其内容为：当价格不变时，集成电路上可容纳的元器件的数目，约每隔 18~24 个月便会增加一倍，性能也将提升一倍。换言之，每一美元所能买到的计算机性能，将每隔 18~24 个月翻一倍以上。这一定律揭示了信息技术进步的速度（见图 3-2）。

第二定律：吉尔德定律，即在未来 25 年，主干网的带宽每 6 个月增加 1 倍，其增长速度是摩尔定律预测的 CPU 增长速度的 3 倍。吉尔德定律的提出

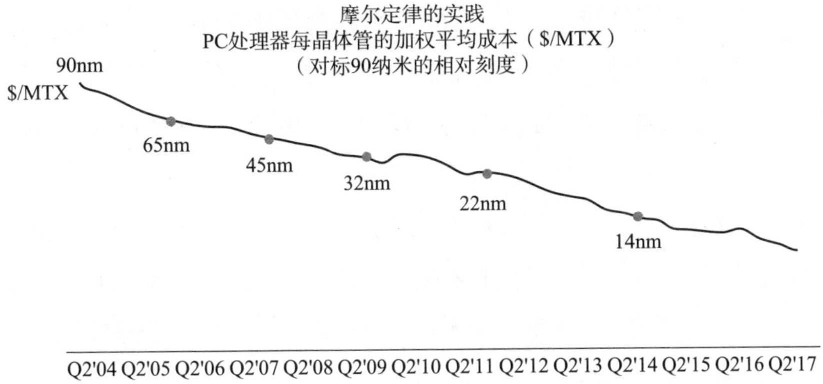

图 3-2　摩尔定律的实践

资料来源：https：//tech. sina. cn/roll/2017-09-21/detail-ifymeswc 8963010. d. html

者是被称为“数字时代三大思想家之一”乔治·吉尔德（George Gilder）。

第三定律：梅特卡夫定律，梅特卡夫定律是由计算机网络先驱罗伯罗伯特·梅特卡夫（Robert Metcalfe）提出，由 George Gilder 在 1993 年正式命名。其内容是：网络的价值等于网络节点数的平方，网络的价值与联网的用户数的平方成正比，即网络的使用者越多，其价值就越大，且是以平方形式增加。

梅特卡夫定律是基于每一个新上网的用户都因为别人的联网而获得了更多的信息交流机会，指出了网络具有极强的外部性和正反馈性：联网的用户越多，网络的价值越大，联网的需求也就越大。这样，我们可以看出梅特卡夫定律指出了从总体上看消费方面存在效用递增，即需求创造了新的需求。

按照摩尔定律和吉尔德定律，未来的计算机成本将会持续回落，而网络将呈指数级发展，随着网络用户数量迅速膨胀到数以亿计，网络的价值也会呈几何级上涨，这与梅特卡夫定律不谋而合，与旧经济时代的“物以稀为贵”的原则完全不同。在互联网经济时代，共享程度越高，拥有的用户量就越大，其价值就越能得到最大限度地体现，而闭关自守，不愿将信息和技术与他人共享无疑是自绝后路。因此，如何彻底领悟梅特卡夫定律的实质，改变思维方式，从以往旧经济模式中摆脱出来，进一步适应互联网经济时代的新挑战，已经成为每一个人，特别是企业领导者所必须考虑的严肃问题。

基于新一代信息技术，数字经济孕育全新的商业模式和经济范式，不仅是对原有经济体系的补充和融合，更是从底层进行深刻变革，将会给经济社会的各个方面带来更为深刻的巨变，从而重塑全球经济图景。

为了在新的领域快速获得竞争优势，对数字经济有全方位的认知是非常必要的。本章将阐释什么是数字经济，数字经济的关键要素，数字经济的发展阶段，全球数字经济的现状以及数字经济引领未来。

（一）什么是数字经济

数字经济是以数字化的知识和信息为关键生产要素，以数字技术创新为核心驱动力，以现代信息网络为重要载体，通过数字技术与实体经济深度融合，不断提高传统产业数字化、智能化水平，加速重构经济发展与政府治理模式的新型经济形态。它是继农业经济、工业经济之后的更高级经济阶段。数字经济更容易实现规模经济和范围经济，日益成为全球经济发展的新动能（见图 3-3）。

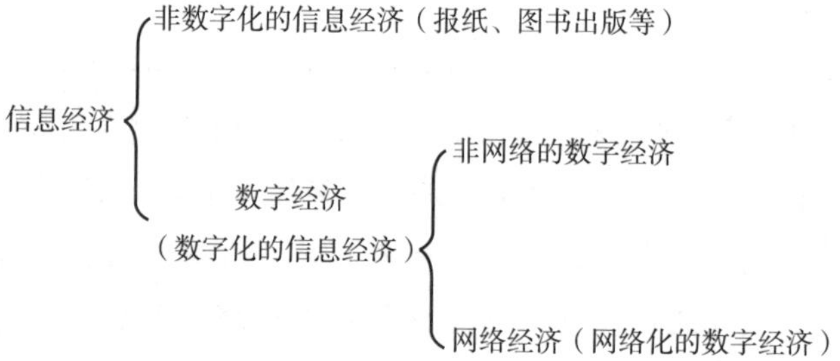

图 3-3 信息经济的分类

2016 年 9 月 4—5 日，G20 峰会在杭州召开。G20 杭州峰会发布的《二十国集团数字经济发展与合作倡议》指出，数字经济是指以使用数字化的知识和信息作为关键生产要素、以现代信息网络作为重要载体、以信息通信技术的有效使用作为效率提升和经济结构优化的重要推动力的一系列经济活动。

（二）数字经济的关键要素①

与农业经济、工业经济一样，生产要素和配套基础设施仍是数字经济发展的必要条件。差别在于土地、劳动力、资本、技术等多种生产要素在数字化环境中需要重新定义。

1. 数据是最核心的生产要素

大数据、云计算为物联网的迅速发展奠定基础，物联网将人与人、人与物、物与物相互连通，随之而来的是海量数据的产生。数据增速遵循“摩尔定律”，大约每两年翻一番。庞大数据量导致数据处理和应用需求随之扩大，全球正式步入大数据时代。美国政府将大数据视为“未来的新石油”，是等同“陆权、海权、空权”的又一国家核心资产。数据已然成为重要战略资源，事关一国的政治经济发展和国家安全。数据不仅是发展数字经济的基本生产要素，还将起到核心作用。数据驱动创新正向经济社会发展的各个领域渗透，是构建创新型国家的主要方式和重要途径。

2. 数字基础设施是新的基础设施

“铁公鸡”（铁路、公路和机场）是工业经济的代表性基础设施。数字经济时代，互联网和云计算等数字技术飞速发展，成为重要的信息基础设施。数字经济发展水平不断提升，数字基础设施的囊括范围也不断被拓宽，既包括信息基础设施，也包括数字化改造后的传统物理基础设施。总体来说，数字基础设施是指至少有一部分包含信息技术的基础设施，一般分为两种：混合型基础设施和专用型基础设施。混合型数字基础设施是指增加了数字化组件的传统实体基础设施，如带有传感器的自来水总管。专用型数字基础设施是指本质就是数字化的基础设施，如宽带、无线网等。这两类基础设施共同为各领域数字经济发展提供了必要的基础设施条件。

① 马化腾，等．数字经济——中国创新增长新动能［M］．北京：中信出版社，2017.

3. 数字素养成为新时代对每个人的新要求

在农业经济和工业经济时代，消费者的文化素养并不影响整体经济体系运行过程。然而，数字时代对劳动者和消费者的文化素养提出了新的要求。劳动者和消费者必须具有较高的数字素养。联合国将数字素养看作新时代的基本人权，将其视作与听、说、读、写等同等重要的基本能力。随着数字技术与各领域的不断融合，数字技能和专业技能成为越来越多劳动者的必备技能。具有较高的数字素养将成为劳动者在劳动力市场胜出的重要因素。所以，提高数字素养既有利于数字消费，也能促进数字生产优化升级，是实现数字经济快速发展的前提条件和必要因素。

（三）数字经济的发展阶段

信息技术的发展为人类迈向数字化提供了重要的基础，因此，在数字经济 1.0 时代，信息技术（Information Technology，IT）是最为重要的技术支持。随着云计算技术以及商业应用的成熟，大数据成为全球经济发展最为重要的市场要术，人类进入了数据技术时代（Data Technology，DT）。信息技术的发展特别是 5G 时代的到来，人类社会的发展速度越来越快，人工智能的出现意味着人类社会进入了一个新的时代，即智能技术时代。

从 1996 年唐·泰普斯科特（Don Tapscott）首次正式提出数字经济概念以来，经过 20 多年的发展，数字经济已经从 1.0 时代进入 3.0 时代：从数字经济 1.0 到数字经济 2.0 经历了 14 年（1996—2010 年）的时间，从数字经济 2.0 到数字经济 3.0 经历了 8 年（2010—2018 年）的时间，数字经济 3.0 在 2019 年正式开启，这意味着人类社会将步入一个全新的时代（见表 3-2）。

表 3-2　各阶段数字经济特点

	数字经济 1.0	数字经济 2.0	数字经济 3.0
基础设施	自建数据中心为主	云计算、互联网、智能终端等	云计算、5G、智能终端等
技术群落	IT（Information Technology）	DT（Data Technology）	IT（Intellectual Technology）
投入要素	“数据”开始体现价值	“数据”成为核心要素	“数据”成为核心要素
代表产业	IT 产业以及被 IT 化的各行业	DT 化产业、数据变动的产业融合	大数据、物联网、人工智能等
商业模式	大规模定制	C2B	C2B
组织模式	传统金字塔体系受到冲击	云端制（大平台+小前端）	大社区自治

资料来源：根据阿里研究院发布的《数字经济 2.0 报告》整理

数字经济 1.0 的核心是 IT 化。在这个阶段，信息化技术在传统行业和领域得到推广应用，属于 IT 技术的安装期。随着推广应用 IT 技术，大大提升了原有经济系统的运行效率，降低了运行成本。同时，以 IT 设备制造和相应软件为主体的信息产业蓬勃发展，互联网开始兴起并得到初步应用，但是全社会成熟的商业模式还没有形成，这一阶段持续到 2010 年。

近 10 年来，基于数字技术，以互联网平台为重要载体的数字经济发展开始兴起，我们称为数字经济 2.0 时代。数字经济 2.0 时代的核心是 DT 化，即万物在线互联。DT 化在全世界以前所未有的速度增长，数据成为驱动商业模式创新和发展的核心力量。数字经济 2.0 构建在“云端网”新基础设施之上，生长出互联网平台这一全新的经济组织，并带来了商业模式、组织模式、就业模式的革命性变化。平台经济体发展迅速，以 2016 年 12 月 23 日股票收盘价格计算，十大平台经济体（苹果、谷歌、微软、亚马逊、Facebook、阿里巴巴、腾讯、priceline、百度、Netfix）总市值已超十大传统跨国公司（伯克希尔·哈撒韦、埃克森美孚、强生、摩根大通、通用电气、富国银行、美国电话电报公司、宝洁、雀巢、沃尔玛）的总市值。截至 2018 年 12 月 31 日，全球十大平台经济体的总市值已经是全球十大传统跨国公司市值的 1.64 倍（见图 3-4 和图 3-5）。

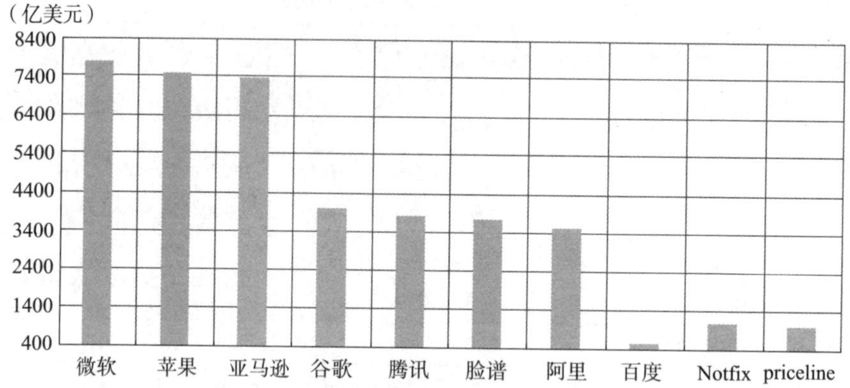

图 3-4　全球十大平台市值（截至 2018 年 12 月 31 日）

资料来源：根据公开的信息整理

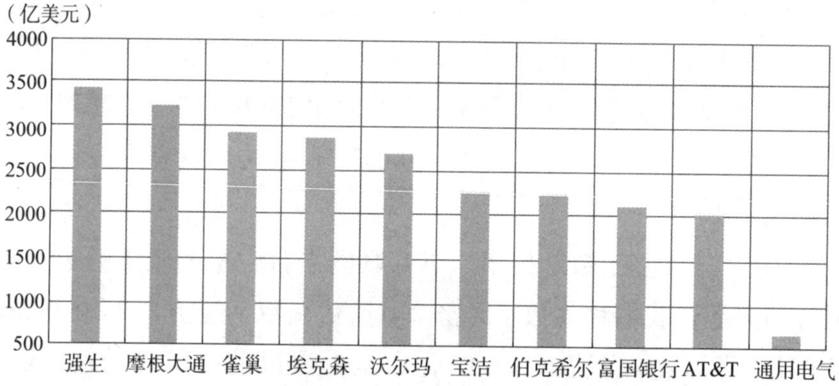

图 3-5　全球十大传统跨国公司市值（截至 2018 年 12 月 31 日）

资料来源：根据公开的信息整理

2019 年是人类信息发展史上革命性的一年，5G（The fifth generation）终于从理想变为了现实。2019 年 1 月中旬，中国广东联通联合中兴通讯在深圳 5G 规模测试外场，打通了全球第一个基于 3GPP 最新协议版本的 5G 手机外场通话（First Call），率先在 5G 网络下畅享了微信、视频等精彩应用，率先通过无线方式实现了 5G 手机终端与网络成功对接，加速推动 5G 终端产业链的成熟，对 5G 商业应用进程意义重大。

5G 网络支持高速率、低时延和高密度的应用见图 3-6。

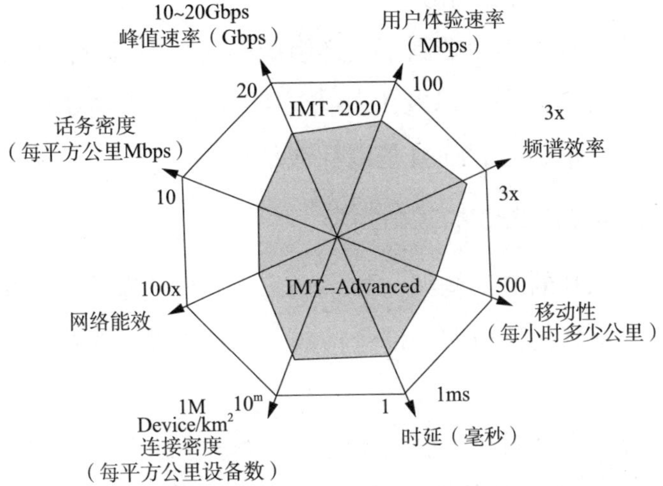

图 3-6　5G 网络在网速、时延和密度方面的应用

资料来源：ITU-R. 2803-0（2015）建议书

随着 5G 商业应用的落地，互联网的基础设施从 4G 成功升级为 5G，这意味着互联网在速率、时延和密度方面有了质的提高。5G 的超高速率、超低时延、超高密度将为大数据发展、万物互联和人工智能的发展提供重要的网络基础设施。这顺利地将数字经济 2.0 推进到数字经济 3.0。

在数字经济 3.0 阶段，大数据（Big Data）、物联网（Internet of Things，IoT）和人工智能（Artificial Intelligence，AI）将会获得长足的发展。随着互联网和智能手机的普及，人们的日常生活已经离不开智能手机。据统计，目前每人每月至少需要 20G 的流量。按照这个标准，当前的 4G 网络是无法承载的，即使能够承载，速度会非常慢，无法满足用户的体验感。因此，从大数据发展需要的角度来看，5G 的落地是一种必然。另外，物联网和人工智能要从理念变成现实，现有互联网的基础设施是无法满足要求的，正所谓：有问题就有解决办法。5G 在速率、时延和密度方面的优势将会大大提升物联网和人工智能推进的速度和效率。

随着大数据、物联网和人工智能的快速推进，数字经济 3.0 将会呈现与数字经济 2.0 时代云端制不一样组织模式，即大社区自治。因为随着互联网发展的不断深入以及人与人之间联系的不断紧密，未来的组织形式将会以自治为主，而且是以社区的形式。

（四）数字经济 3.0 的基础构架

数字经济 3.0 的基础构架与数字经济 2.0 的基础构架基本相同。数字经济 3.0 的基础构架由四个部分构成：底层支撑、数据、商业运行和如何治理。

在数字经济 2.0 时代，底层支撑由技术+基础设施构成。当前的技术包括 AI、AR/VR、计算机视觉、无人机、无人驾驶/机器人、3D 打印、区块链、量子计算等，其中，云计算、区块链、大数据和 5G 网络成为数字经济 3.0 时代最核心的底层技术；基础设施则包括云、网、端、域名、TCP/IP 和 OS。与数字经济 2.0 相比，数字经济 3.0 时代的“网”有了质的提高。数字经济 3.0 时代的“网”是 5G 网络，数字经济 2.0 时代的“网”是 4G 网络。5G 网络在速率、时延和密度方面有了本质性的提高，恰好适应当前的大数据储存、物联网、生物识别和 AI 的发展需求（见图 3-7）。

在基础设施上，通过信息技术，各种各样的数据产生。在工业经济时代，数据只是一个辅助的工具，对于经济运行和决策的作用并没有得到足够重视。但是，在数字经济时代，数据已经成为整个经济活动中最为重要的生产要素。“数字经济”中的“数字”根据数字化程度的不同，可以分为三个阶段：信息数字化（Digitization of Information）、业务数字化（Service Digitization）、数字转型（Digital Transformation）。数字转型是指围绕着数字化运营模式和技术进行创新，扩展新的经济发展空间，推动传统产业转型升级，将数字的价值切实发挥出来的一种创新活动。数字转型是数字经济 3.0 时代需要完成的最重要的任务。

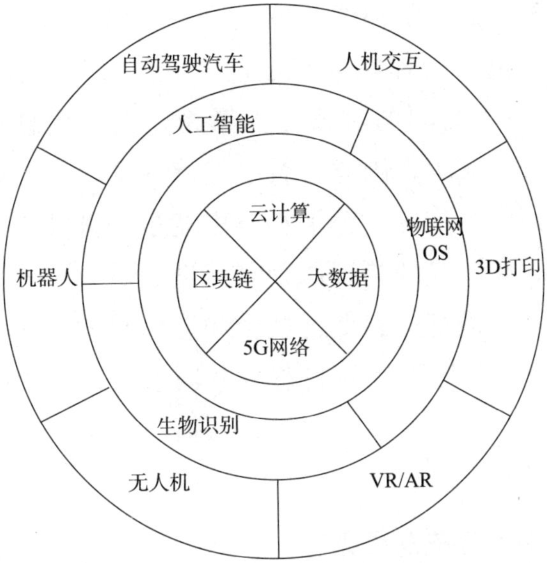

图 3-7　数字经济 3.0 的发展图景

在数字转型过程中，数据产权、数据资产、数据流动与共享、数据伦理等问题将是这一过程中需要面临和解决的几个主要问题。

数据转型和商业运行是紧密结合在一起的。商业运行包括两个方面：运行机制和产业图景（见图 3-8）。

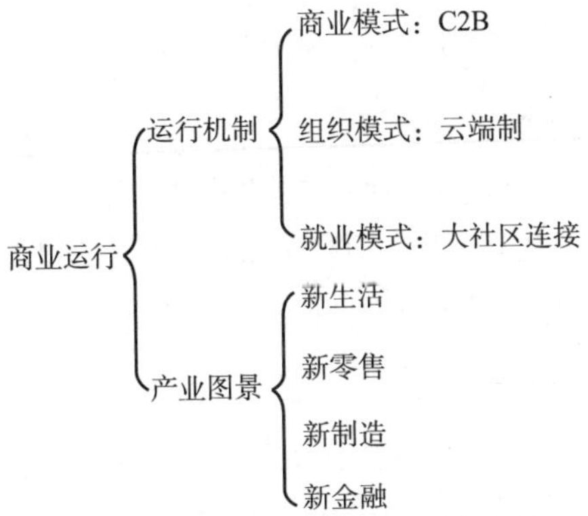

图 3-8　数字经济 3.0 的商业运行结构

资料来源：根据阿里研究院公布的《数字经济 2.0 报告》整理

数字经济 3.0 的基础构架的最上层是如何治理。该部分包括三个方面：治理环境、治理原则和治理方式。在数字经济 3.0 时代，5G 网络使得人与人之间的联系更为紧密，而且信息不对称和信息不完备的现象大大减少，因此，数字经济 3.0 时代的运行背景是一个利益相关方共同参与的、公平和自由竞争的开放市场。在此背景下，数字经济 3.0 时代的治理原则是促进创新、主体公平、技术中立、福利最大化，最终达到促进社会和谐的目的。所以，数字经济 3.0 时代的治理原则是所有的利益方共同参与，以数据为支撑，通过大平台实现利益共享，风险共担，从而实现平台上所有相关利益共同体共赢的局面。

（五）全球数字经济发展现状

2018 年是数字经济 2.0 时代的最后一年，标志着数字经济已成为全球经济中发展速度最快、创新最活跃、对经济社会发展影响最广泛的新型领域之一。联合国秘书长安东尼奥·古特雷斯（António Guterres）在为《2017 年信息经济报告：数字化、贸易与发展》作序时写道：数字经济才刚刚起步，但已可以确定，数字经济已经将继续在全球范围内对我们的生活、工作和经济发展方式产生变革性的影响。为了推动全球在数字空间的合作，2018 年 7 月 12 日，联合国秘书长安东尼奥·古特雷斯宣布成立数字合作高级别小组，由比尔及梅琳达·盖茨基金会共同主席梅琳达·盖茨（Melinda Gates）（美国）和阿里巴巴集团执行主席马云（中国）担任联合主席，以便通过跨领域和跨国界的合作，充分发挥数字技术的社会和经济潜力、减轻数字技术带来的风险和避免意外后果。

“次贷危机”后，全球各国迫切需要在新的背景下寻找新的经济增长点。随着互联网、区块链以及信息技术的飞速发展和广泛应用，数字经济的潜力逐渐显现出来。数字经济已经成为全球各国寻求可持续发展的重要机遇（见图 3-9）。

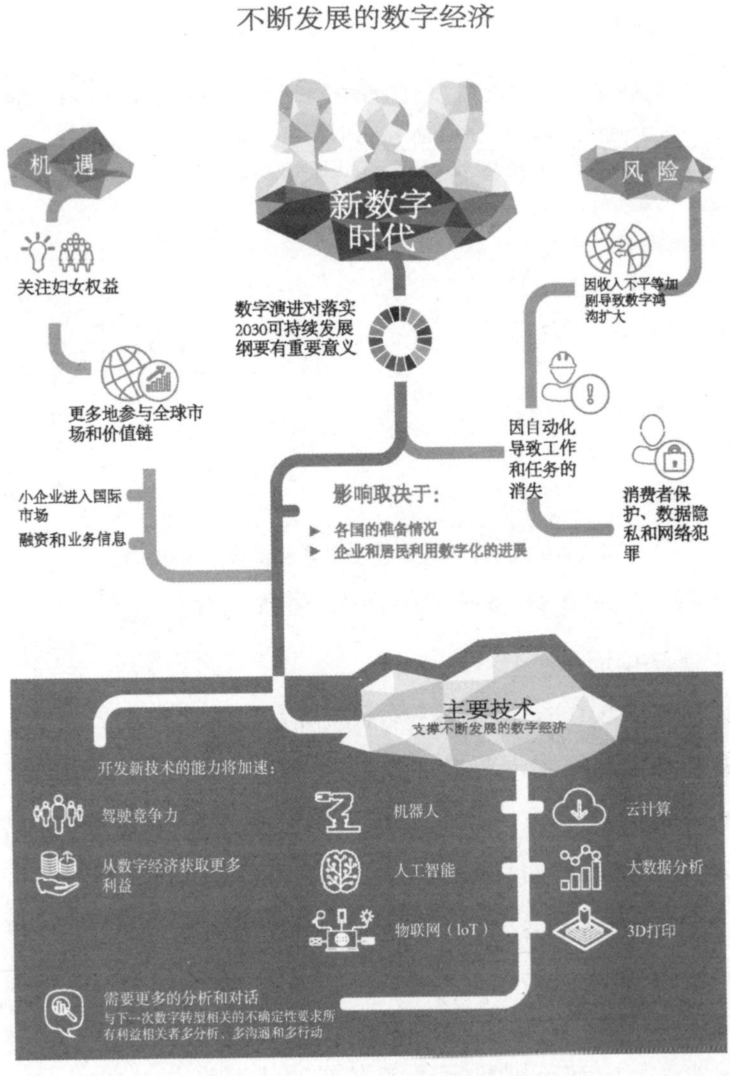

图 3-9 数字经济蓝图

资料来源：根据联合国贸易和发展会议《2017 信息经济报告：数字化、贸易与发展》提供的信息整理

1. 全球数字经济发展现状

作为全球经济增长最快的领域，新经济成为带动新兴产业发展、传统产业转型，促进就业和经济增长的主导力量，直接关系到全球经

济的未来走向和格局。因此，全球各国政府高度重视本国数字经济的发展（图 3-10）。

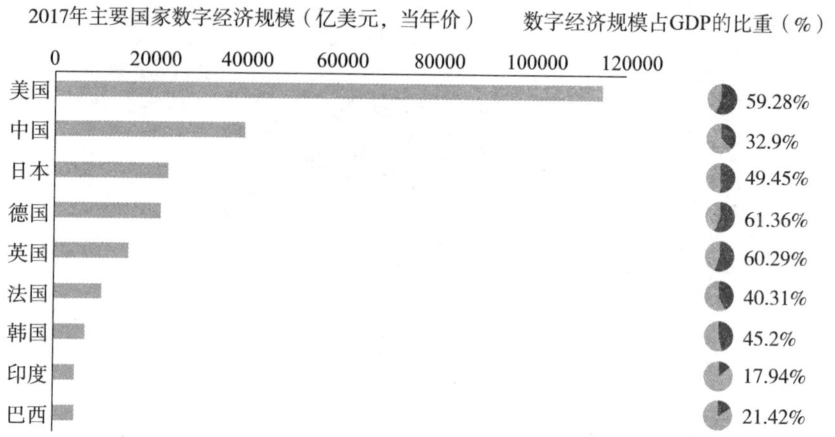

图 3-10　2017 年全球主要数字经济体规模和占比

资料来源：中国信息通研究院 . G20 国家数字经济发展研究报告（2018 年）[R]. 2018-12.

（1）经济层面

在数字经济 2.0 时代，全球数字经济发展的速度大大加快，对各国经济的发展和推动作用也明显加强。从 2017 年全球前九个数字经济发展最好的国家的数字经济状况看，美国在数字经济总量上优势明显，达到 11.5 万亿美元，而且数字经济占 GDP 的比重接近 60%。中国在数字经济总量上排名第二，不过，从绝对数上看，中国 2017 年数字经济规模仅为 4.02 万亿美元，是美国数字经济规模的 35%。数字经济规模占 GDP 的比重达到了 32.9%。

欧洲地区德国和英国数字经济发展的状况良好，特别是数字经济规模占 GDP 的比重位居全球前九个数字经济发展最好的国家的第一位和第二位，德国数字经济规模占 GDP 的比重达到 61.36%，排名第一，英国数字经济规模占 GDP 的比重达到 60.29%，比美国多 1.0%，位居第二。亚洲地区数字经济发展的态势最好，全球前九个数字经济发展最好的国家中，亚洲占了将近一半，有 4 个国家，分别是中国、日本、韩国、印度，不过，亚洲四国数字经济规模占总数字经济规模的比例仅为

31.07%，说明亚洲地区数字经济发展未来的前景非常广阔，特别是中国数字经济的前景（图 3-11）。

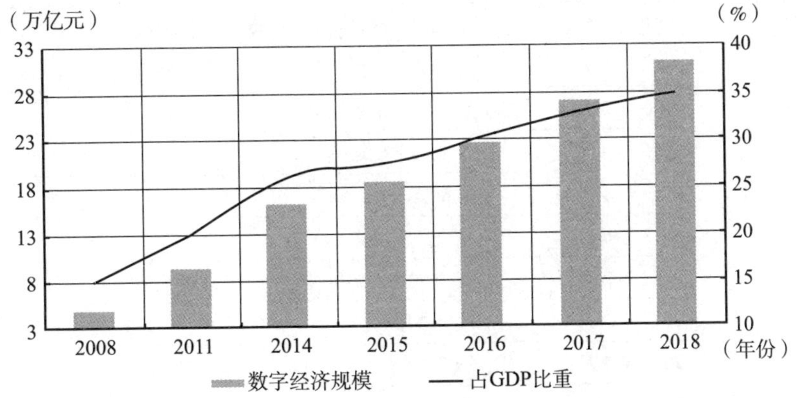

图 3-11 中国数字经济规模及占 GDP 的比例

数据来源：中国信息通信研究院

2018 年 10 月 27 日，在“2018 数字经济上海论坛暨《2018 全球数字经济竞争力发展报告》蓝皮书发布会”上，上海社科院信息研究所对外发布了《2018 全球数字经济竞争力发展报告》蓝皮书。报告发现，相比 2016 年，2017 年的 50 个国家中约 2/3 的排名有所变动。这表明在数字经济领域，各国之间的竞争十分激烈。数字经济的发展可能存在后发优势。

（2）法律层面

面对数字经济发展的浪潮，各国政府纷纷从法律层面推进国家数字化建设，将数字经济的发展上升到国家意志。具体表现在三个方面：率先推动政府服务的数字变革，提升政府政务效率；改善数字创新的政策环境，推动数字经济更快、更好地发展；制定国家数字安全战略，加强保护个人隐私和网络安全。

表 3-3　部分国家发展数字经济的法规

国家/地区	时间	战略
美国	2015 年 11 月	数字经济议程
	2016 年 12 月	加强国家网络安全——促进数字经济的安全与发展
欧盟	2010 年 5 月	欧洲数字议程
	2015 年 5 月	数字单一市场战略
	2016 年 4 月	产业数字规划
英国	2009 年 5 月	数字英国
	2013 年 6 月	信息经济战略
	2015 年 2 月	英国 2015—2018 年数字经济战略
	2017 年 3 月	数字战略
	2017 年 5 月	《数字经济法案》生效
德国	2010 年 11 月	数字德国 2015
	2014 年 8 月	数字议程（2014—2017 年）
	2016 年 3 月	数字战略
法国	2008 年 10 月	2012 数字法国计划
	2011 年 12 月	数字法国 2020
	2013 年 2 月	数字化路线图
俄罗斯	2017 年 7 月	俄罗斯联邦数字经济规划
澳大利亚	2004 年 7 月	信息时代的机遇与挑战：2004—2006 年澳大利亚走向信息经济的战略框架
	2011 年 5 月	国家数字经济战略
	2016 年 10 月	澳大利亚数字经济升级

资料来源：根据公开的信息整理。

从表 3-3 中可以看到，2004 年 7 月，澳大利亚政府就开始出台政策关注信息化和数字经济的问题，此后，越来越多国家的政府从法律层面为数字经济的发展保驾护航。由于当今全球经济发展的模式已经向数字经济转向，全球各国在推动数字经济方面的合作与竞争将成为各国经贸合作和实力比拼的主场。

2. 中国数字经济发展现状

2017 年 7 月的 G20 峰会上，习近平主席指出，我们要主动适应数字化变革，培育经济增长新动力，积极推动结构性改革，促进数字经济同实体经济融合发展。从 2017 年 12 月到 2018 年 8 月，短短 9 个月的时间里，习近平总书记曾五次就数字经济的发展发表重要讲话，并提出了加快建设数字中国的战略国策。

正是在中国共产党和政府的重视和推动下，中国在数字经济领域取得了举世瞩目的成就。

（1）经济规模

“次贷危机”后，全球经济陷入衰退。为了有效解决经济发展停滞的问题，各国政府在出台政策的同时，也在积极寻找新的经济增长点。中国政府在数字化建设方面充分发挥人口红利和基础设施良好的优势，在数字经济发展上大步向前。2008—2018 年短短的 10 年间，中国数字经济的规模从 2008 年的 2.7 万亿元迅速增长到 2018 年的 31.3 万亿元，年均增速近 35%，这是一个非常惊人的数字。不仅如此，数字经济规模占 GDP 的比重从 2008 年的 15.2%一跃上升到 2018 年的 34.8%。

另外，2018 年 10 月 27 日，上海社科院信息研究所对外发布了《2018 全球数字经济竞争力发展报告》蓝皮书。蓝皮书从数字基础设施、数字产业、数字创新和数字治理四个方面，利用 11 个二级指标，22 个三级指标对全球 50 个国家的数字经济竞争力进行测度。最终排名显示，在 2018 年全球数字经济发展上，中国竞争力水平得分为 63.05，位居第二。新加坡（60.3 分）、英国（55.4 分）、荷兰（53.6 分）分别位列第三至第五，得分与中国差距不算明显。不过，中国数字经济的发展潜力值得期待。

（2）中国数字经济的发展潜力

在传统工业经济时代，中国没有机会，也根本没有可能赶上甚至超越美国。在数字经济时代，中国有了“换道超车”的机会，可以与美国一起创造未来。

由于中国在电商、移动支付和“独角兽”企业等方面的优势使得中国在数字经济 3.0 时代必将进一步凸显优势，未来极有可能在数字经济领域再次创造奇迹，具体原因表现在四个方面。

第一，中国目前的网民数和数字经济规模庞大，这为数字经济 3.0 时代的爆发奠定了良好的基础。梅特卡夫定律提出，网络的价值与联网的用户数的平方成正比。使用网络的人越多，这些产品才变得越有价值，因而越能吸引更多的人来使用，最终提高整个网络的总价值。中国互联网络信息中心（CNNIC）2019 年 2 月 28 日发布的第 43 次《中国互联网络发展状况统计报告》的数据显示，截至 2018 年底，中国网民规模达到 8.29 亿人，2017 年同期的数据为 7.72 亿人；互联网普及率为 59.6%，年增长率为 7.38%；手机网民规模达到 8.17 亿人，占比达到 98.6%，移动网络促进了“万物互联”。另外，中国 2018 年数字经济的规模为 31.3 万亿元，占 GDP 的比重为 34.8%，这些为中国在数字经济 3.0 时代实现倍增提供了规模基础。

第二，BAT（百度、阿里巴巴和腾讯）积累的庞大数据体系和数据化的生态体系为中国数字经济的快速发展奠定了坚实的工具基础。百度、阿里巴巴和腾讯，作为全球十大平台经济体之一，为中国在数字经济 3.0 时代的爆发提供了宝贵的数据资源和成熟的体系。

第三，中国政府的决策和决心为中国在数字经济 3.0 时代创造奇迹提供了强大的政策支持。2000 年，时任福建省省长习近平提出建设“数字福建”的构想，并明确提出“数字化、网络化、可视化、智能化”的建设目标。党的十八大以来，以习近平同志为核心的党中央高度重视信息化发展，加强顶层设计、总体布局，做出建设数字中国的战略决策。2017 年 3 月 5 日，国务院总理李克强在作《政府工作报告》时表示，将促进数字经济加快成长，让企业广泛受益、群众普遍受惠，这是“数字经济”首次被写入政府工作报告。这些为中国数字经济的健康发展提供了坚强的后盾。

第四，根据前瞻产业研究院发布的 2018 年全球独角兽企业完整榜单，截至 2018 年 12 月 31 日，全球共有 429 家独角兽企业。中国和美国独角兽企业占据了近 83% 的份额。其中，中国的独角兽公司最多，达到 205 家，占比为 47.39%，美国的独角兽公司有 149 家。另外，全球 429 家独角兽累计估值达到 17022.01 亿美元。其中，中国 205 家企业累计估值达到 9573 亿美元，占比达到 56.24%，说明中国独角兽公司的发展前景被市场看好。这些强劲的火车头必将为中国在数字经济 3.0 时代快马加鞭提供强劲的引擎支持（见图 3-12）。

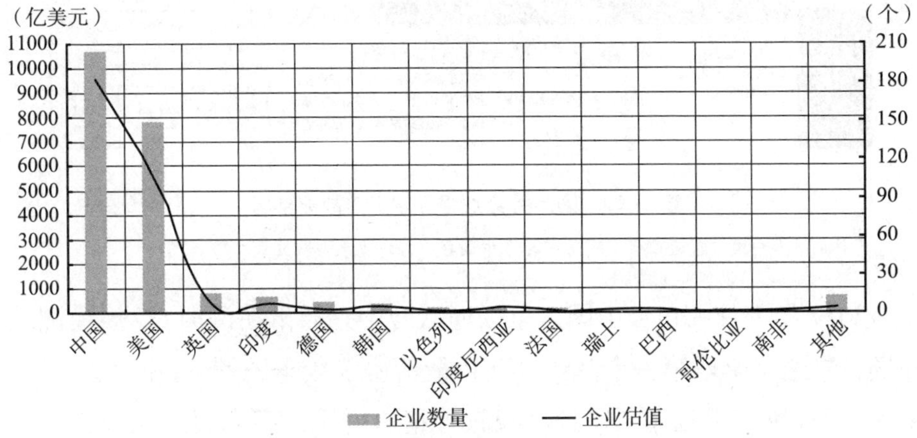

图 3-12 全球“独角兽”企业状况一览（2018 年）

资料来源：根据公开的信息整理

（六）数字经济 3.0 引领未来

当今世界正发生着人类有史以来最为迅速、广泛、深刻的变化。5G 的应用落地将是这一变化的最大推手。相较数字经济 2.0，数字经济 3.0 最突出的变化就是 5G 时代的到来。4G 时代网络通信技术的有限性使得数字经济 2.0 的发展受到了诸多限制。5G 时代将会让互联网在网络速度、网络时延和网络密度方面获得全方位的提高，从而有效清除数字经济发展的障碍，为数字经济 3.0 的发展提速。

世界主要国家已经深刻认识到数字经济给全球带来的深刻变化和巨大影响，纷纷加强在数字经济方面的战略引导和组织实施，并以此作为谋求竞争新优势的战略方向。中国在这方面已经走在了时代的前列（图 3-13）。

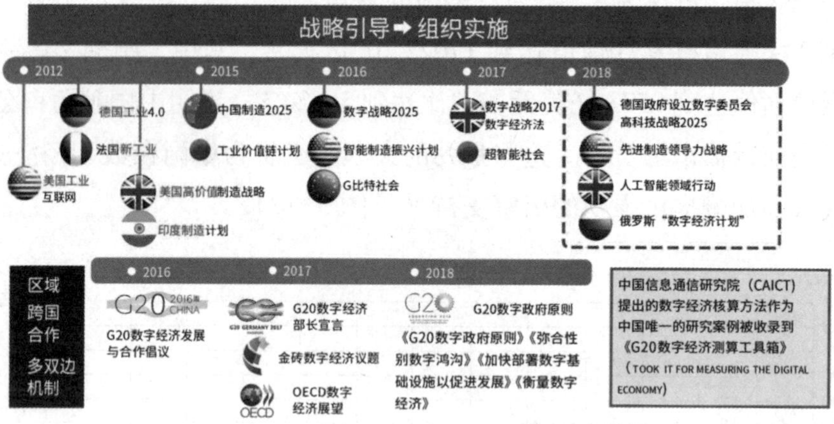

图 3-13　国际社会加强数字经济战略部署

资料来源：中国信息通信研究院发布的《中国数字经济发展与就业白皮书（2019）》

2019 年 1 月中旬，中国广东联通联合中兴通讯在深圳 5G 规模测试外场，打通了全球第一个基于 3GPP 最新协议版本的 5G 手机外场通话率先在 5G 网络下畅享了微信、视频等精彩应用，率先通过无线方式实现了 5G 手机终端与网络成功对接，加速推动 5G 终端产业链的成熟，对 5G 商业应用进程意义重大。

2019 年春节联欢晚会将在深圳分会场实行 4K 超高清内容的 5G 网络传输。这是我国首次进行 5G 网络下的 4K 高清电视传输。中央电视台首度完成 5G 网络 4K 传输测试，显示了央视主流媒体的技术实力和推动 5G 的决心。

随着云计算、大数据、物联网、人工智能、第五代移动网络技术（The Fifth Generation）的逐步成熟和应用，以数据的深度挖掘和融合应用为主要特征的智能化，将成为数字经济 3.0 时代的主要标志。

未来十年，人类将从目前的“物联网”（Internet of Things，IoT）迈向“万物互联”（Internet of Everything，IoE）的时代。所有的东西，无论是有生命力的，还是没有生命力的，将会获得语境感知，更强的处理能力和更好的感应能力将会推动经济更加活跃，周转周期缩短，经济效率进一步提升。

未来人类社会将以前所未有的速度向前发展。数字经济 3.0，这个以新一代移动通信（5G）为主要基础设施的新经济形态，将成为全球各国数字经济发展和竞争的主要战场。谁将独领风骚，谁将被无情地扫入历史的垃圾堆只有时间能够告诉我们答案，让我们拭目以待！

参考文献

[1] 涂子沛．数据之巅［M］．北京：中信出版社，2015.

[2] 阿里研究院．数字经济 2.0 报告［R］．2017-01-11.

[3] 鲁春丛．发展数字经济的思考［J］．现代电信科技，2017，47（4）：1-6.

[4] 大数据治国战略研究课题组．大数据领导干部读本［M］．北京：人民出版社，2017.

[5] 周宏仁．中国信息化形式分析与预测（2016—2017）［M］．北京：社会科学文献出版社，2017（12）.

[6]［美］马克·布尔金（Mark Burgin）．王恒君，嵇立安，王宏勇，译．信息论［M］．北京：知识产权出版社，2015.

[7] 中国信息化百人会课题组．数字经济——迈向从量变到质变的新阶段［M］．北京：电子工业出版社，2018.

[8] 任仲文．数字中国领导干部读本［M］．北京：人民出版社，2018.

[9] 余晓辉．中国数字经济发展与就业白皮书（2019）［Z］．2019-04.

[10] Information Economy Report 2017 (Overview), UNCTAD/IER/2017 (Overview).

[11] Machlup, F. The Production and Distribution of Knowledge in the United States [M]. Princeton, NJ: Princeton University Press, 1962.

第四章 区块链技术风生水起

尽管数字经济 2.0 在全球蓬勃发展，但是，除美国外，其他国家数字经济规模占 GDP 的比重并不高，传统的工业经济依然是一国经济发展最为重要的组成部分。由于传统的经济模式与运行规律依然起主导作用，因此，经济周期仍然是全球各国经济发展过程中无法回避的问题。

“创新理论”创始人约瑟夫·阿洛伊斯·熊彼特（Joseph Alois Schumpeter）认为，经济发展和经济波动的原动力是创新。创新是不连续的、不稳定的和不均匀的，同时又具有多样性，而且经济体系吸收创新效果的时间和其持久性也不尽相同，因此创新对经济发展的影响有所不同，从而形成了不同长度的周期。20 世纪最后 10 年，信息技术的飞速发展特别是互联网的逐步广泛应用，使得先前的经济运行规律发生了变异。进入 21 世纪，随着美联储（The Federal Reserve System，Fed）从 2004 年 6 月开始连续十七次加息，联邦基金利率从 1%升至 5.25%，投资和消费的成本大幅增加，美国的房地产泡沫破灭，由此引发了“次贷危机”，“次贷危机”的蔓延最终演变为全球性的金融危机。直到今天，很多国家还没有完全从这次全球性的金融危机中恢复过来。

俗话说：有问题就有解决办法。就在“次贷危机”爆发不久，2008 年 11 月 1 日，中本聪（Dorian S. Nakamoto）发布了比特币白皮书《比特币：一种点对点的电子现金系统》（*Bitcoin：A Peer-to-Peer Electronic Cash System*），比特币及其底层技术 Blockchain 问世。

不过，和所有的新生事物一样，比特币及其底层技术 Blockchain 起初也默默无闻。2017 年，随着比特币价格的飙升，全球的目光开始聚焦数字货币及其底层技术区块链。全球各行各业，包括政府，特别是中央银行对区块链技术的功能和未来的前景都持正面态度。世界经济论坛创始人克劳斯·施瓦布（Klaus Schwab）曾说，自蒸汽机、电和计算机发明以来，我们又迎来了第四次工业革命——数字革命，而区块链技术就是第四次工业革命的成果。这是一项颠覆性的技术，极客和银行业都为此兴奋不已。

2019 年 1 月 7 日，国际科学期刊《自然》在其官网发布报告，公布了过去的一年中世界各国科学家搜索最多的热词排行榜，排名前三的分别是“癌症”“区块链”和“大数据”。

既然区块链技术是一项颠覆性的技术，它是什么、走过了怎样的发展历程、其工作原理是什么、未来的应用方向以及其在中国的现状如何，本章将一一解读。

一、从 Block+chain 到 Blockchain

如今，当谈到区块链时，我们可以侃侃而谈，即区块链技术的第一个应用是比特币（Bitcoin）。由于区块链技术是创造信任的机器，随着比特币价格的飙升，区块链技术受到了全球各行各业的极大关注。事实果真如此吗？

其实，在中本聪发布的比特币白皮书《比特币：一种点对点的电子现金系统》（*Bitcoin：A Peer-to-Peer Electronic Cash System*）中，单词“Blockchain”并没有出现。在白皮书中介绍“时间戳服务器”时，中本聪详细描述了通过时间戳服务器，比特币是如何解决“双重支付”问题的。由于交易发生的时间是唯一的，因此，用区块（Block）储存交易的信息并加盖时间戳能部分解决“双重支付”的问题。这还不够，中本聪设计，每个时间戳包含前一个时间戳并纳入其随机散列值中，每个随后的时间戳都对前一个时间戳进行增强（Reinforcing），这样一个个区块按照时间先后顺序就形成了一个链条（Chain），这就是 Block-chain 的形成原理，即 Block+chain（见图 4-1）。

比特币的分布式账本是第一个区块链，但是区块链技术已经扩散到全球经济领域，原因是区块链让你对数以千计的陌生人诚实和一致

图 4-1　区块链示意图

资料来源：Blockchain Explained，https：//www. investopedia. com/terms/b/blockchain. asp

作为一种新生事物，比特币和区块链起初并没有引起人们的太多关注。2010 年 5 月 18 日，佛罗里达州程序员 Laszlo Hanyecz 在 Bitcoin-Talk 发了个帖子：我将用 1 万个比特币支付两个大一点的比萨。4 天之后，即 5 月 22 日，Papa Johns 披萨店的名叫 Jercos 英国人与 Laszlo Hanyecz 达成了交易，两个披萨价值 25 美元，这是比特币第一次有真实的价格。从此，比特币及其底层技术区块链逐渐进入大众的视野，并随着比特币价格的不断上升以及区块链技术本身的价值，区块链技术开始在全球被广为研究和探索。

比特币进入中国人的视野要从比特币中国（中国第一家比特币交易平台）和吴忌寒说起。无论是比特币中国还是吴忌寒参与比特币，时间已经到了 2011 年。Paul Bischoff 在《时间轴：比特币在中国的 2013 年》中写道，比特币在中国的历史可以追溯到 2013 年 4 月，当时一家中国慈善机构开始接受比特币捐赠，以帮助四川芦山地震中的灾民。这可能激起了一些投机者的好奇心。比特币矿工随即开始被国内媒体大量报道，也引爆了中国对比特币的兴趣。

吴忌寒在币圈被尊称为“布道者”，因为他是第一个将中本聪的比特币白皮书翻译成中文的人。而且“区块链”这个词第一次出现在中国人的视野里也是在比特币白皮书的中文版里，吴忌寒将“a chain of blocks”直接翻译成“区块链”。

Blockchain 此时还有其他很多种译法：块链、账链以及账簿链等。2016 年 1 月 15 日，中国区块链应用研究中心第一次理事会在北京召开，值得一提的是，全国人大财经委员会副主任吴晓灵和原保监会副主席、中国金融启蒙中心主席魏迎宁等均出席了此次理事会会议。在本次理事会上，理事们达成相关共识：Blockchain 的译名一定要面向大众，将继续向公众征集译名，同时启动 Blockchain 手册、区块链启蒙丛书的编辑出版。此时，Blockchain 的中文译名中“区块链”已经逐渐占据上风并最终定下来。

二、什么是区块链

前文中提到 Blockchain 即 Block+chain，所以，当我们说到“块”和“链”时，我们实际上是在谈论存储在公共数据库（“链”）中的数字化信息（“块”）。

区块链（Blockchain）上的“区块”是由数字化的交易信息组成的。具体包括三个部分。

第一部分：区块存储有关交易的信息，例如最近一次从某电商平台购买商品的日期、时间和金额。

第二部分：区块存储有关谁参与交易的信息。当用户在某电商平台上购物后，区块会记录该用户的名字和该电商平台的信息。用户的购买记录是使用一个独特的“数字签名”来记录，类似于用户名。

第三部分：每个区块存储的信息不同。每个区块都存储一个称为“Hash”的唯一代码，它能够实现将其与其他区块区分开来。

区块链是一个公开的包括所有已经被发送的交易的列表，它保证了每个人都知道每个比特币的真实所有者（地址）。所有网络上的全功能节点都会保留一份区块链的拷贝。Block 区块是区块链上的独立单位。每一个区块都包含了前一个区块的哈希值（所以某人不可能剔除或者修改区块链上的任何区块，而同时不使得区块链上的某些哈希值不匹配），还有尽可能多地在网络上可以找到的还没有被确认的交易，以及一个叫作 nonce 随机数的数字。正在创建一个区块的某个节点，必须找到一个合适的 nonce 随机数，以使得这个区块的哈希值低于某个阈值或目标值（the target），这只能通过一个接着一个地尝试完所有的随机数，直到一个产生了想要的哈希值的随机数被找到，这个目标值越低就越难找到合适的随机数。故意使得区块的创建如此之难，是为了防止“双花问题”。当一个有效的区块被创建，它会被分发到整个网络，然后基于这个区块开始寻找下一个区块，依次循环往复（见图 4-2）。

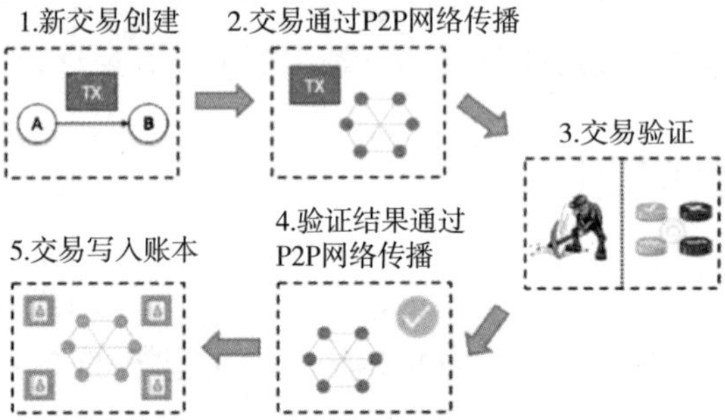

图 4-2 区块链运行过程

每一个区块按照产生的时间先后顺序进行排列，形成一条值得信任的信息链，这就是区块链。

因此，区块链是一种分布式数据库技术。在典型的区块链系统中，数据以区块（block）为单位生产和存储，并按照时间顺序连成链式（chain）的数据结构。[①] 所有节点共同参与区块链系统的数据验证、存储和维护。从数据的角度看，区块链是一种不可更改的分布式数据库，这种“分布式”不仅体现为数据的分布式储存，而且体现为数据的分布式记录（由系统参与者共同维护）。从技术的角度看，区块链并不是一种单一的技术，而是多种技术融合的结果。这些技术以新的组合方式结合在一起，形成了一种新的数据记录、存储和表达的方式。

三、区块链基础架构

区块链基础架构分为三大层、六小层，包括基础网络层下的数据

① 《2017—2022 年中国区块链行业市场调研与投资前景分析报告》。

层和网络层，中间协议层下的共识层、激励层和合约层，应用服务层。每层分别完成一项核心功能，各层之间互相配合，实现一个去中心化的信任机制。不过，这六层基础架构不是每个区块链的标准配置[①]（见图 4-3）。

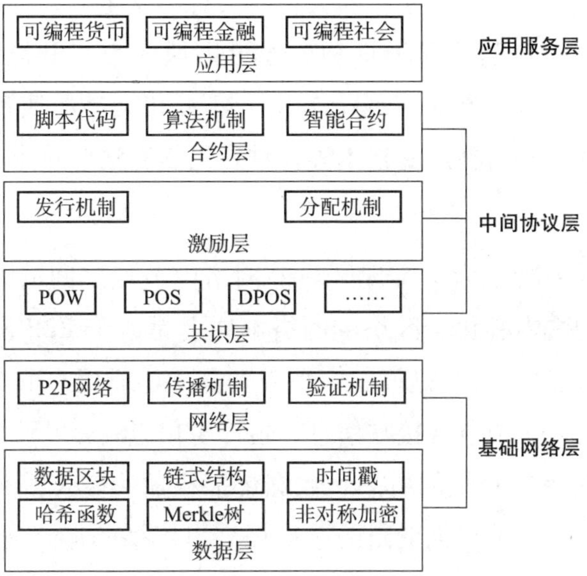

图 4-3　区块链的模型结构

资料来源：根据公开的信息整理

（一）基础网络层

基础网络层是区块链系统的技术支撑，分为数据层和网络层。

1. 数据层

数据层主要描述区块链技术的物理形式，是设计账本的数据结构。其实描述的是区块链究竟是由哪些部分组成的。首先建立一个起始节点——“创世区块（Genesis block）”，之后在同样规则下创建的规格相同的区块依次相连组成一条主链条。每个区块中包含了许多技术，例如时间戳技术、哈希函数，用来确保每一个区块是按时间顺序相连

① 你需要知道的区块链基础架构，https：//www. jianshu. com/p/d77c4573253a.

接以及交易信息不被篡改。

数据层封装了底层数据区块的链式结构，以及相关区块数据、链式结构以及区块上的随机数、时间戳、公私钥数据等，这是整个区块链技术中最底层的数据结构。数据层主要实现了两个功能，一个是相关数据的存储，另一个是账户和交易的实现与安全。

数据存储主要基于 Merkle 树，通过区块的方式和链式结构实现，大多以 KV 数据库的方式实现持久化。账号和交易的实现基于数字签名、哈希函数和非对称加密技术等多种密码学算法和技术。

2. 网络层

网络层的主要是为了实现区块链网络中节点之间的信息交流，实现记账节点的去中心化。区块链网络本质上是一个 P2P 网络（对等网络，又称点对点网络），是没有中心服务器、依靠用户群交换信息的互联网体系。每一个节点既接收信息，也产生信息。

网络层包括 P2P 组网机制、数据传播机制和数据验证机制。区块链的网络中，一个节点创造新的区块后会以广播的形式通知其他节点，其他节点会对这个区块进行验证，当全区块链网络中超过 51%的用户验证通过后，这个新区块就可以被添加到主链上了。

（二）中间协议层

中间协议层主要包括三个部分：共识层、激励层和合约层。

1. 共识层

共识层封装了网络节点的各类共识机制算法，共识机制算法是区块链的核心技术。因为这决定了到底是谁来进行记账，而记账决定方式将会影响整个系统的安全性和可靠性。目前，已经出现了十余种共识机制算法，比较知名的有工作量证明机制、权益证明机制、股份授权证明机制等。

共识层主要实现全网所有节点对交易和数据达成一致，防范拜占庭攻击、女巫攻击、51%攻击等共识攻击，其算法称为共识机制。

2. 激励层

激励层将经济因素集成到区块链技术体系中来，包括经济激励的发行机制和分配机制等，主要出现在公有链中。公有链必须激励参与记账的节点，并且惩罚不遵守规则的节点，才能让整个系统朝着良性循环的方向发展。而在私有链当中，则不一定需要进行激励，因为参与记账的节点，往往是在链外已经完成了博弈，通过强制或自愿，来要求参与记账。

激励层主要实现区块链代币的发行和分配机制，激励遵守规则参与记账的节点，并惩罚不遵守规则的节点。

3. 合约层

以往的区块链是没有这一层的。所以最初的区块链只能进行交易，而无法用于其他的领域或是进行其他的逻辑处理。但是合约层的出现，使得在其他领域使用区块链成为现实，比如用于 IoT。以太坊中这部分包括了 EVM（以太坊虚拟机）和智能合约两部分。

合约层封装各类脚本、算法和智能合约，是区块链可编程特性的基础。比特币本身就具有简单脚本的编写功能，而以太坊极大地强化了编程语言协议，实现了图灵完备，理论上可以实现任何功能的应用。如果将比特币看成全球账本，以太坊可以看作一台全球计算机，任何人都可以上传和执行任意的应用程序，并且程序的有效执行能得到保证。

智能合约赋予账本可编程的特性，实现可以自定义的智能合约，并在达到某个确定的约束条件的情况下，无须经由第三方就能够自动执行，是区块链去信任的基础。

（三）应用服务层

应用服务层封装了区块链的各种应用场景和案例，比如搭建在以太坊上的各类区块链应用。而未来的可编程金融和可编程社会也将搭建在应用层上。

数据层、网络层、共识层是构建区块链技术的必要元素，缺少任何一层都不能称为真正意义上的区块链技术。激励层、合约层和应用层不是每个区块链应用的必要因素，一些区块链应用并不完整包含这三层结构。

四、区块链的核心技术

著名的华裔科学家张首晟（Shou-Cheng Zhang，1963 年—2018 年 12 月 1 日）在《区块链世界到底是如何形成的》一文中曾表示，人类历史上所有伟大的公司，做的事情必然不是自己创造全新的东西，而是把已有的东西重新做一个排列组合。其实，技术创新也是如此，区块链技术也不例外。

区块链技术是利用 P2P 网络，将密码学结合数学算法形成的一种分布式可信计算技术，区块链的整体技术发展需要依靠多种核心技术的整体突破，这些技术主要包括以下几个方面①。

（一）哈希函数

哈希函数可将任意长度的资料经由 Hash 算法转换为一组固定长度的代码，原理是基于一种密码学上的单向哈希函数，这种函数很容易被验证，但是却很难破解。通常业界使用 $y=hash(x)$ 的方式进行表示，该哈希函数实现对 x 进行运算计算出一个哈希值 y。其特点是：相同的数据输入将得到相同的结果。只要输入数据稍有变化（比如一个 1 变成了 0）则将得到一个完全不同的结果，且结果无法事先预知。正向计算（由数据计算其对应的 Hash 值）十分容易，逆向计算（破解）极其困难，在当前科技条件下被视作不可能。这也是保证区块链网络能够实现不可篡改性的基础技术之一。

（二）Merkle 树

Merkle 树是一种哈希二叉树，使用它可以快速校验大规模数据的

---

① 中国区块链基础服务联盟 . 2018 年中国区块链行业应用报告［R］. 2018-04.

完整性。在区块链网络中，Merkle 树被用来归纳一个区块中的所有交易信息，最终生成这个区块所有交易信息的一个统一的哈希值，区块中任何一笔交易信息的改变都会使得 Merkle 树改变。

（三）非对称加密算法

非对称加密算法是一种密钥的保密方法，需要两个密钥：公钥和私钥。公钥与私钥是一对，如果用公钥对数据进行加密，只有用对应的私钥才能解密，从而获取对应的数据价值；如果用私钥对数据进行签名，那么只有用对应的公钥才能验证签名，验证信息的发出者是私钥持有者。

因为加密和解密使用的是两个不同的密钥，所以这种算法叫作非对称加密算法，而对称加密在加密与解密的过程中使用的是同一把密钥，这是区块链网络有别于中心化账户系统的技术保证，能够保证链上资产归属的安全性和匿名性。

（四）P2P 网络

P2P 网络又称点对点网络，是没有中心服务器、依靠网络内用户节点交换信息的互联网体系。与有中心服务器的中央网络系统不同，对等网络的每个用户端既是一个节点，也有服务器的功能，而且接入障碍非常低。用户可以下载客户端，在自己的笔记本电脑或台式电脑上运行节点。P2P 网络是区块链实现去中心化的技术基础。

（五）共识机制

共识机制，就是所有记账节点之间如何达成共识，去认定一个记录的有效性，这既是认定的手段，也是防止篡改的手段。目前主要有四大类共识机制：POW、POS、DPOS 和分布式一致性算法。共识机制是区块链网络中非常核心的技术，共识机制在很大程度上决定了区块链网络的可扩展性，安全性和网络速度及去中心化程度。

（六）智能合约

智能合约是一组情景应对型的程序化规则和逻辑，是通过部署在区块链上的去中心化、可信共享的脚本代码实现的。通常情况下，智能合约经各方签署后，以程序代码的形式附着在区块链数据上，经 P2P 网络传播和节点验证后记入区块链的特定区块中。智能合约封装了预定义的若干状态及转换规则、触发合约执行的情景、特定情景下的应对行动等。区块链可实时监控智能合约的状态，并通过核查外部数据源、确认满足特定触发条件后激活并执行合约。智能合约是区块链发展的重要方向，可以应用在大量的商业场景中，这也是区块链在未来最为有价值的应用领域（见图 4-4）。

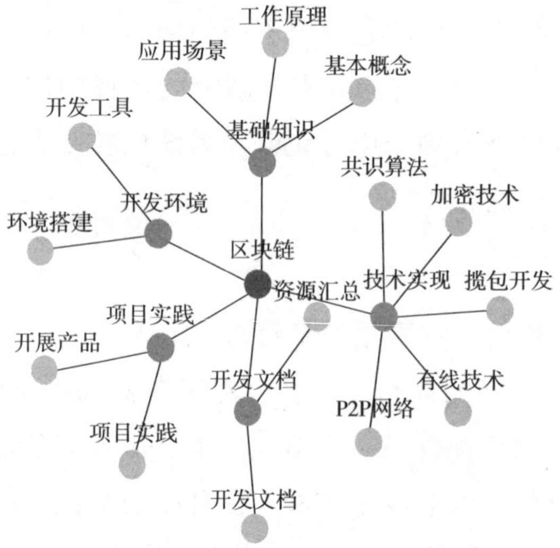

图 4-4　区块链知识图谱

资料来源：从概念到底层技术，一文看懂区块链架构设计［EB/OL］. https：//www.8btc.com/article/106022.

五、区块链的工作原理

区块链究竟是如何工作的呢？当一个区块存储新数据时，它被添加到区块链。顾名思义，区块链由串在一起的多个区块组成。然而，一个区块添加到区块链，必须发生以下四件事。

（一）交易必须发生

比如，某网络节点在某电商平台购买了一件商品，这是整个过程的起点。

（二）该交易必须得到验证

该网络节点下订单之后，该交易必须得到验证。对于其他公共信息记录，比如美国证券交易委员会（the U. S. Securities Exchange Commission，SEC）、维基百科（Wikipedia）或当地的图书馆，会有人负责审查新的数据条目。然而，有了区块链，这项工作就由计算机网络来完成。这些网络通常由遍布全球的成千上万台（例如比特币，约 500 万台）计算机组成。当某网络节点在电商平台购物时，这个电脑网络会迅速检查该交易是否按照网络节点的命令进行。即整个网络将确认购买的细节，包括交易的时间、金额和参与者。

（三）该交易信息必须存储在一个区块中

在该交易被验证为准确后，它将得到绿灯。交易金额、网络节点的数字签名和电商平台的数字签名都存储在一个区块中。在那里，该区块可能会加入在同一时间点发生的成百上千个类似的交易信息。

（四）该区块必须赋予一个哈希值

就像天使长出了翅膀一样，一旦所有单个区块的交易都被验证，它就必须被赋予一个唯一的、被称为哈希的识别代码。该区块还得到了添加到区块链的最新区块的散列。散列后，区块可以添加到区块链（见图 4-5）。

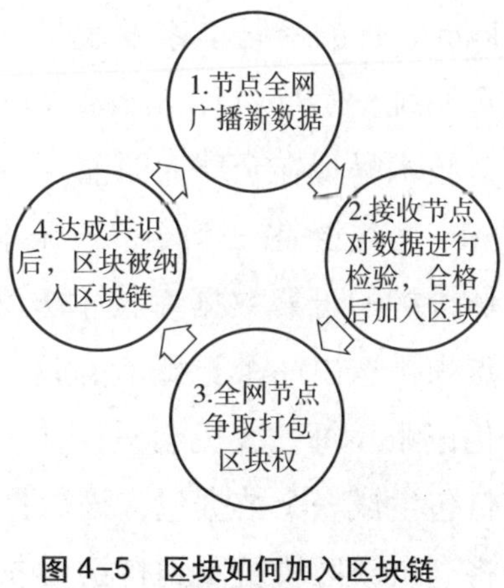

图 4-5　区块如何加入区块链

当这个新区块添加到区块链中时，任何人都可以查看它，甚至包括你自己。如果你看一下比特币的区块链，你会发现你可以访问交易数据，以及关于何时（“时间”）、何处（“高度”）以及由谁（“转发”）将区块添加到区块链的详细信息。

六、区块链：制造信任的机器

人类的发展史，其实就是一部解决信任问题的进化史。千百年来，人类始终被信任问题困扰着。从原始社会的血缘信任，到封建社会的国家权威信任、宗教信任、钱庄银号等第三方信任，再到近现代出现的银行、担保机构、评级机构、交易所等，都是为了有效解决信任问题，以便以更低的成本来建立更大规模的陌生人之间的协作。

从古至今，这些解决信任问题方式都无可避免地会显现一种弊端——垄断，也可以称为中心化的信任系统。

垄断滋生腐败。2008 年的“次贷危机”正是信任垄断问题累积的最终结果。“次贷危机”将人类社会几千年来解决信任问题的努力一举归零，如何有效解决信任问题成为全球人心中的症结，难道真的没有办法解决陌生人之间的信任从而实现以低成本建立更大规模的陌生人间的协作？

俗话说：办法总比问题多。雷曼兄弟破产导致“次贷危机”爆发的 46 天之后，也就是 2008 年 11 月 1 日，一个名叫中本聪（Satoshi Nakamoto）的密码学家发表了一篇名为《比特币：一种点对点的电子现金系统》（*Bitcoin：A Peer-to-Peer Electronic Cash System*）的论文，区块链技术呈现在全球人面前。

区块链是一个分布式账本，一种通过去中心化、去信任的方式集体维护的可靠数据库技术方案。根据既定的竞争规则，系统在全网节点中挑选出一个记账者，这体现了区块链记账的第一个特点：非中心化记账。每一次机会只产生一名获胜者，由他来负责记账，记账信息打包生成一个数据包，该数据包称为区块。其余网络节点验证无误后，将这个新区块复制到自己维护的区块链上，这就保证了所有人的账本数据是一致的。这体现了区块链记账的第二大特点，集体维护保障账本信息真实有效。

一次记账完成意味着一个新区块诞生，这个区块信息是固定的，它包含三个信息：上一个区块的数据（哈希值）、本区块的交易信息和下一个区块的数据。这样整个区块链环环相扣，只要其中一个区块被篡改，那么所有的数据都会发生改变，这就是区块链记账的第三大特点：链上所有区块环环相扣，保证全链信息无法被篡改（见图 4-6）。

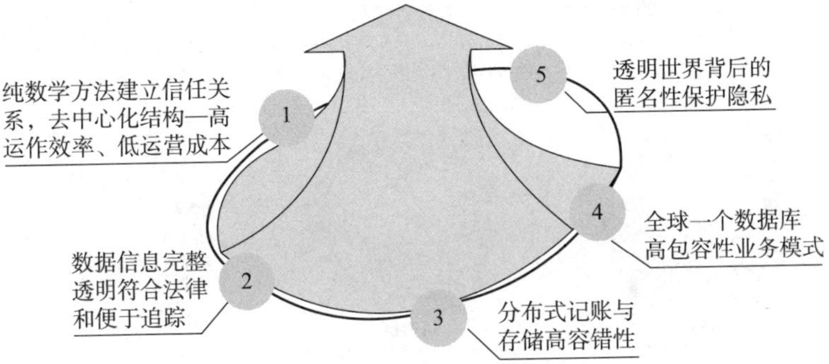

图 4-6 区块链的特点

区块链通过竞争机制，产生记账权，保证记账节点的去中心化和所有记账节点账本数据的一致性。通过新区块引用上一区块哈希值的方式，保证全链数据严格按照区块产生的时间先后顺序排列，确保区块信息不可篡改。这一整个过程确保区块链上的交易信息都是真实可信的，所以说，区块链是制造信任的机器。

亚洲区块链学会创会会长、香港区块链资产管理有限公司总裁蔡志川博士曾就“区块链是制造信任的机器”有一段精辟的描述：区块链时代是“无奸不伤”的时代。我们都知道中国有个成语“无奸不商”，意思是商人都是奸诈的。在区块链的世界里，非对称加密和数学算法产生了信任机制。透过这种机制可以防止作恶，或者大幅提高作恶成本。所以，如果你做一个“不奸”的人，你就不会受到伤害；如果你想要小聪明，以为别人不会知道，那你一定会受到严厉的惩罚，这是区块链给予我们的保障，让我们不去作恶，用机制鼓励大家，老老实实做人做事。

区块链目前可分为公有区块链（Public BlockChains）、私有区块链（Private Blockchains）以及联盟区块链（Consortium Blockchains）三大类（见图 4-7）。

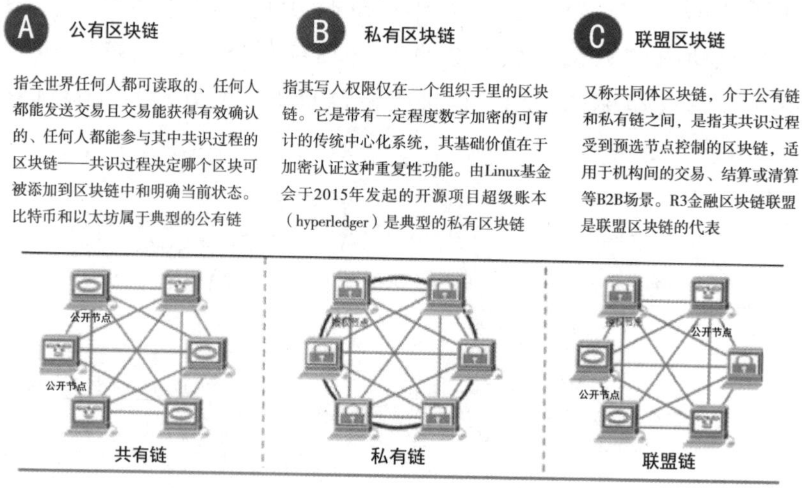

图 4-7 公有区块链、私有区块链和联盟区块链

资料来源：Vitalik Buterin，On Public and Private Blockchains，on August 6，2015，https：//blog. ethereum. org/2015/08/07/on-public-and-private-blockchains/.

七、区块链发展阶段

从中本聪 2008 年发布比特币白皮书至今，10 多年过去了，区块链技术的发展也日渐成熟。区块链的发展大概经历了三个阶段：区块链 1.0（以比特币为代表的数字货币阶段）、区块链 2.0（以以太坊为代表的智能合约阶段）和区块链准 3.0（以 EOS 为代表的公有链阶段）。

（一）区块链 1.0——以比特币为代表的数字货币阶段

区块链作为比特币的底层技术，在 1.0 发展阶段，主要以比特币及其他类似加密数字货币为代表，区块链 1.0 主要实现了点对点的去中心化支付系统功能。相较传统支付手段，区块链网络可以实现网络内部点对点交易，可以完全不依赖于独立的第三方或大型金融机构。从这个角度上说，比特币作为区块链1.0的典型代表应用是成功的，它为区块链的发展奠定了坚实的基础，也极大地推动了区块链技术向前发展。

1. 比特币的问世

2008年11月1日，密码学家中本聪（Satoshi Nakamoto）发表了一篇名为*Bitcoin：A Peer-to-Peer Electronic Cash System*（《比特币：一种点对点的电子现金系统》）的论文，阐述了他对电子货币的新设想。

北京时间2009年1月4日02：15：05（格林威治时间2009年1月3日18：15：05），比特币系统完成了第一笔交易，中本聪成为比特币系统的第一位矿工，生成了第一个区块——“创世区块”（Genesis Block），新版本的比特币系统将它设定为0号区块，而旧版本的比特币系统设定它的序号为1。在创世区块里，中本聪留下了一句话：The Times 03/Jan/2009 Chancellor on brink of second bailout for banks，[①] 借此表达对现有货币体制的不满（见表4-1）。

表4-1 比特币创世区块的基本信息

Summary	
Number of Transactions	1
Output Total	50 BTC
Estimated Transaction Volume	0 BTC
Transaction Fees	0 BTC
Height	0（Main Chain）
Timestamp	2019-01-03 18：15：05
Received Time	2019-01-03 18：15：05
Relayed By	Unknown
Difficulity	1
Bits	486604799

① 2009年1月3日，财政大臣正处于实施第二轮银行紧急援助的边缘。

续表

Size	0.285kB
Weight	0.896kWU
Version	1
Nonce	2083236893
Block Reward	50BTC
Hashes	
Hash	000000000019d6689c085ae165831e934ff763ae46a2a6c172b3f1b60a8ce26f
Previous Block	0000000000000000000000000000000000000000000000000000000000000000
Next Block（s）	00000000839a8e6886ab5951d76f411475428afc90947ee32016bbf18eb6048
Merkle Root	4a5e1e4baab89f3a32518a88c31bc87f618f76673e2cc77ab2127b7afdeda33b

接受第一笔比特币转账的是密码学大师哈尔·芬尼（Hal Finney），他是比特币发展史上的第二位矿工，在最开始的比特币网络中，只有中本聪和哈尔·芬尼两个人。

中本聪在设计比特币时，将比特币的总量定为2100万枚，每10分钟生成一个账单，即区块。每个区块的生成伴随着比特币的诞生，也意味着获得记账权的“矿工”将会获得奖励，起初这个奖励是每次50个比特币。每产生21万个区块，伴随区块生成的比特币奖励就减半一次，所有的比特币预计在2140年发行完毕，即每3.99年（约等于4年）减半一次。最近的一次奖励减半发生在2016年7月8日，是比特币系统第二次奖励减半，每次奖励为12.5枚比特币。

2. 比特币的基础架构

由于比特币不是智能合约，因此，比特币的基础构架只有五层，即数据层、网络层、共识层、激励层和应用层。

比特币的数据层包括六个部分：区块数据、链式结构、时间戳、哈希函数、Merkle树和非对称加密。网络层包括三个部分：P2P网络、传播机制和验证机制。比特币的共识机制为工作量证明（Proof of Work，POW）。比特币的激励层包括两个部分：发行机制和分配机制。比特币的应用层为实现转账和记账功能（见图4-8）。

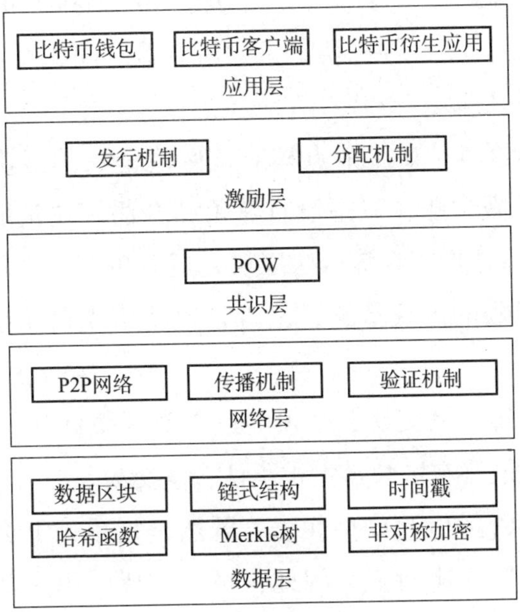

图 4-8　比特币的整体架构

资料来源：根据公开的信息整理

正是由于比特币有这样的基础架构，因此，比特币的典型特征表现在四个方面：以区块为单位的链状数据块结构、全网共享账本、非对称加密和源代码开源。

3. 比特币的工作原理

中本聪在其比特币白皮书中，比较详尽地叙述了这个信用系统建立的过程。

第一步，每一笔交易为了让全网承认有效，必须广播给每个节点（node），即矿工。

第二步，每个矿工节点要准确无误地给这 10 分钟的每一笔交易盖上时间戳并记入那个区块（block）。

第三步，每个矿工节点要通过解 SHA256 难题去竞争这个 10 分钟区块的合法记账权，并争取得到一定数量的比特币奖励（头 4 年是每次 50 个比特币，每 4 年递减一半）。

第四步，如果一个矿工节点解开了这10分钟的SHA256难题，他将向全网公布其这10分钟区块记录的所有盖时间戳交易，并由全网其他矿工节点核对。

第五步，全网其他矿工节点核对该区块记账的准确性（因为他们同时也在盖时间戳记账，只是没有竞争到合法区块记账权，因此无奖励），准确无误后他们将在该合法区块之后竞争下一个区块，这样就形成了一个合法记账的区块单链，也就是比特币支付系统的总账——区块链。

一般来说，每一笔交易，必须经过六次区块确认，也就是6个10分钟记账，才能最终在区块链上被承认合法交易。

比特币是加密货币的典型代表，既然是货币，那么，比特币也具有现实纸币的一些基本特点，因此，每个比特币用户都有自己的比特币钱包。一个比特币钱包包含一系列的密钥，每个密钥对都有一个公钥（Public Key）和私钥（Private Key）。私钥是由一个随机产生的数字串经过哈希的十六进制字符串，通过椭圆加密算法产生公钥，然后通过公钥产生比特币地址。从私钥到公钥再到比特币地址是一个单向产生的过程，这一过程要经历以下九大步骤（见图4-9）：

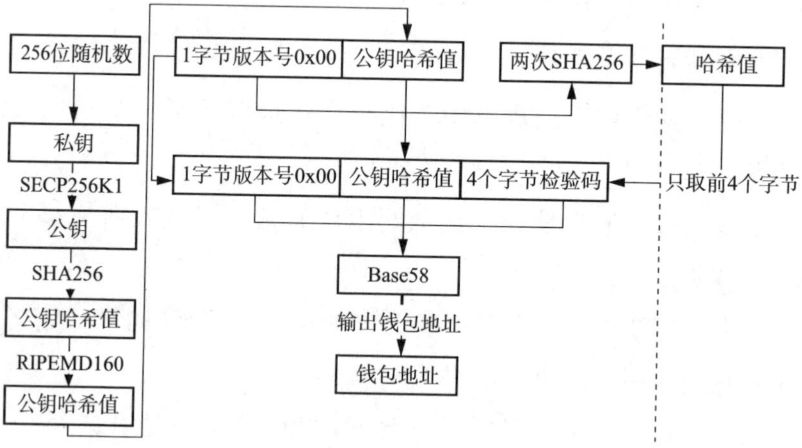

图4-9 比特币地址产生的过程

资料来源：阿里云（https：//yq. aliyun. com/ziliao/282447）

第一步，使用随机数发生器生成一个私钥。私钥本质是一个256位的由0和1组成的随机数，而且，随机生成的两个私钥正好完全相同的概率是$\frac{1}{2^{256}\approx 10^{77}}$，因此，这个随机数不可预测、不可重复。

第二步，使用椭圆曲线加密算法（Elliptic Curve Discrete Signature Algorithm，ECDSA）计算私钥所对应的非压缩公钥（共65字节，1字节0x04，32字节为x坐标，32字节为y坐标）。

第三步，计算公钥的SHA-256哈希值。

第四步，计算上一步哈希值的RIPEMD-160哈希值。

第五步，在上一步结果之间加入地址版本号，如比特币主网版本号“0x00”。

第六步，计算上一步结果的SHA-256哈希值。

第七步，再次计算上一步结果的SHA-256哈希值。

第八步，取上一步结果的前4个字节（8位十六进制数）D61967F6，把这4个字节加在第五步结果的后面，作为校验（这就是比特币地址的16进制形态）。

第九步，用base58表示法变换一下地址，就可以生成最常见的比特币地址形态。

比特币地址是由公钥经过一系列单向的哈希算法得到。哈希算法是一种单向函数，可以接收任意长度的输入产生指纹或哈希。由公钥生成比特币地址时使用的算法是Secure Hash Algorithm（SHA）和the RACE Integ rity Primitives Evaluation Message Digest（RIPEMD），即SHA256和RIPEMD160。

4. 比特币的价值：自由、公平和真理的典范

2010年5月22日，Papa Johns披萨店的名叫Jercos英国人与美国佛罗里达州程序员Laszlo Hanyecz达成了交易，1万枚比特币购买了两个披萨，这两个披萨当时价值25美元，这是比特币第一次有真实的价格，即0.0025美元/枚。随后，比特币开启了自己的“传奇之路”。

延伸阅读

“比特币披萨日”

2010 年 5 月 18 日，佛罗里达州程序员 Laszlo Hanyecz 在 BitcoinTalk 发了个帖子：我将用 1 万枚比特币支付两个大一点的比萨饼，这样我可以留下一些在第二天吃……如果你对这种交换方式感兴趣，请让我知道，并且我们可以制定出一项协议。4 天后，即 2010 年 5 月 22 日，Papa Johns 披萨店的名叫 Jercos 英国人与 Laszlo Hanyecz 达成了交易（见图 4-10），两个披萨价值 25 美元，而当时 1 万枚比特币价值 41 美元。这是比特币第一次有真实的价格。在随后几年的时间里，比特币九死一生，最终在 2017 年 12 月 17 日，比特币的价格创出历史新高 20089 美元/枚。

Laszlo 支付 1 万枚比特币给一个愿意提供价值 25 美元的两个 Papa Johns 披萨店的比萨的英国志愿者。而 1 万枚比特币的实际价值约为 41 美元，Laszlo 的支付已经超过这个价格。Laszlo 对《纽约时报》说：“那时候比特币还没有什么价值，所以用比特币购买比萨饼的想法非常酷。没有人知道它会发展得这么大。我想说最终做到了。”

Transaction View information about a bitcoin transaction

a1075db55d416d3ca199f55b6084e2115b9345e16c5cf302fc80e9d5fbf5d48d

1XPTgDRhN8RFnzniWCddobD9iKZatrvH4 → 17SkEw2md5avVNyYgj6RiXuQKNwkXaxFyQ

10000 BTC

10000 BTC

summary	
Size	23620(bytes)
Weight	94480
Received Time	2010-05-22 18:16:31
lncluded ln Blocks	57043(2010-05-22 18:31+0 minutes)
Confirmations	526725
Visualize	View Tree Chart

lnputs and Outputs	
Total lnput	10000.99 BTC
Total Output	10000 BTC
Fees	0.99 BTC
Fee per byte	4191.363 sat/B
Fee per weight umit	1047.841 sat/WU
Estimated BTC Transacted	10000 BTC
Scripts	Show scripts & coinbase

图 4-10 Laszlo 转账 1 万枚比特币的信息一览

5 月 22 日是比特币的大日子，这项交易因第一次在真实的世界使用比特币交易/购买实物而闻名于加密社区。它现在被称为“比特币披萨日”。

当时是比特币的早期阶段，每个比特币的价格约为 0.003 美分。数字货币社区基本上包含挖矿和讨论该技术的潜能。没有人知道比特币将如何改变游戏规则。在杰克逊维尔的 Papa Johns 披萨店购买两个大比萨对比特币和所有的加密货币来说是重要的一步。

2010 年 10 月 10 日，比特币价格首次达到 0.1 美元/枚；2011 年 2 月 9 日，比特币价格首次达到 1 美元/枚，与美元等价。2011 年 6 月 2 日，比特币价格首次达到 10 美元/枚。这意味着，比特币价格从 0.1 美元/枚到 1 美元/枚用了 122 天的时间，比特币价格从 1 美元/枚到 10 美元/枚仅用了 113 天的时间。财富奇迹还在继续。

2013 年 4 月 1 日，比特币价格首次达到 100 美元/枚，2013 年 11 月 28 日，比特币价格首次达到 1000 美元/枚，2013 年 12 月 4 日，比特币价格达到了 1147 美元/枚的高位，这也是比特币价格第一次超过国际金价。2017 年 2 月 11 日，比特币价格达到了 10000 美元/枚的高位。这意味着，比特币价格从 100 美元/枚到 1000 美元/枚仅用了 241 天的时间，比特币价格从 1000 美元/枚到 10000 美元/枚用了 1172 天的时间。财富奇迹仍在持续。（图 4-11）

2017 年 12 月 17 日，比特币价格达到 20089 美元/枚，创出历史新高。这意味着比特币用了不到七年半的时间创造了超过 800 万倍收益的财富奇迹。

然而，正当所有人为比特币创造的财富奇迹陷入疯狂并对比特币的前景乐观憧憬的时候，一场在今天看来是“蓄谋已久”的血腥洗劫正在悄悄上演。

进入 2018 年，比特币价格开始从高位快速回落，2018 年 1 月 18 日，比特币价格首次跌破 10000 美元/枚，从最高价回落 50%仅用一个

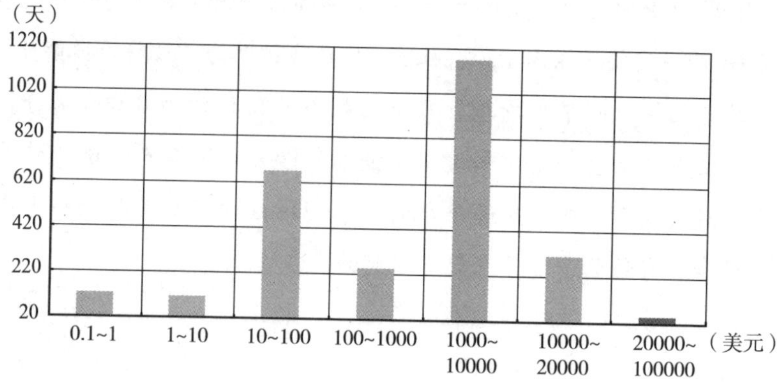

图 4-11　比特币各价格波动区间的表现

资料来源：根据公开的信息整理

月的时间，悲剧来得有点太快，让很多人一时不知所措。进入 2018 年 12 月后，比特币的跌势有所加速，2018 年 12 月 15 日，比特币价格跌至此次回调的新低 3176.57 美元/枚，跌幅高达 84.2%。

其实，在投机领域，市场的残酷程度远远超出了普通投资者的预期，只是参与其中的人总是往有利于自己的方向考虑而已。

当然，除了给我们带来了财富神话外，比特币还为我们留下了更多深层次的思考（图 4-12）。

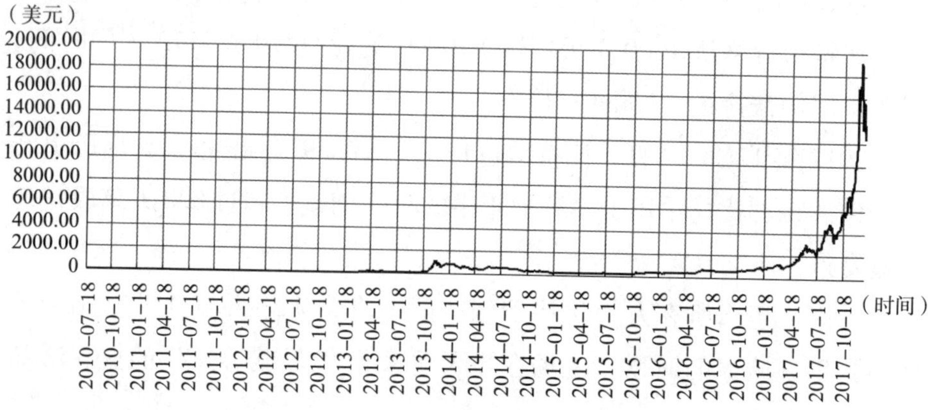

图 4-12　比特币价格“大起大落”

资料来源：根据比特社区（http：//www.btbase.org）公布的数据整理

延伸阅读

货币流通之谜告诉我们什么?

在一个萧条的小镇，这里的居民日常靠信用生活。

有一天，从外地来了一位富商，他走进一家旅店，拿出一张100元钞票放在柜台上，准备看过房间后在此留宿。

富商上楼看房间的时候，老板拿起这张100元钞票，跑到隔壁卖肉大哥那里支付了他欠的买猪肉钱。卖肉大哥拿着这100元马上去对面养猪场付清了他购买猪的欠款。猪农用这100元去付清了他欠的饲料款。饲料老板用这100元去饭店付清他所欠的饭钱。有了这100元，饭店的老板娘到旅店付了她所欠的房费。旅店老板赶忙把这100元放到柜台上。这时，富商看完房间下楼，声称没有一个满意的房间，拿起这100元钱走了。

通过上述故事，我们发现，这100元从富商手中经过一圈后重新回到富商手上，尽管完好无损，但是交易链上的债务都结清了，这是一件很神奇的事情。这个故事告诉我们两个道理：

第一，货币只有流通才能产生价值。众所周知，商品是使用价值和价值的统一体，当一件商品在流通领域为众多人所接受时，这件商品的使用价值就越大，价值也就随之增加。

第二，货币只是一个大家已达成共识的媒介，这就意味着只要大家形成了共识，其他物品也可以替代货币充当一般等价物。人类货币发展史就是最好的说明（图4-13）。

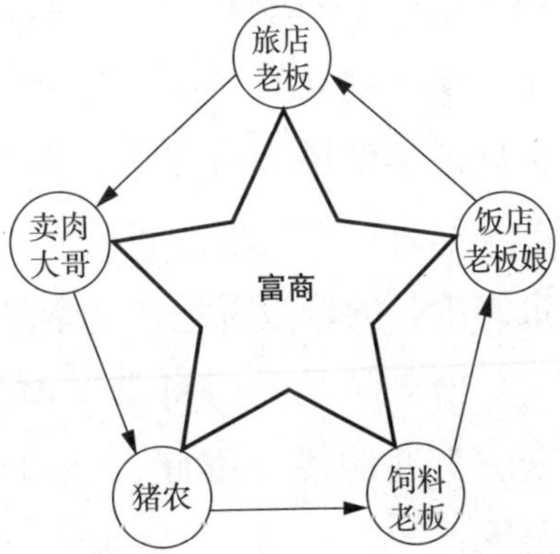

图4-13 故事人物关系

对于每一个普通的老百姓而言，货币是财富的象征，钱越多就越富有。但对整个经济来说，实体经济创造的资产和价值才是财富之源。

比特币是数字货币的典型代表，因此，比特币具有货币的一些属性。中本聪在2007年开始设计比特币的时候，对比特币所追求的理念思路清晰，即超越美元。

图 4-14　比特币的正面

首先来看比特币的正面，Libertas、Aequitas和Veritas是三个拉丁文，即自由、公平和真理。为了实现自由、公平和真理的目标，中本聪提出了天才的想法：In Cryptography We Trust（我们信任密码学）（见图4-14）。

中本聪希望通过密码学严密的逻辑，借助点对点的网络（Peer-to-Peer Network）能够实现自由、公平和真理的目标。

接着来看比特币要超越的目标——美元。从1782年开始，美元背面图案开始包括一个三个环围在一起组成的美国国徽正面图案。金字塔黑暗的一面朝向西方，暗示了当时蛮荒未被探索过的北美西部。金字塔上方独立的"帽子"中，包含一个全视之眼图案，这象征了虽然美国的建设还没有完成，但在上帝的帮助下，目标一定会达到。背面的中间有一圈清晰的英文：IN GOD WE TRUST。美国的先祖们把美国最终统一的希望寄托在上帝身上。

密码学是一门科学，而且是一门严谨的科学。上帝，在我们看来，有些缥缈。因此，从科学严谨的角度上说，比特币无疑超越了美元。

自1944年布雷顿森林体系确立美元在国际货币体系中的霸主地位后，在此后近80年的时间里，尽管因为自身的或者挑战者的原因，美元一路磕磕绊绊，不过，霸主地位至今无人能撼动。

所以，虽然比特币在理念上超越了美元，但是它作为一种新生事物挑战权威需要时间的沉淀，而且比特币在现实生活中还面临诸多挑战。不过，不管比特币在未来还有多少个涨跌轮回，未来区块链的技术和应用前景一定是广阔的。

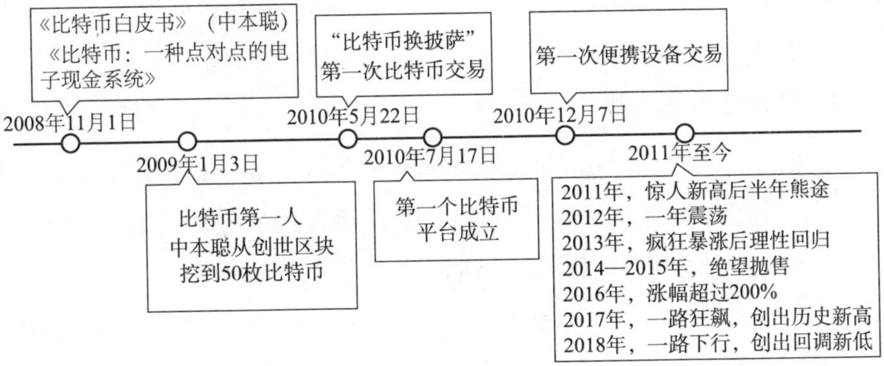

图 4-15　比特币发展史

资料来源：根据公开的信息整理

实际上，在互联网飞速发展的今天，每个人获得信息的成本极低，甚至接近于零，每一次创新的难度都在增加，因此，对于新生事物，我们应该以全面的观点去分析和看待，而不仅仅是抓住新生事物的弱点或者仅仅从经济利益的角度去考量，否则，我们就会离真相越来越远（见图 4-15）。

（二）区块链 2.0——以以太坊为代表的智能合约阶段

区块链 2.0 是指分布式区块链数据库的新应用，最早出现于 2014 年。《经济学人》将这种第二代可编程区块链的一种实现描述为"一种编程语言，允许用户编写更复杂的智能合同，从而创建在发货时支付给自己的发票，或在利润达到一定水平时自动向所有者发送股息的股票凭证"。

区块链 2.0 是在加密数字货币技术基础上发展出了智能合约的功能，实现了区块链除了能作为点对点现金交易系统外的其他更广泛的功能，可以对金融领域更广泛的场景和流程进行优化的应用，其中最大的突破是可以在区块链网络上实现简单的应用开发，即去中心化应用（DAPP）。去中心化应用可以应用在非常多的领域，可以达到天然去信任的效果，其中以太坊是区块链2.0的代表性项目，区块链2.0是区块链技术发展的里程碑，将区块链技术从金融领域带到了更广阔的商业领域。

1. 以太坊的基本概念

以太坊（ETH）是由Vitalik Buterin和Gavin Wood领导开发的、允许任何人使用区块链技术运行的、支撑智能合约的去中心化开源平台。基于以太坊智能合约可以开发各种去中心化的应用。

以太坊是下一代密码学账本，支撑众多的应用功能，包括用户发行通证、智能协议、去中心化的交易，被业界普遍认为是第一个完全去中心化自治组织（DAOs）或去中心化的自治公司（DACs）应用。

以太坊实现这些功能的方式与众不同。以太坊包括一个内置的图灵玩呗的脚本语言，允许通过被称为“合约”的机制来为自己想实现的特性编写代码。一个合约就像一个自动的代理，每当接收到一笔交易，合约就会自动运行特定的一段代码，这段代码能修给合约内部的数据储存或发送交易，高级合约甚至能修改自身的代码。

2. 以太坊的发展历史[①]

2013年末，以太坊创始人Vitalik Buterin发布了以太坊初版白皮书《下一代智能合约和去中心化应用平台》（*A Next-generation Smart Contract and Decentralized Application Platform*），在全球的密码学货币社区陆续召集到一批认可以太坊理念的开发者，启动了项目。以太坊的目标就是提供一个带有内置的成熟的图灵完备语言的区块链，用这种语言可以创建合约来编码任意状态转换功能，用户只要简单地用几行代码来实现逻辑，就能够创建以上提及的所有系统以及许多我们还想象不到的其他系统。

2014年2月，Vitalik在迈阿密比特币会议上第一次公布了以太

① 以太坊历史介绍［EB/OL］. https：//article. pchome. net/content-2045172. html.

坊项目，并在 Reddit 上举办第一次“问我们任何事儿”活动，核心开发团队成为世界级的密码学货币团队。以太坊在各方面取得突飞猛进：社区成长、写代码、写 wiki 内容、商业基础结构和法律策略。

从 2014 年 7 月 24 日起，以太坊进行了为期 42 天的以太币预售，一共募集到 31531 枚比特币，根据当时的比特币价格折合 1843 万美元，是当时排名第二的众筹项目。在预售前两周一个比特币可以买到 2000 枚以太币，一个比特币能够买到的以太币数量随着时间递减，最后一周，一个比特币可以买到 1337 枚以太币。最终售出的以太币的数量是 60102216 枚。

此外，还有 0.099x（x=60102216 为发售总量）枚以太币被分配给在 BTC 融资之前参与开发的早期贡献者，另外一个 0.099x 将分配给长期研究项目。所以以太坊正式发行时有 72002454（60102216+60102216×0.099×2）枚以太币。

2015 年 7 月 30 日，第一款以太坊正式启用，名为 Frontier（先锋）。所有承诺给早期投资者的以太币被顺利地交付，开发者们也开始在以太坊上编织他们的梦想。以太坊的发布分成了四个阶段，即 Frontier（前沿）、Homestead（家园）、Metropolis（大都会）和 Serenity（宁静），在前三个阶段以太坊共识算法采用工作量证明机制（Proof of Work，POW），在第四阶段会切换到权益证明机制（Proof of Stake，POS）。

在 2016 年初，以太币的价格开始暴涨，以太坊的技术实力开始在市场上得到认可，吸引了大量开发者以外的人进入以太坊的世界。进入 2018 年，以太坊的开发应用达到顶峰，以太坊币（ETH）的价格也创出历史新高 10000 元/枚。此后，随着比特币价格的暴跌以及 ICO 遭遇滑铁卢，以太坊币（ETH）的价格一路下滑，在 2018 年底创出此轮回调的新低 520 元/枚。

3. 以太坊的构架及特性

如图 4-16 所示，以太坊最上层的是 DAPP。它通过 Web 3. js 和智能合约层进行交换。所有的智能合约都运行在 EVM（以太坊虚拟机）上，并会用到 RPC 的调用。在 EVM 和 RPC 下面是以太坊的四大核心内容，包括 Blockchain、共识算法、挖矿和网络层。除了 DAPP 外，其他的所有部分都在以太坊的客户端里，目前最流行的以太坊客户端就是 Geth（Go-Ethereum）①。Buterin 曾说："If Crypto success，it's not because it empowers better people. It's because it empowers better institutions."或许这才是以太坊爱好者最该关注的地方。

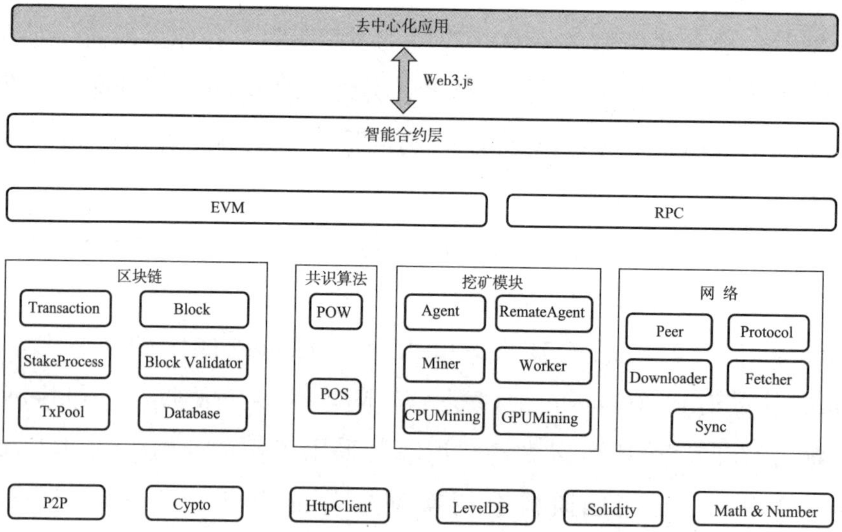

图 4-16 以太坊的整体架构

资料来源：根据公开的信息整理

区块链 2.0 是在加密数字货币技术基础上发展出了智能合约的功能，实现了区块链除了能作为点对点现金交易系统之外的其他更广泛的功能，可以对金融领域更广泛的场景和流程进行优化的应用，其中最大的突破是可以在区块链网络上实现简单的应用开发，即去中心化

① 以太坊基本概念［EB/OL］. https：//www. jianshu. com/p/89ef181796c2.

应用（DAPP）。去中心化应用可以应用在非常多的领域，可以达到天然去信任的效果，其中以太坊是区块链 2.0 的代表性项目，区块链 2.0 是区块链技术发展的里程碑，将区块链技术从金融领域带到了更广阔的商业领域。

（三）区块链 3.0——以 EOS 为代表的大规模商业应用阶段

按照行业目前来说区块链 3.0 还没有形成一个全行业的共识，主要是在区块链 2.0 基础上发展而来，也就是解决 2.0 存在的问题，全方面提升区块链 2.0 的性能和扩展，同时更加安全，成本更低。目前，虽然还没有一个公认的 3.0 代表项目，但是 EOS 在基础技术、应用能力和创新性方面优势明显，特别是在工信部赛迪研究院公布的全球公链排名榜上，EOS 自上榜以来一直占据排名第一的位置，被认为是区块链准 3.0 的代表。

1. EOS 的基本概念

EOS 全称是 Enterprise Operation System，旨在为商用分布式应用设计的一款区块链操作系统。EOS（EOS. IO）是为 EOS. IO 区块链系统发布的基于以太坊的 Token。EOS. IO 项目由 block. one 的 CTO—Dan Larimer 主导，目标是建立一个横向和纵向都高度规模化的区块链操作系统，提供各种必要的功能和超高的处理能力，成为未来区块链世界的基础设施，让开发者可以将注意力集中在业务层。

EOS 是一个允许开发者在其协议顶端创建区块链应用（DAPP）的新平台。EOS. IO 软件引入一种新的区块链架构设计，它使得去中心化的应用可以横向和纵向的扩展。这通过构建一个仿操作系统的方式来实现，在它之上可以构建应用程序。该软件提供账户、身份验证、数据库、异步通信和跨越数百个 CPU 内核或集群的应用程序调度。由此产生的技术是一种区块链架构，它可以扩展至每秒处理百万级交易，消除用户的手续费，并且允许快速和轻松的部署去中心化的应用[①]。

① 资料来源：《EOS. IO 技术白皮书》。

2. EOS 的技术架构

EOS 令牌是基于以太坊 ERC-20 智能合约（“EOS 令牌”）的ERC-20 兼容令牌上分发。建立 EOS. IO 软件，但它不会配置和/或启动任何采用开源 EOS 的公共区块链平台。任何一个 EOS 平台的发布都将由与区块无关的社区成员来进行。启动 EOS 平台的第三方可以删除、修改或补充 EOS。

从图 4-17 的技术体系架构来看，相对比 2.0 技术架构，3.0 在底层的计算、储存、网络传输都是建立在去中心化服务上，从底层就实现了更彻底完善地去中心化，同时在核心技术共识模块上更加先进，可根据应用场景选择不同的共识模块，同时在应用层能够提供完善的开发工具及管理工具，在用户体验上实现与互联网的无缝对接。

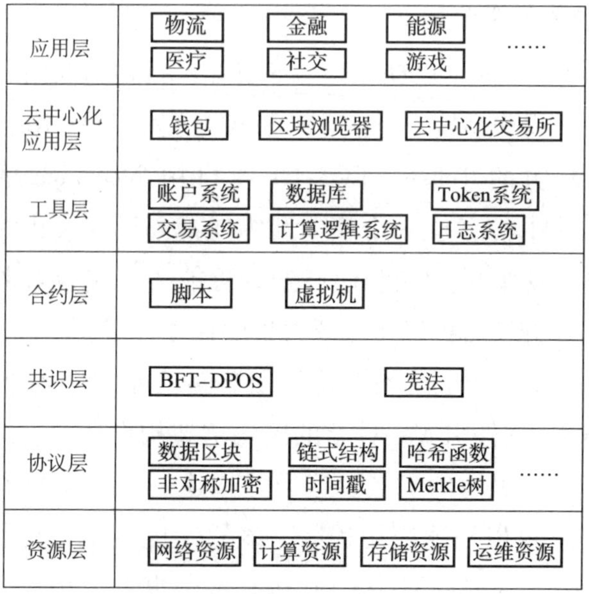

图 4-17　EOS 的技术体系架构

资料来源：根据 https：//www. jins e. com/bitcoin/187533. html 的信息整理

由于 EOS 采取 DPOS 共识算法及其他技术手段，这将实现每秒百万级别交易请求，将能够支持数千个商业级的 DAPPs。EOS 只是区块链基础架构，开发者可以自由地在 EOS 上创建公有链，链与链之间不会影响彼此的资源使用，不会出现因个别应用资源消耗巨大而造成网络大面积拥堵。另外，在 EOS 上转账与运行智能合约并不需要消耗 EOS 代币，这将吸引更多的用户。

EOS 的最大亮点要属全球 21 个超级节点。因为要想提升整个网络的效率，就必须减少节点，然而过少的节点又会对整个网络的安全性造成影响。因此，EOS 设计者提出了“超级节点”的解决方案。持有 EOS 代币的用户可以通过官网开发的智能合约投票系统进行投票，持币人可以设置在代币锁定期内的候选人账户和投票数量，每个人可以在代币数量允许的情况下同时为多个节点投票，另外持币人还可以将代币委托给他人进行代投。每轮参与选举的代币的锁定期为 3 天。只有得票数最多的前 21 个节点才能够当选为超级节点，并将 2018 年 6 月主网上线宪法产生后进行节点选举。

延伸阅读

EOS 超级节点

美国时间 2018 年 6 月 2 日 22：00（世界标准时间 UTC），这一刻，EOS 的以太坊 ERC20 代币将被冻结，生成一个包含所有 EOS 代币数量的快照，包含 EOS 代币数量的 EOS 区块链网络将由此被创建。基于快照以及 EOS 宪法草案，将形成 EOS 链的创世区块（Genesis Block）。

主链将通过密钥签署创世块的 Bootstrap（或 BIOS）服务器启动。之后，主链添加”指定超级”节点，而这些指定超级节点运转至 21 个超级节点竞选上任。

EOS 之所以要投票，是因为 EOS 采用的是 DPOS 共识算法，这种算法也被称为“委托权益证明”，模仿的是美国的民主投票制度。希望能通过投票选出 21 个超级节点，并进一步在效率与公平之间寻找到良好的平衡点。

EOS 超级节点的投票规则：

首先，拥有 EOS 账户公钥，并至少有一个 EOS 币，才有投票资格。网络带宽或 CPU 的 EOS 币都可以参与投票。经下注的 EOS 币将被锁定 3 天，这期间内被下注的 EOS 币无法进行任何交易。硬盘或内存里 EOS 币没有投票权，亦不会被锁 3 天。

其次，每拥有一个 EOS，可以投票给最多 30 个超级节点，但是这些票不能重复。每份投票将获得与所下注的 EOS 币等量地投票数。

当 21 个超级节点得到足够投票数时，通过竞选诞生的超级节点将取代指定超级节点。

最后，投票将持续进行，任何投票人可以随时改变自己的选票。

每一轮开始，超级节点将轮流出块。每一轮结束后，重新计算得票数，产生新的超级节点，继续轮流出块。投票一直持续下去，EOS 是流动的，随着不断地流入投票、取消流出，21 个超级节点随时都有被替换的可能。

截至北京时间 2019 年 3 月 31 日 18:00，EOS 21 个超级节点的具体排名情况见表 4–2。

表 4–2　EOS 21 个超级节点一览

排名	名称	国家（地区）	得票率
1	starteosiobp	中国	1.983%
2	eoslaomaocom	日本	1.939%
3	eoshuobipool	中国	1.911%
4	eosliquideos	以色列	1.896%
5	zbeosbp11111	中国	1.832%
6	eosnewyorkio	库克群岛	1.825%
7	eos42freedom	开曼群岛	1.778%
8	helloeoscnbp	中国	1.758%
9	bitfinexeos1	英属维尔京群岛	1.747%
10	eosiosg11111	新加坡	1.735%
11	atticlabeosb	乌克兰	1.717%
12	jedaaaaaaaaa	日本	1.710%
13	eosflytomars	中国	1.699%

续表

排名	名称	国家（地区）	得票率
14	eoscannonchn	中国	1.686%
15	eosswedenorg	瑞典	1.665%
16	eosriobrazil	巴西	1.649%
17	eosauthority	英国	1.621%
18	argentinaeos	阿根廷	1.612%
19	cochainworld	中国	1.567%
20	eoscanadacom	加拿大	1.532%
21	eosbixinboot	泰国	1.528%

资料来源：根据 EOSPark（https://eospark.com）公布的数据整理

自 2018 年 6 月 3 日主网上线以来，EOS 的投票率目前（北京时间 2019 年 3 月 31 日 18:00）已达到 44.27%，不仅如此，2019 年 3 月 22 日，中国电子信息产业发展研究院发布了第 11 期赛迪全球公有链技术评估指数，EOS 自上榜以来连续第十次获得综合排名第一。相信 EOS 在大规模商业应用（DAPP）方面将会带来更多的惊喜。

按照 EOS 白皮书的计划，一共需要 21 个超级节点，为整个网络提供计算和带宽支持，每一个超级节点都组织了自身的 EOS 社区，超级节点也会像现实中的城市一样去竞争发展。EOS 通过将计算力一定程度上的集中（到 21 个超级节点中），使得 EOS 能够比其他公链有更快的交易速度和容错性能。

3. EOS 的发展历程

2017 年 6 月 6 日，EOS 正式启动全球众筹活动。到 2018 年 6 月 2 日为期 350 天的 EOS 项目众筹结束为止，根据估算，EOS 的融资额达到约 700 万枚以太币，根据当时以太币的价格计算，融资额约 42 亿美元。EOS 一举夺得史上最大 ITO 的桂冠，成为币圈众筹最大赢家。其实，把这个数字放在传统金融圈里跟股票市场科技企业 IPO 规模类比，EOS 的 ITO 融资规模排名第三，仅次于阿里巴巴和 Facebook，这创造了一个不小的奇迹（见表4-3）。

表4-3 EOS的相关数据

创建日期	2017年6月6日
创始人	Dan Larimer
主网上线日期	2018年6月2日
核心团队	EOS由Block. One的商业团队运作，技术团队是以Dan Larrimer为首的十几名经验丰富的开发者
简介	Enterprise Operation System，即为商用分布式应用设计的一个区块链底层公链系统。EOS是EOS. IO软件引入的一种新的区块链架构，旨在实现分布式应用的性能扩展，被称为区块链3.0
总发行量	10亿枚
发行价	1.09美元
历史最高价	21.58美元
历史最高市值	177.61亿美元
最新交易价	5.41美元（2019年4月19日14:00）

资料来源：根据公开数据整理

北京时间2018年6月3日上午7:00，EOS主网开始上线。2018年6月15日凌晨01:50，EOS主网投票率超过15%，主网激活，正式上线。至此，EOS成功成为一条公链。

延伸阅读

公链主网上线

2018年被称为公有链的元年，底层公链相当于区块链世界的基础设施，解决方案用来拓展底层公链的性能或为商业应用提供服务支撑。只有在底层公有链扎实稳健高效运转的基础上，区块链商业应用才能发展和落地。公有链在整个区块链领域的重要性和必要性，由此可见一斑。

那如何判断一条区块链是真正的公有链呢？主网（mainnet）上线是一个至关重要的环节。

主网（mainnet）上线，才代表这是一个真正的区块链，这个Token才可以真正地被用于我们想象中的用途，即Token变公有链。具体包括以下几个步骤：

（1）公布项目的官方网站

主网是相对于测试网来说的一个网站，从开发到测试最后到正式上线，需要一段过程。测试网一般是 192 开头的一串数字，这一般只有少数的技术人员能够登陆进去，当测试完成之后，网站会正式上线。网站正式上线之后必须到工信部备案。这个动作被称为信用背书，也就是这个网站要接受政府的监督，接受投资人的监督。

（2）1∶1 映射

项目在开发的过程中要发行代币（Token），代币只有价格没有价值。那么，公有链在上主网的过程中，代币就会映射成为币，即 Coin。所谓映射实际上来源于初中数学的函数，1∶1 映射就是两者之间的函数关系是 Y=X。

例如，EOS 主网映射的期限为北京时间 2018 年 6 月 2 日 6:59:59，在此之前，用户所持有的 EOS 实际上属于一种以太坊 ERC-20 代币，在北京时间 2018 年 6 月 2 日众筹结束后的 23 小时内，基于以太坊网络发行的 EOS 将停止转账。因此，在当前 EOS 停止流通之前，用户需要将基于以太坊的 EOS 代币以 1∶1 更换为 EOS 主网币，这个过程就被称为“EOS 的主网映射”。通常来讲，映射有三种方式，手动映射、交易所映射和钱包映射。

以 EOS 上主网的过程为例，打开以太坊区块链浏览器（https：//etherscan. io），找到“项目栏-Tokens”，点击下拉菜单第一项：ERC-20 Top Tokens，而后在搜索框内输入 EOS，点击 EOS，便出现了图 4-18 的画面（这是 2019 年 4 月 28 日上午 11:40 的查询结果）。图 4-17 显示，EOS 在以太坊区块链浏览器上的最后一笔交易发生在格林威治时间 2018 年 6 月 2 日下午 9:59:59，即北京时间 2018 年 6 月 3 日上午 6:59:59。EOS 公链上主网的时间为北京时间 2018 年 6 月 3 日上午 7:00。

公布公链的区块链浏览器，这是 Token 变成公有链最为关键的环节。区块链浏览器相当于实体经济中的“企查查”。通过区块链浏览器，投资者可以查询到该公有链上每个 Token 的任何一笔交易的详细信息。区块链浏览器用来检索查询每个区块所记载的所有内容。它是一个区块链信息的主要窗口。所有区块记录的交易信息都可以在区块链浏览器中查

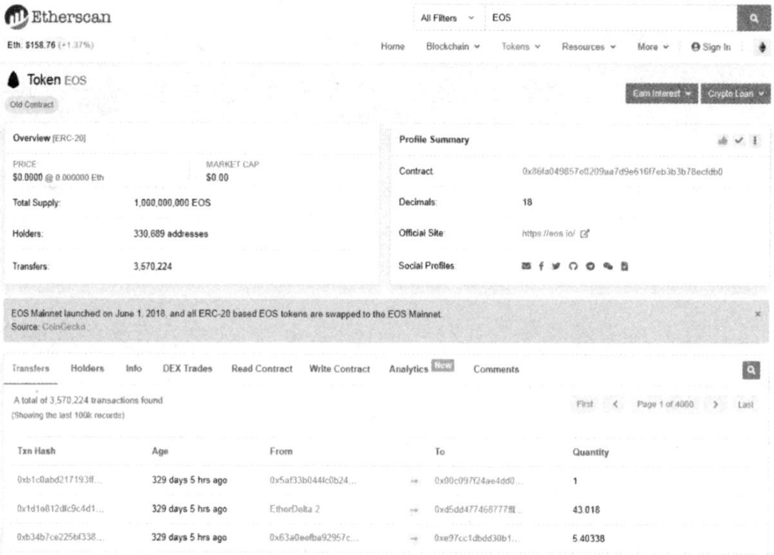

图 4-18　以太坊区块链浏览器查询结果

资料来源：以太坊区块链浏览器（https：//etherscan. io）

询到。一般区块链浏览器都可以查询区块包含的交易信息、快高度、Hash 值和发布时间等。而有些浏览器还会特别的显示全网算力、算力难度和各个区块交易历史等信息。

因此，从某种程度上说，区块链浏览器的公布意味着 Token 变公链的过程基本完成。

其实，规律都是相通的，关键是我们是否掌握了规律。区块链公链的规律并不是很复杂，只要我们掌握了几个核心要点，就可以轻松辨别 Token 公链的真伪。

按照行业目前来说区块链 3. 0 还没有形成一个全行业的共识，主要是在区块链 2. 0 基础上发展而来，也就是解决 2. 0 存在的问题，全方面提升区块链 2. 0 的性能和扩展，同时更加安全，成本更低。目前虽然还没有一个公认的 3. 0 代表项目，但是已经在可扩展性、交易速度、交易费用、共识机制等方面有了一些突破，按照目前的技术进展路线，区

块链 3.0 能够广泛地应用在大多数商业场景。区块链 3.0 技术意味着区块链技术正在成为像传统互联网技术一样的服务环境，能够实现从底层到用户友好应用到良好支持。

八、区块链的应用场景

当前，随着区块链技术逐步标准化，在各行业的应用落地开始提速。在谈及区块链技术应用场景时，我们希望用一个全新的视角去观察。

区块链，制造信任的机器，即区块链技术通过密码学、数学算法和代码学等的有效融合从根本上解决了信任问题，因此，所有需要解决信任问题的场景都是区块链技术的应用场景。

知密大学发起人、北京大学经济学博士刘昌用教授对区块链技术的应用进行了分类：整体应用、间接应用和局部应用。区块链技术的整体应用主要在三个方面：金融领域、产业平台和企业生态。区块链技术的间接应用有：yours. org、memo. cash 和通证。区块链技术的局部应用主要体现在五个方面：无币无链应用（加密和哈希）、无币区块链、Baas、联盟链和政务应用。

实际上，在互联网商业应用飞速发展的今天，全球并未形成统一规范的信用体系，因此，时时需要信任，处处离不开信任。区块链技术，作为制造信任的机器，将会应用到日常生活的方方面面。

作为“价值互联网”的重要基础设施，区块链技术正在引领全球新一轮技术变革和产业变革，正在成为技术创新和模式创新的“策源地”，引领全球新一轮技术变革和产业变革。目前，很多国家都开始积极拥抱区块链技术，开辟国际产业竞争新赛道，抢占新一轮产业创新的制高点，以强化国际竞争力，在区块链这一“新赛道”争取先发优势。更为重要的是，随着全球新一代移动通信技术——第五代移动通信技术 5G 商业应用的落地，区块链技术的应用场景将更为广阔，也会更加深入。根据 2016 年西班牙桑坦德银行（Santander）、Oliver Wyman

以及 Anthemis Group 联合发布的《金融科技 2.0：重塑金融服务报告》显示，到 2022 年如果全世界的银行全部使用区块链技术，大概每年能省下 150 亿美元到 200 亿美元的成本（见图 4-19）。

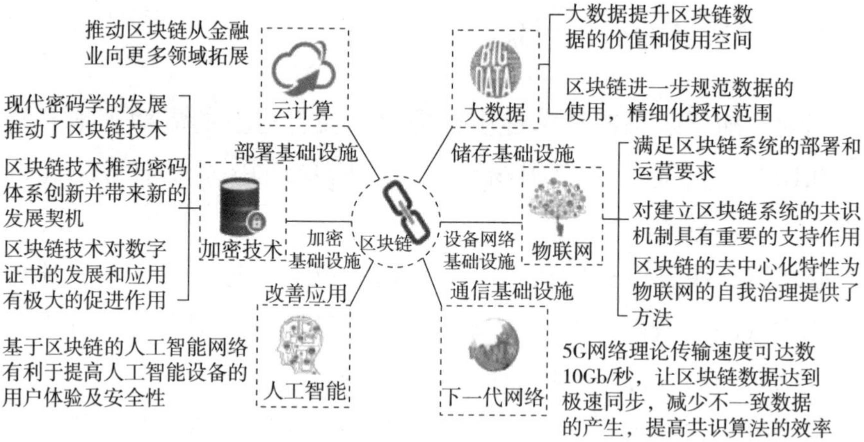

图 4-19 区块链在 5G 时代的应用场景

资料来源：根据 Miaozhen Syetem（http：//www. miaozhen. com）公布的信息整理

未来，区块链将与新一代信息技术（包括云计算、大数据、加密技术、物联网、人工智能和 5G）有效融合，而且区块链、云计算、大数据和 5G 将作为底层技术，为物联网和人工智能等应用场景的顺利实施提供基础平台，必将创造未来的美好世界。

九、区块链的“不可能三角”

传统国际金融学中有个理论称为“不可能三角”，也称为“三元悖论”，是由美国著名经济学家保罗·克鲁格曼（Paul R. Krugman）提出的，即在开放经济下，一国或地区无法同时实现货币政策独立、汇率稳定与资本自由流动，最多只能同时实现其中的两个目标，而不得不放弃剩余一个目标。与此类似，当前的区块链技术也存在“不可能三角”（见图 4-20），即无法同时实现“可扩展性”“去中心化”“安全性”这三个目标。

所谓安全性，即是否可以防止二次支付、自私挖矿等攻击，是否有良好的容错能力。可扩展性即是否支持网络节点扩展。可扩展性是区块链设计要考虑的关键因素之一。可扩展性主要考虑当系统成员数量、待确认交易数量增加时，随之带来的系统负载和网络通信量的变化，通常以网络吞吐量（Transaction Per Second，TPS）来衡量。去中心化是一种开放式、扁平化、平等性的系统现象或结构，即网络上的节点可以自由选择中心、自由决定中心。

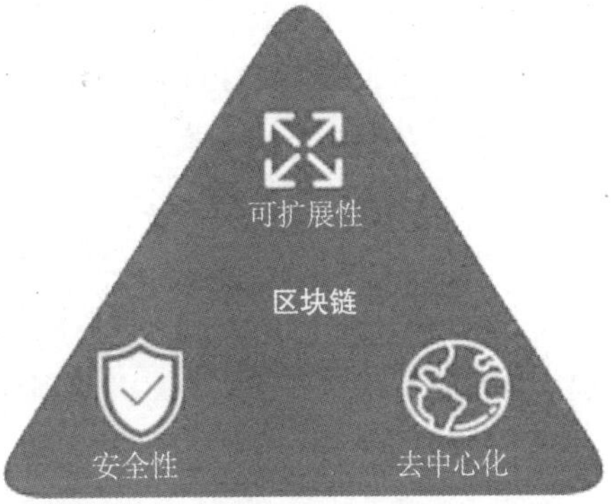

图 4-20　区块链“不可能三角”

资料来源：Algorand https：//www.sohu.com/a/255668058_354973

当前主流公链也无法解决“不可能三角”的问题。以比特币为代表的工作量证明（Proof of Work，POW）共识机制，理论上可以在节点足够多的基础上，有较高的安全性，去中心化程度表现完美。不过，可扩展性极差，速度慢、成本高。

以以太坊为代表的权益证明（Proof of Stake，POS）共识机制的基本理念是持有股份越多、时间越长，则权利越大。这在一定程度上提升效率、减少了挖矿能源浪费，但却难以避免中心化的问题。

以 EOS 为代表的股份授权证明（Delegated Proof of Stake，DPOS）或拜占庭容错（Practical Byzantine Fault Tolerance，PBFT）共识机制尽管在可扩展性方面有了质的提高，但是在安全性和去中心化方面表现不尽如人意。

表 4-4　三大主流公链在“不可能三角”上的表现

协议	安全性	可扩展性	去中心化
Bitcoin	适中	弱	高
ETH	适中	弱	弱
EOS	适中	高	弱

资料来源：根据公开的信息整理

总之，从当前的技术条件来看，尚无法实现“可扩展性”“去中心化”和“安全性”三者皆得的区块链技术。

十、区块链在中国

随着2010年中国超越日本成为全球第二大经济体，中国在全球格局中的地位与日俱增，因此，中国政府区块链技术的态度受到了全球其他国家的密切关注。

2017年9月4日，中国人民银行、中央网信办、工业和信息化部、工商总局、原银监会、证监会、原保监会七部委联合发布《关于防范代币发行融资风险的公告》，明确定性“ICO本质是一种非法融资行为，应立即停止”。

其实，仔细分析《公告》的内容，七部委实际上打击的是以区块链为幌子的“网络传销”，因此，这与党和政府对区块链的态度没有任何关系。那么，党和政府对区块链技术究竟是什么态度呢？

2018年2月26日，《人民日报》整版刊登了三篇文章：《三问区块链》《抓住区块链这个机遇》《做数字经济的领跑者》。这是官方最高级别的媒体首次公开报道区块链。

2018年3月9日，时任中国人民银行行长周小川在回答记者提问时公开表示，央行在3年前就开始组织数字货币的研讨会，随后成立了央行数字货币研究所。数字货币发展有技术上的必然性。未来可能纸质、硬币这些会逐渐缩小，甚至不存在。

2018年4月10日，现任中国人民银行行长易纲在博鳌亚洲论坛年会上公开表示，央行正在研究数字货币，希望数字货币能发挥更多正能量。

2018年4月11日，中国人民银行统计司前司长、中国人民银行参事盛松成在博鳌亚洲论坛上公开表示，和20年前的互联网是一样的，央行对区块链的态度是中性的，只要不违法就可以做。

2018年4月13日下午，习近平总书记在庆祝海南建省办经济特区

30 周年大会上郑重宣布，党中央决定支持海南全岛建设自由贸易试验区，支持海南逐步探索、稳步推进中国特色自由贸易港建设，分步骤、分阶段建立自由贸易港政策和制度体系。

2018 年 4 月 14 日，国务院支持海南全岛建设自由贸易试验区，形成了“南海南，北雄安”的局面。

2018 年 4 月 30 日，火币集团旗下火币 labs 和天涯社区签订战略合作协议，双方将在海南共建“全球文创区块链实验室”。同时，火币中国总部将正式迁入海南，入驻海南生态软件园。

2018 年 5 月 17 日，中华人民共和国工业和信息化部赛迪全球公有链技术评估结果官方发布平台正式在中国电子信息产业研究院主页上线，28 条公有链将成为首期评估对象，其中以太坊以基础技术分 80. 3 分、应用性分 23. 7 分、创新性分 25. 4 分、总分 129. 4 分高居第一位。

2018 年 5 月 28 日，习近平总书记在中国科学院第十九次院士大会、中国工程院第十四次院士大会上讲话时表示，进入 21 世纪以来，全球科技创新进入空前密集活跃的时期，新一轮科技革命和产业变革正在重构全球创新版图、重塑全球经济结构。以人工智能、量子信息、移动通信、物联网、区块链为代表的新一代信息技术加速突破应用。

2018 年 6 月 1 日，《人民日报》海外版第八版发文《玩转区块链技术是关键》称，区块链将是第四次工业革命的关键技术。文章称，中国区块链产业生态初步形成。同时，中国已开始着手建立区块链国家标准，计划从顶层设计推动区块链标准体系的建设。

2018 年 6 月 28 日，中华人民共和国工业和信息化部官网发布意见征集：全国区块链和分布式记账技术标准化技术委员会筹建方案公示，这意味着区块链作为一个行业将在中国正式诞生。

2018 年 7 月 16 日，《人民日报》理论版刊发山东社会科学院财政金融研究所所长、山东省中国特色社会主义理论体系研究中心研究员张文的文章《引导区块链产业健康发展》。

2018 年 8 月，人民日报出版社策划出版《区块链——领导干部读本》一书。《区块链——领导干部读本》和此前由人民日报出版社出版的《人工智能——领导干部读本》《数字中国——领导干部读本》等图书已形成系列。

区块链技术的价值在于信任和连接。在当下互联网时代，如何有效地实现全球互联互通并创造共享共赢的局面是各行各业，包括各国政府非常关心并希望有效解决的问题，区块链是唯一最有效的解决方案，因此，在中国，党和政府对区块链技术的态度是一贯的，即大力发展区块链技术，加快区块链技术的应用。

正是党和政府对区块链技术一贯支持的态度，中国区块链技术发展硕果累累。根据国家知识产权局的统计，截至 2018 年 8 月，世界主要国家的区块链专利数为 1300 多件，中国年度公开的区块链专利数已经达到了 1065 件。剔除外国公司在我国申请的专利数量，本土企业、单位和个人公开的专利数为 1001 件，已经远超 2017 年全年 860 件的专利量。

每个人都是庞大社会网络中独一无二的节点，从烽火、飞鸽、无线电波到即时通信，与我们相连的节点不断增多。当我们越走越远时，却发现世界越大，信任越难抵达。互联网实现了人类社会部分信息在互联网上的传递和分享，区块链则可以实现包括人类社会所有数字信息、数字资产及实际资产在内的全部信息在价值互联网上的可信任的传递和分享，解决了互联网的信任问题。互联网和区块链存在其中一个很重要的意义是实现现实社会到虚拟社会的映射，其中互联网可实现信息的映射，区块链则可以实现价值的映射。

区块链技术被认为是继蒸汽机、电力、互联网之后，下一代颠覆性的核心技术。如果说蒸汽机释放了人类的生产力，电力解决了人们基本的生活需求，互联网彻底改变了信息传递的方式，那么区块链作为构造信任的机器，可能彻底改变整个人类社会价值传递的方式。

2019 年 1 月中旬，5G 商业应用正式落地，这意味着一个全新时代的到来。作为数字经济 3.0 时代最为重要的底层技术，区块链和 5G 技术将会与物联网、人工智能等产业有效融合，提升这些行业的科技附加值，从而创造新的商业奇迹。

参考文献

[1] 李钧，龚民，毛世行，高航．数字货币——比特币数据报告与操作指南[M]．北京：电子工业出版社，2017.

[2] 大数据战略重点实验室．块数据 3.0 [M]．北京：中信出版社，2017.

[3] 徐明星，刘勇，段新星，郭大治．区块链：重塑经济与世界 [M]．北京：中信出版社，2016.

[4] 董超．一本书搞懂区块链技术应用 [M]．北京：化学工业出版社，2018.

[5] 长铗，韩锋，等．区块链：从数字货币到信用社会 [M]．北京：中信出版社，2016.

[6] (英) 西蒙·迪克森．没有银行的世界 [M]．北京：电子工业出版社，2017.

[7] 冯翔，刘涛，吴寿鹤，周广益．区块链开发实践 [M]．北京：机械工业出版社，2018.

[8] 李伟．区块链蓝皮书——2018 中国区块链发展报告 [M]．北京：社会科学文献出版社，2018.

[9] 工业和信息化部信息中心．2018 年中国区块链产业白皮书 [R]．2018.

[10] 清华大学互联网产业研究院．2018 区块链技术应用白皮书 [M]．2018.

[11] Joseph Bonneau, Arvind Narayanan, Andrew Miller, Steven Goldfeder and Edward Felten. Bitcoin and Cryptocurrency Technologies: A Comprehensive Introduction [M]. Princeton University Press, 2016.

[12] Brant, G., Ethereum [M]. White paper: A Next - generation Amart Contract and Decentralized Application Platform [EB/OL]. https://github. com/ethereum//wiki/wiki/White-paper, 2018.

[13] Richard L. Sandor. Electronic Trading& Blockchain: Yesterday, Today and Tomorrow [M]. World Scientific Publishing Co. Pte. Ltd., 2018.

第五章 通证一波三折

随着区块链概念的普及，特别是以太坊及其订立的 ERC 20 标准智能合约的出现，任何人都可以基于以太坊的智能合约发行自定义的 Token。由于 Token 的发行门槛和成本极低，而且这一领域起初是监管空白，因此，发行 Token 成为首次代币发行（Initial Coin Offerings，ICO）的普遍做法。

2017 年，随着 ICO 在全球范围内的风靡，“Token”开始被译为“代币”，并被人们广泛接受。不过，由于 ICO 在全球基本是监管空白，加上发行 Token 的成本和门槛极低，再配合中国国内直销模式，最后均演变为“庞氏骗局”，很多老百姓变成了真正的“负翁”。

由于 ICO 乱象不仅严重扰乱了国内正常的金融秩序，而且直接破坏了社会稳定，为了扭转这种局面，2017 年 9 月 4 日，中国人民银行、中央网信办、工业和信息化部、工商总局、原银监会、证监会、原保监会七部委联合发布《关于防范代币发行融资风险的公告》，明确定性“ICO 本质是一种非法融资行为，应立即停止”。

新政之后，又有为数不少的项目打着国外基金会的旗号，不但顺利完成了 ICO，而且登录与国内相关的交易平台，以区块链之名行“割韭菜”之实，相当数量的投资者经历了两次以上“腰斩”，损失在九成以上。

不仅如此，随着全球最大期货交易所芝加哥商品交易所（Chicago Merchandise Exchange，CME）和芝加哥期权交易所（Chicago Board Options Exchange，CBOE）在 2017 年底先后推出比特币期货，比特币受到了市场的狂热追捧，2017 年 12 月 16 日，比特币的价格创出历史新高 20000 美元/枚。在比特币的带动下，其他数字货币的价格均动能十足，并创出历史新高。

不过，随着 ICO“热潮”的退却，加之数字货币市场获利盘的抛压，比特币价格从 2018 年初开始一路下滑，最大跌幅一度接近 90%，以太坊价格的最大跌幅一度接近 95%，其他数字货币的价格更是可想而知。

数字货币市场的“哀鸿遍野”让所有的投资者开始深思：作为区块链的衍生品，Token 真的没有出路？Token 是区块链商业应用的灵魂，那么，该如何设计 Token 模式从而为实体经济服务？带着这些问题，接下来本书将对 Token 的前世今生以及未来的发展一一剖析。

一、什么是 Token

Token，源于古英语的 Tacen，有符号、标志、证据的意思。在网络通信时代以前，一些被制作成圆形扁平的身份标牌、赌场筹码等被称为 Token，并逐渐具有了代表某种价值的功能。

很多人认为，Token 是与区块链相伴相生的。实际上，在区块链技术诞生之前，20 世纪 70 年代，Token 已经应用于网络通信中，是一个计算机术语，本意是“令牌”。IBM 曾经推过第一个 4Mbps 的局域网协议——Token Ring Network（令牌环网）。网络中的每一个节点轮流传递一个令牌，只有拿到令牌的节点才能实现通信。这种令牌也可以理解成一种暗号，暗号被授权一定的操作权限，只有暗号对得上，你才有权利行使这部分的操作权限。因此，无论是令牌，还是暗号，其实都是一种权利，或者说权益证明。

传统的人与人之间价值交换，如现金、电子货币等，已经不能满足这个时代的要求。Token 所代表的，可以是一切权益证明，比如股权、债权、版权、投票权、专利权等一切有价值的东西。这些与我们当前所讨论的作为区块链衍生品的 Token 意义有很大差别。

区块链的 Token 被广泛认识，则归功于以太坊智能合约及其订立的 ERC-20 标准。基于以太坊 ERC-20 标准，很多项目方采取发行 Token 的形式来进行 ICO（Initial Coin Offerings，译为“代币首次发行”），Token 一词也因此和币（Coin）挂钩，被国内广泛译为“代币”。

2017 年 11 月底，这个“约定俗成”的译法在中关村区块链产业理事长元道与孟岩的对话中被推翻，他们提出了一个新的译法，即通证，意思就是“可流通的加密数字权益证明”，这个 Token 可以代表任何权益和价值，而不仅仅局限于数字货币。

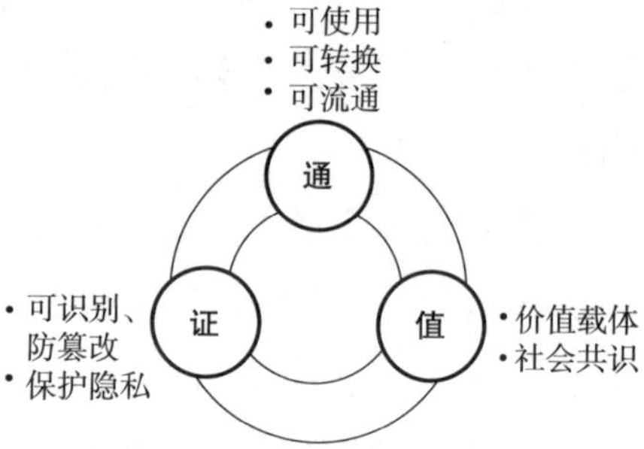

图 5-1 Token 的内涵

资料来源：根据 https：//pcedu. pconline. com. cn/1192/11921880. html 信息整理

“通”，即流通；“证”强调的是一个凭证或者证明。而这个证明，远远超出传统意义上的货币概念，Token 终于再次回归其最初的含义（见图 5-1）。

二、通证三要素

通证有三个要素，缺一不可，即数字权益证明、加密和可流通。

第一是数字权益证明，即通证必须是以数字形式存在的权益凭证，它代表的是一种权利，一种内在价值。其背后的载体可能是股权、债券，可能是票据、积分等。通证的这种价值属性，来源于社会对其价值背书方信用的认可，即共识。因此，通证是共识经济的关键钥匙。

第二是加密，即通证的真实性、防篡改性、保护隐私等能力，由密码学予以保障。每一个通证，就是由密码学保护的一份权利。这种保护，比任何法律、权威和枪炮提供的保护都更坚固、更可靠。

第三是可流通，即通证必须能够在一个网络中流动，它是可以参与交易、转让、兑换等，从而实现价值转移，从而随时随地可以验证。

试想一下，我们现实世界的各种权益证明（比如股权、债券、票据、积分等），甚至各种标准或非标准的商品和服务，都可以数字化、Token 化，在区块链世界里流通，那世界将会变成什么样子？"人类的资产和价值，可能将完全被激活。"这就是 Token 化的理想世界。

三、Coin 与 Token 的关系

在区块链领域，大家经常会听到 Token 和 Coin，在使用这些概念的时候也存在混用的情况，但其实 Token 和 Coin 是两个不同的概念。

Coin 的中文意思是"硬币、钱币"，在区块链领域应用的第一个 Coin 是 Bitcoin。由于区块链是比特币的底层技术，因此，区块链领域的 Coin 通过加密技术创造出来，可以实现价值存储，这与传统金融领域的 Coin 是有区别的。不过，两者有一个共同点：它们都有内在价值。美国联邦储备委员会的资产负债表中资产部分有"Coin"一项，这也从侧面说明 Coin 是有内在价值的。

关于价值，不同的角度会有不同的解释。归纳起来，价值是标志着人与外界事物关系的一个范畴，它是指在特定历史条件下，外界事物的客观属性对人所发生的效应和作用以及人对之的评价。所以，任何一种事物的价值，从广义上说应包含两个互相联系的方面：一是事物的存在对人的作用或意义；二是人对事物有用性的评价。当这两个方面能够达成一致，事物的价值是稳定的，否则，事物的价值就会出现波动，甚至是剧烈波动（见表 5-1）。

表 5-1 美联储资产负债表

资产	负债
黄金券账户	联邦储备券
特别提款权证券账户	存款
硬币（COIN）	其他存款
贷款和证券	递延贷项目
承兑汇票	其他负债
联邦机构义务	资本账户：
美国政府直接购买的证券：	缴入资本
根据回购协议持有的美国政府证券	盈余
托收中的项目	收入、支出和股息
中转票库	本期收入
银行营业地	扣除
其他资产	总资本账户
待摊费用	总负债和资本账户

而Token真正为人们所熟知是在以太坊ERC-20标准出来之后。Token是遵循了以太坊ERC-20的一种合约代码，它是一种数字资产，由基于区块链的项目发行，可以作为其生态系统内的一种支付方式。就这一点而言，Token与Coin执行类似的功能。

由于全球各国对数字货币领域的监管政策千差万别，很多国家在这一领域甚至是监管空白，因此，Token的价值出现了偏差，即Token对于人的意义和人对Token的评价差别过大，而且没有权威（或者国家监管机构）给出评价标准或判断，Token的发行五花八门，发行后乱象丛生。

基于此，本书对广义通证进行了分类，将广义支付类通证和（智能合约类）底层公有链广义通证定义为Coin，其余的六种，包括中间层协议通证、闭环通证、应用层效用类通证、证券类通证、其他权益类通证和不可置换通证，均为狭义Token。

以太坊诞生之后，Vitalik Buterin团队展开了一系列工作，开发了一系列智能合约。ERC代表“Etherum Request for Comment”，这是

Ethereum 版的意见征求稿（RFC），包括一些关于以太坊网络建设的技术指导。EIP 表示以太坊优化协议（Ethereum Improvement Protocol），是一个进行代码修改并提交到平台加以接受的过程。改进方案中包括协议规范和合约标准。一旦 EIP 被委员会批准并最终确定，它就成为 ERC。

Vitalik Buterin 团队展开了一系列努力，开发了一系列智能合约。由于 ERC-20 标准不仅使用方便，而且为开发人员提供了美好的蓝图，开发者站在巨人的肩上，从而很容易创造出优秀的通证和 DAPP，因此，ERC-20 标准不仅是以太坊智能合约体系中使用最为广泛的，而且它的存在对加密货币世界产生了深远的影响。不过，金无足赤，人无完人，ERC-20 标准也不例外（见图 5-2）。

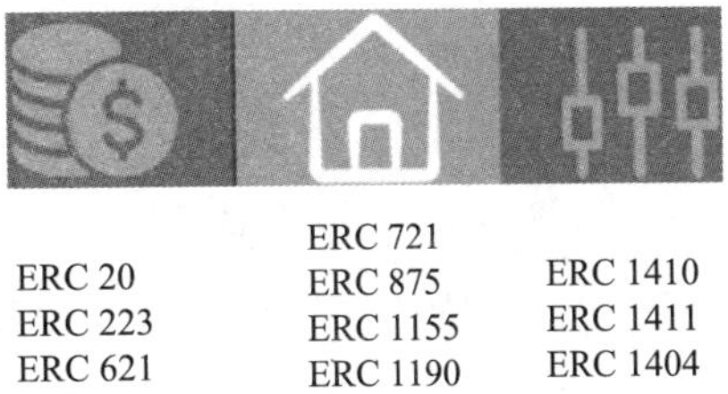

图 5-2 以太坊 ERC 家族谱

资料来源：根据公开信息整理

随着通证应用场景的不断拓展，不同领域和不同行业之间通证的互通性成为一个问题。ERC 721 标准应运而生。ERC 721 标准描述了一个不可互换的通证（Non-Fungible Tokens，NFTs），这意味着每个通证是完全不同的，并且每个通证对不同的用户都有不同的价值。

ERC 1410 为 STO 环境中使用的一个以太坊协议标准。ERC 1410 是一种以太坊上实现 STO 的技术方案，它兼容 ERC 20 和 ERC 777 标准的证券型通证发行标准，引入了部分同质化通证（Partially Fungible Token Standard）的概念。

2015 年 7 月 30 日，以太坊智能合约诞生之后，基于以太坊智能合约开发的 Token 进行融资的行为和先前通过比特币进行融资的行为有了本质区别。因此，本书将以太坊诞生之前以比特币为载体的区块链融资行为称为 ICO，而将基于以太坊智能合约开发的 Token 进行融资的行为称为 ITO。严格意义上说，以太坊是 ICO 的最后一个项目，EOS 是 ITO 最成功的项目。

四、区块链与通证

通证与区块链看似两个独立的事物，但是，在商业氛围浓厚的当下，通证与区块链其实是最佳拍档：通证是区块链最具特色的应用，或者说是区块链商业应用的灵魂。没有通证，区块链的魅力就大打折扣。

区块链，作为制造信任的机器，核心价值在于以分布式共识实现去中心化的经济组织模式，而密码技术是实现这一功能的关键技术。通证只是在这个技术应用中引入的一个逻辑对象，是一种特定技术的应用方法。如果通证不用区块链，在别的技术条件下也可以实现。但是，如果两者相结合一起使用，它们就像一只鸟的两个翅膀，搭在一起才能飞得高。

为什么这么说呢？因为通证有自身的优势：一是发行与流通公开透明；二是流动性非常好；三是交易去中介。但是，目前全球各国对于通证领域的监管还没有达成共识，而且在法律层面还处于探索阶段。在资本本质逐利的特点已经到极致的今天，某一个领域没有政府监管和法律监督，这个领域一定是泥沙俱下，鱼龙混杂，最后是“一地鸡毛”。区块链中的非对称加密技术可以从技术角度来保障通证的技术真实性。

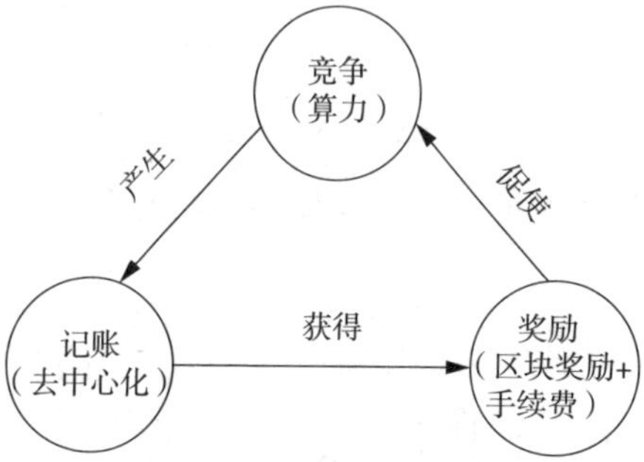

图 5-3　区块链经济系统

亚洲区块链学会创会会长、香港区块链资产管理有限公司总裁蔡志川博士曾就“区块链世界里的利益”有一段精辟的描述：中国有个成语，唯利是图（晋·葛洪《抱朴子·勤求》：“由于夸诳，内抱贪浊，惟利是图。”），意思是一心追逐利益，别的什么都不顾。其实，做事情希望获得利益是人之常情。正如《孙子兵法·作战篇》所讲的，要使将士们英勇杀敌，便要激发他们同仇敌忾的士气，要使士卒勇于夺取敌军的物资，便需借助物质奖励。所以无论在古代，还是现代的社会，如果没有利益的共同体，没有利益的驱动，大家一起做事情是很难有结果的（见图 5-3）。

在区块链的经济系统里，正是因为有了通证奖励，并向全网直播，所有节点以算力为标准展开竞争获得记账权，公平、公开和公正的原则得到了最佳体现。通过区块链技术和经济激励模型设计建立一系列公开公正的规则，让商业活动可以在无人干预和管理的情况下自主运行，引领大家认真地做事，有着共同的利益。不仅如此，透过区块机制来把大家的利益共同连在一起，即通证经济。如果大家都持有通证，所有参与者都会把精力放在提升通证价值上，让通证的流通和应用产生价值，达成共识，为所有参与人带来利益。这是我们要走的道路，我们的正途，即“惟利是途”。

由于“通证+区块链”有效地解决了所有参与人的利益问题，所以，所有参与人的共识极易达成，而且黏性非常高，从而形成有效的合力，把事情做好做成。

另外，随着信息技术的发展，人类社会步入一个新的阶段：由于人们获得信息的成本几乎为零，人与人之间由信息不对称到信息对称。美国华盛顿特区经济趋势基金会总裁杰里米·里夫金（Jeremy Rifkin）在其书《零边际成本社会》中写道：当边际成本降到几乎为零的时候，一种新的经济形式诞生了，就是共享经济。因此，共享经济是移动互联网技术发展到一定阶段的必然产物。网络与大数据分析实现了资源供需双方的精准高效匹配，极大地降低了个体之间碎片化交易的成本。同时，共享经济的发展也推动了超级链接网络的形成，通过对社会闲置资源的充分利用，强化了人与人、人与物、物与物之间的连接。

然而，如何实现互联网时代利益快速精确地分配是一个突出的问题。区块链集体维护的特点以及通证流动性好和数字化的特点能够很好地解决这一问题。

不仅如此，区块链技术适合于加密的去中心化通证，但这种技术不仅局限于底层数据库技术，还非常适用于通证的发行、登记和流转，实现价值转移。区块链对于通证流动性的重要意义在于：可以使单一的通证以极低的成本进行流通：在世界各地都可以接受同一数字通证，数字通证没有物理介质，消除了国际间汇款成本、携带成本以及兑换成本（见图5-4）。

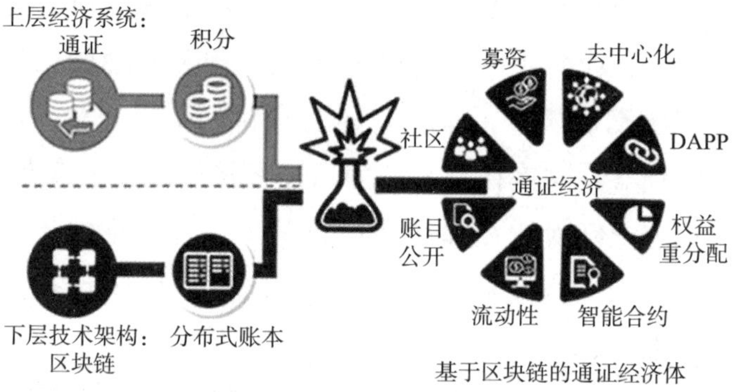

图5-4 区块链与通证

资料来源：根据 https：//item. jd. com/12425078. html 整理

最为重要的是，"通证+区块链"这个组合的诸多优点使得其应用场景越来越多，从而形成一个经济体系，即通证经济。

五、通证经济——数字经济发展的新阶段

人类社会每一个阶段的重大进步都和技术进步有关。随着区块链技术的日益成熟以及加密货币市场的规范发展，一种新的经济发展模式诞生。

（一）什么是通证经济

人类社会的文明，都是建立在通证之上的，所有的账目、所有权、资格、证明等都属于通证的范畴。如果通证全部数字化、电子化，并且以密码学来保护和验证其真实性、完整性、隐私性，那么人类文明将迎来崭新的一页，即通证经济时代。

由于通证是区块链商业应用的灵魂，因此，通证经济是指借助通

证这一加密数字资产的金融属性，把标准或者非标的商品及服务进行通证化映射，让它们在区块链的空间内进行低摩擦甚至零成本的交易和切割，将数字资产的金融业务充分衍生出来的一种资源配置方式。作为一种全新的资源配置方式，通证经济具有以下优点。

第一，提高资产的流动性。在当前的金融制度下，实现大类资产的类型转换需付出相当的成本，而且隐性成本极高。而基于区块链的通证经济系统可有效解决这一问题，包括股票、债券、不动产、无形资产、金融衍生品在内的各种金融资产都可以实现上链，极大地打破了资产形态的限制，并以极低的成本实现价值跨链流通和交换。

第二，降低成本。区块链技术使得每一个组织和个人现在都可以很轻松地把自己的承诺书面化、“通证化”、市场化，这是人类社会从来都没有的能力。而且，由于非对称加密技术的应用，通证流转和交易极其可靠，不仅大大降低了流通和转账的成本，而且纠纷和摩擦将大幅减少。

第三，有效提升用户的体验感，特别是实现收益方面。在传统经济时代，衡量整个社会经济发展的一个重要指标是货币流通速度，在互联网经济时代，衡量一个国家或城市发达程度的一个重要指标是网络速度，那么在“互联网+经济”的时代，通证的流通速度将成为最重要的衡量指标之一。因为通证的流通速度越快，则通证价值升值的空间越大，用户获得收益的等待时间就越短，用户的体验感就越好，从而形成良性循环。

第四，有利于提升监管的有效性。区块链技术提供的分布式记账系统使得所有数据真实存档，追溯方便，无法篡改。而且通证经济结合区块链“代码即法律”（Code is Law）的特点，可以将很多规范直接写入智能合同里。不仅如此，基于区块链的通证经济可在相当程度上消除信息不对称、收入差距日益扩大以及非理性情绪产生的根源，使得经济社会更加健康发展，开创人类信息社会下新的通证经济范式。

第五，充分体现“人人参与，人人获益”的共享经济理念。在分配制度和方式上，基于区块链的通证经济一改当下财富分配过多倾向于资本要素的分配方式，而是实现了开发团队、矿工、区块链社群成员以及投资人相对平衡的共享权益。

当然，由于技术的限制以及人们认知有待提高，通证经济的很多优点还没有充分发挥出来，因此，如何结合当下的现状找到通证经济发展的有效路径显得尤为重要。

（二）通证经济的发展路径

在丹尼尔·贝尔（Daniel Bell）看来，人类的生存史就是一个从服从由“命运和机遇控制”的自然秩序，到由“理性和熵支配”的技术秩序，从而构建由“共同情操和感情纽带”连接的道德秩序并不断逼近交往共识的社会进程。

区块链技术以及由此产生的数字货币之所以在全球引发如此大的争议，最根本的原因在于全球对于区块链技术，特别是数字货币还没有达成共识。诺贝尔经济学奖得主 Thomas Sargent 表示：“其实，在每一个新技术产生时都是机遇与‘泡沫’并存的，比如 1998 年的互联网和 2018 年的区块链与虚拟数字货币。”对于虚拟数字货币，Sargent 认为：“客观来说，所有货币都是泡沫，因为当一种资产交易价格高于基础价值时候就是一种泡沫。我给你一美元，虽然它就是一张纸，但是因为你我承认其交换价值，使得这个价值得以维系。一旦有人不认同了，价值共识链条也将断裂。”

延伸阅读

关于泡沫

金融是现代经济的核心，有金融参与就有泡沫滋生的土壤。随着经济虚拟化特征的日益明显，加之互联网的深入发展使得用户获取信息的成本几乎为零，也彻底改变了用户之间沟通交流的方式。因此，在现代经济社会，泡沫现象随处可见，而且往往被贴上“贬义”的标签，真的是如此吗？

借此机会，笔者以啤酒泡沫为例，和大家探讨究竟什么是泡沫，泡沫是好还是坏，如何看待现实生活中的“泡沫”。

一、什么是泡沫

泡沫，英文是 foams，是气体在液体中的分散体系，气体是分散相，液体是分散介质。泡沫的形成非常简单，只要向起泡剂（表面活性剂或高分子化合物）溶液中通入气体，在溶液表面即有泡沫生成。

泡沫有两种聚集态：一是稀泡，即气体以小的球型均匀分散在较黏稠的液体中；另一种是浓泡，是结构为多面体气泡的堆积。浓泡才是真正的泡沫。

泡沫的产生需要一定的附着物，经济泡沫也不例外，它的产生同样需要载体。

专家认为，啤酒泡沫是由于啤酒在发酵过程中会产生啤酒花、麦芽汁和酵母菌等一种特殊的蛋白质，溶解在啤酒中，具有“起泡”作用，另外，在装瓶时，啤酒瓶被充入了大量的二氧化碳。当啤酒瓶被打开时，瓶内压力下降，二氧化碳在啤酒液中的溶解度降低，就会被释放出来。这个过程中，“起泡蛋白质”将释放的二氧化碳气泡包裹起来，形成泡沫浮在啤酒液的表面。

因此，无论是何种泡沫，泡沫内装载的气体是二氧化碳。

二、泡沫的作用

夏天马上到来，又到了喝啤酒的季节。为什么许多人喜欢喝啤酒？因为，啤酒泡沫对人的身体是有益的，具体表现在：

（一）泡沫会减轻啤酒的苦味

大家知道，啤酒中的苦味来自啤酒花，如果啤酒的制作工艺粗糙，啤酒的苦味会比较浓，而且持续的时间较长。啤酒泡沫能大大降低啤酒的苦味，使得口感清爽。

（二）泡沫的产生和破灭能够产生愉悦感

啤酒泡沫的产生以及逐渐破灭会舒缓人的神经，提升视觉感受，以便在炎热的夏季让燥热的心情得以平复。

（三）泡沫有利于消暑解渴

由于啤酒泡沫中含有大量的二氧化碳，随着泡沫的消解和二氧化碳伴随“酒嗝”的释放，体内的热量能够有效地排出，从而起到清凉的功效。

三、啤酒泡沫的“天敌”

由于很多人对啤酒泡沫的功效不甚了解，所以，经常会用筷子插入酒杯中，泡沫很快消失了。理论上说，啤酒泡沫一般持续的时间在200~300秒。实际上，啤酒泡沫有两大“天敌”：

（一）温度

由于啤酒泡沫内装载的是二氧化碳气体，因此，温度成为啤酒泡沫的第一大“杀手”。啤酒的温度越高，泡沫内二氧化碳的压力就越大，泡沫持续的时间就越短，反之亦然。

另外，泡沫有缓解啤酒中苦味的功效，如果啤酒温度较高使得啤酒泡沫持续的时间短，啤酒中的二氧化碳不足，显得平淡不爽口。如果啤酒的温度过低，啤酒泡沫则变少，啤酒的苦味加重，口感不佳。

由于啤酒一年四季都可以喝，所以，在春季和秋季，啤酒的最佳温度为10℃，在夏季，啤酒的最佳温度在5~6℃，在冬季，啤酒的最佳温度以10~15℃为宜。

（二）油

啤酒泡沫的另一大“天敌”是食用油。常见的食用油多为植物油脂，油脂能够有效降低溶液的表面张力，破坏泡沫存在的基础。所以，当嘴上有油时，建议用餐巾纸擦净后再喝啤酒，口感会更好。

四、“金融泡沫”的前世今生

笔者借此讨论啤酒泡沫是以此为契机，探讨如何有效认知现实生活中的“金融泡沫”或“经济泡沫”，并加以有效控制。

有金融参与就有泡沫滋生的可能。人类金融泡沫史就是从17世纪的荷兰开始的。1609年，荷兰成立阿姆斯特丹银行，这是世界上第一家近代银行。金融的兴起为荷兰快速成为全球经济的霸主奠定了一定的基础。

不过，人性的贪婪以及监管的缺失，人类史上第一次“金融泡沫”

破灭就发生在荷兰。荷兰郁金香泡沫是人类有史以来第一次记载“金融泡沫”（见图 5-5）。

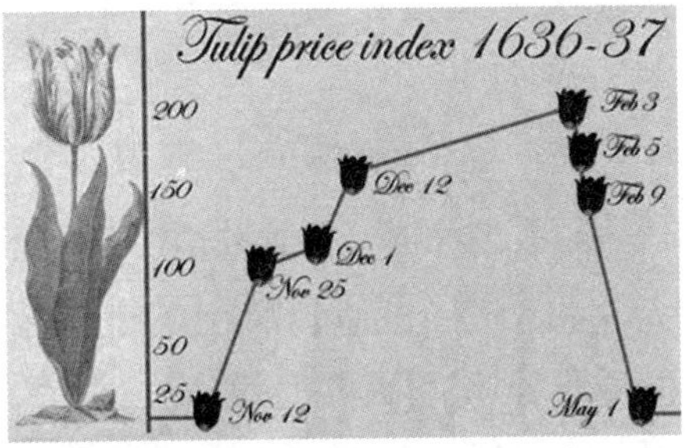

图 5-5 郁金香泡沫

资料来源：历史上第一次金融泡沫，其实也还是这么点事！http：//www.sohu.com/a/148134965_152957

实际上，自 17 世纪以来，世界上还有两次最大的金融泡沫，即英国南海公司泡沫以及法国密西西比公司泡沫。

关于泡沫产生的原因，诺贝尔经济学奖获得者、美国耶鲁大学席勒教授认为，泡沫由投机所致，“所谓投机泡沫，是指不是由真实的价值和基本面信息所引起，而是由投机者购买行为所造成的价格增长”。金德尔伯格在其著作《疯狂、惊恐和崩溃：金融危机史》中认为，投机泡沫简单地说就是市场过热。

从啤酒泡沫的两大“天敌”来分析，金德尔伯格的观点抓住了要害。从经济学原理看，投机泡沫破灭的根本原因是市场过热使得投机标的的价格严重偏离其价值，最终价格回归价值，甚至略微价值使得参与者纷纷逃离投机市场，从而使得市场归于消亡，泡沫破灭。

与大家探索“泡沫”的目的是从各个角度去认识“泡沫”，从而做到有效地趋利避害。

泡沫本身是中性的，而且在某些时候，泡沫是有益的，关键是要把握好“度”。每一次的泡沫，都是人性贪婪的表现，而且只要是泡沫，一定会有破灭的一天。比如，啤酒泡沫只能持续 200 ~ 300 秒，这是规律，也是常识。另外，从“泡沫”的另一个天敌——油来分析，要消除“泡沫”滋生的土壤，油的存在是关键。在现实生活中，“油”代表了一种更好的生活。所以，让越来越多的人过上富足的生活是消除泡沫最有效的办法，正所谓“仓廪实而知礼节”。不过，这需要一个很长的过程。

作为一种新兴的经济模式，通证经济能快速获得业界的认可，充分说明区块链技术的应用前景。但是，通证经济并没有被广泛接受，说明这种新型的模式还有很多不完善的地方。因此，通证经济的发展路径一定是朝着实现多方共赢的局面而努力。

著名华裔科学家张首晟在《区块链世界到底是如何形成的》一文中指出，在区块链的世界里，底层是数学，中层是法律，上层是经济行为。数学的形态是最精准的，在精准的定义下，共识也最容易达成。

由于网络空间和现代社会基于"中心化"信任的失灵，由于互动的主体从人与人扩展到人与机，人们试图将对"他者"的信任转至符号或系统。与人际信任不同，数字信任所面向的不是具体的他者，而是抽象化的原则、符号或程序。信任不再是人与人之间的交付，而是人们各自基于对系统的认同和共识做出的理性选择。系统中的个体可以保持匿名，不需要互相了解、建立基于人品的信任，而可以将信任托管给系统。

换言之，信任成为个体博弈生成的自发秩序，工具理性、程序认同得以彰显，人格、德性、伦理在信任上的功能弱化。

区块链技术便是在这样一个时代背景下诞生的。人们希望集成博弈论、密码学等技术，构造一种新的技术治理机制，在网络空间达成一种基于数学的信任，即对确定性、同一性和合法性的认同。

以数学信任为基础，人际信任转变为人机信任，这只是通证经济模式走出了第一步。接下来，法律规范是通证经济需要考虑的第二个层面的问题。

根据美国1933年《证券法》的精神以及美国证券交易委员会的执法准则，合法合规最为重要的标准是保护投资人的利益。因此，在目前全球还没有对这种新模式有专门法律监管的情况下，或许结果论是一种不错的选择，即所有参与者能够实现共享共赢。

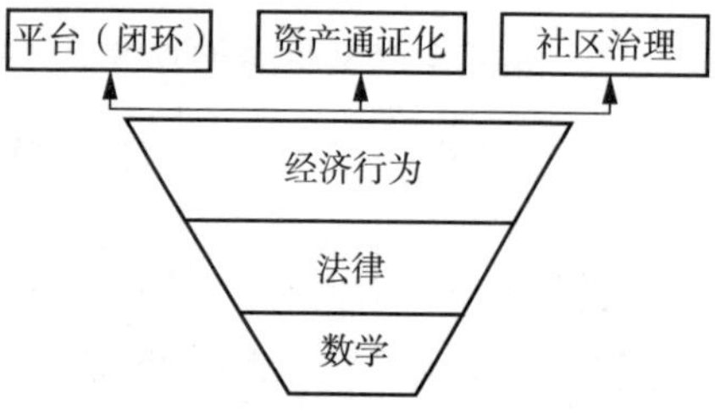

图5-6 通证经济发展路径

为了实现所有参与者共享共赢的局面，通证经济的模式在第三个层面——经济行为的设计上要符合三个标准，即符合实际、逻辑通畅和具有可操作性（见图5-6）。

因此，通证经济的发展路径是

以区块链架构为基础，结合当下共享经济的大背景以及因共享经济带来的商业逻辑的变化，在经济行为的设计上包含三个方面：以闭环平台为基础，借助资产通证化，并利用社区治理的方式，实现所有参与方共享共赢的局面。

（三）通证经济的实施路径

20 世纪下半叶，随着信息技术的飞速发展，我们生活的各个方面都发生了巨大变化。进入 21 世纪，移动互联网彻底改变了我们的生活方式，区块链则将改变我们的命运。

1. 信息对称后的闭环商业生态

通证经济时代，消费者和投资人史无前例地融合在一起，而且往往消费者和投资人身份重叠，这是互联网时代，特别是通证经济时代非常重要的一个特点，所以，消费者和投资人在通证生态中统称为用户。

在传统商业时代，商家和消费者之间信息不对称，只有买错没有卖错。尽管所谓的“商道”经常说“客户是上帝”，但是在经济关系里，只有两个概念：一个是商家；另一个是客户。客户是谁？谁买了我的东西，谁向我付钱，谁就是我的客户。所以，在传统商业时代，商家想方设法把商品卖给更多的客户，而且是越多越好。

但是，在互联网时代，随着信息传递的成本接近于零的时候，商家和客户的信息不对称基本消除，特别是免费消费时代到来之后，使用商家商品的消费者与实际支付商品价格的人发生了错位，而且这种情况非常普遍。使用商家商品的消费者被称为用户，用户使用商家的商品，但是用户未必向商家付款。不仅如此，当用户开始使用商品后，用户和商家的联系才刚刚开始。商业环境变了，商业规则也随着发生了变化。

对商家来说，想方设法让用户通过使用产品和服务来感知你的存在，感受到你的价值是所有工作的中心。在传统商业时代，商家只要把商品卖出去了，任务就完成了，至于售后服务，那些都不重要了。

但是，在互联网时代，商家必须全天候为用户提供服务，而且要服务好用户，时时刻刻让用户感受到你的存在，否则，用户就会离你而去，不仅如此，用户还会让更多的准用户避而远之，这种后果对商家来说是不可承受的。因为，互联网时代产品的本质就是服务。总结为一句话：要持续不断地提升用户的体验感。

不仅如此，自2008年中本聪提出比特币后，区块链技术去中心化的设计给买卖双方之间的交易关系带来了新的变革。它打破了当前以物资所有权为基础、以中心化机构信用背书为基础的经济关系。

与此同时，经济过剩成为全球新问题。经济过剩使得经济资源出现过剩：在企业层面，表现为闲置库存和闲置产能；在个人层面，表现为闲置资金、闲置物品和认知盈余①。共享经济，恰恰是一种通过大规模盘活经济剩余而提升经济效益的资源配置方式。共享经济借助“互联网+”的技术，以更低成本和更高效率链接整个社会的经济剩余资源，使得闲置的资源被重新激活，并赋予价值。其中，低成本且高效的链接是共享经济的关键。而这种链接要持续高效，利益分配成为关键要素。

当下的商业环境变了，商业逻辑必须进行微调，主要体现在以下三方面。

第一，实体商业盈利方式发生了变化。在传统商业时代，商家想方设法把商品卖给更多的客户，而且是越多越好，商品价格卖得越高越好。在互联网时代，随着信息传递的成本接近于零的时候，商家和客户的信息不对称基本消除，商家希望将商品以更高价格卖给更多客户的愿望基本落空，由于商品过剩，很多商品只能折价出售，不仅如此，场地租金、人工成本高居不下让实体商家苦不堪言。因此，实体商家的盈利方式从正向获取利润变为从反向降低成本。

第二，商品“暴利”时代一去不复返。随着互联网应用的深入，

---

① 布赖恩·克雷默．分享时代：如何缔造影响力［M］．北京：中信出版社，2016.

信息透明化以及卖方市场向买方市场的转化使得实体商家希望通过出售商品获得超额利润的时代已经成为过去，而且是成为永远的过去。

第三，抱团取暖才是上策。如今早已不是大鱼吃小鱼的时代，而是群鱼吃大鱼的年代。一个人干不过一个团队，一个团队干不过一个系统，一个系统干不过一个趋势。团队+系统+趋势=成功。一个人可以走得很快，一群人会走得更远。只有合作，你的价值才能放大，只有合作，你的价值才能保持长久。要知道，一滴水只有放在大海才不会干枯。目前，中国企业正在经历从单体合作向生态圈商业模式的转型，这是中国企业发展模式最新也是影响深远的一次变革。

鉴于此，在区块链时代，任何项目在设计的过程中能否实现闭环的商业生态是这个项目能否最终成功的核心，不仅如此，项目的进口要小，出口要大。因此，通证经济的实施路径第一步是构建闭环商业生态。

2. 资产通证化是催化剂

在当前的金融制度下，实现大类资产的类型转换需付出相当大的成本，有些甚至根本不可行。现实中，民营企业面临“三座大山”：市场的冰山、融资的高山、转型的火山。对绝大多数实体企业来说，这三座大山都是不可逾越的。

不过，基于区块链的通证经济系统可有效解决“资产变为资本”的问题，包括股票、债券、不动产、无形资产、金融衍生品在内的各种金融资产都可以实现上链，而基于这些资产的通证可实现快速、低成本地兑换，区块链经济系统极大地打破了资产形态的限制，并以极低的成本实现价值跨链流通和交换。

首先，和一般权益凭证不同的是，区块链技术将许多从前无法量化的权益通证化。区块链的去中心化让弱价值被重视、被支付。通证不仅在支付上可以碎片化，而且让网络本身有了存储价值、使用价值。

其次，通证给数字空间增加了经济学维度，从而使之成为一个真正的立体空间。在区块链下，用户在平台/网络的行为将被纳入某种经济模型，将被奖励通证，参与行为越多或质量越高，被分配的通证越多，用户可以获得通证收益，也可以利用通证参与价值交换，还可以因持有通证而分享平台/公司因自己的行为而实现价值的增长。

其实在任何一个市场，无论是金融交易市场还是其他市场，确权和交易是市场参与者考虑的两个最核心要素。因为资产的流动性直接决定了资产本身的价值和其未来发展的潜力。

资产通证化解决了资产确权的问题，但是要让通证化后的资产顺利交易，还有一个关键的步骤——资产上链。所谓资产上链就是将物理世界的实物资产以及产生于数字世界中的资产映射到公有区块链上并生成数字凭证的过程。

资产上链使整个交易流程完全在链上完成，所有数据都同步在全网各个节点上，实时更新交换数据，使得整个过程更加清晰透明，无须外部第三方机构的介入，不仅成本大幅降低，效率也显著提高。在区块链上，可以通过跨链技术，实现各链之间相互连通的状态，各链用户和流通资产相互共享，可去中心化地在区块链网络中实现快捷、便利的点对点交易，从而促进了资产流通的整体效率。中国证券登记结算公司总经理姚前曾发文表示，基于区块链的分布式账本技术（Distributed Ledger Technology，DLT）在为各方提供了技术保障的一致性和真实性的可信共享账本的同时，还可以有效实现信息的持续披露。

同时，将实体资产映射为数字化凭证，以技术手段实现数字化凭证的拆分，在技术上实现了产权的份额化，有利于减低参与门槛，让更多的人参与到新技术带来的红利分配中来。

尽管资产上链有诸多好处，但是，以下两个环节值得关注。

（1）公有链的综合性能非常重要

就目前区块链项目而言，发展逻辑基本是遵循“底层公链→解决方案→项目应用”。2019 年 2 月 26 日，赛迪研究院公布了最新一期（第十期）全球公链综合排名，EOS 再次排名第一，这也是 EOS 自上榜以来连续第九次排名第一。尽管 EOS 目前争议不断，但是基于 EOS 开发的 DAPP 已经高达 458 个。未来的世界，一定是建立在去中心化的基础上的，谁能用自己的底层架构支撑这个世界的运转，谁就能成为公链的领袖，从而成为新经济模式的王者（见图 5-7）。

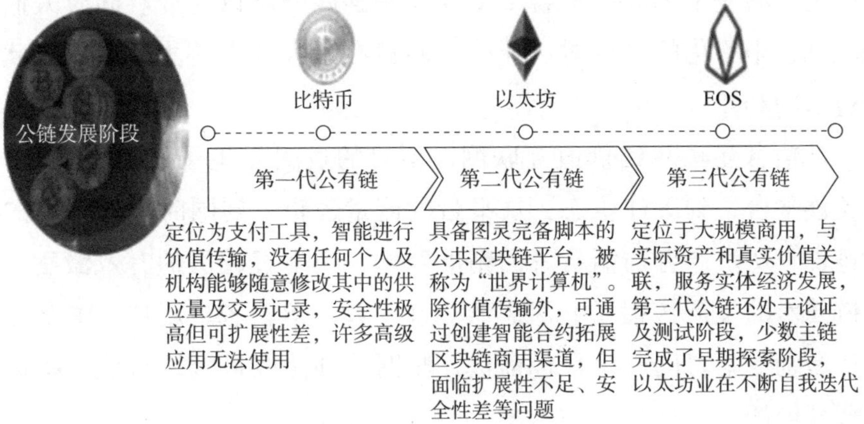

图 5-7 公链发展历程

（2）上链过程的真实性至关重要

资产上链的映射过程是非常关键的一环。如果不能确保上链过程映射的真实，不能在链下与链上形成有效闭环，那么即使有再好的公链技术确保链上的可信环境也是枉然。

所以，资产上链是一个系统化的工程，需要在不断地实验和实践中进步与完善。不仅如此，伴随着资产上链，企业上链和行业上链成为区块链经济行为能否最终实现共享共赢局面的重要步骤。

究竟是企业上链为先还是行业上链为先，笔者认为应该具体问题具体分析。企业上链的终极目标是行业上链，因此，对于集中化程度较高的行业，行业上链一步到位；对于集中化程度不高、差异化较大的行业，企业上链先行。

3. 社区治理实现共赢

互联网技术的发展带来了共享思维，信息互联网的基础逻辑是“流量逻辑”，核心功能是“精准匹配”。流量逻辑是由中心化的互联网平台来落实的，互联网平台协助各方完成精准匹配。随着共享经济等平台模式的兴起，互联网平台达到一个高峰。但是，共享经济和互联网线上线下融合发展，流量逻辑的不足开始显现：线上流量难以和线下匹配，商业主体间的利益平衡仅靠精准匹配难以完成。同时人们也关注到，中心化的平台对产业生态圈拥有过大的影响力，也常借此获得过多的利益。

从信息互联网到价值互联网，项目的逻辑发生了根本性的变化：从关注平台，到关注生态；从平台的流量逻辑，到同时关注生态的价值逻辑；从生产者与消费者的精准匹配，到生态成员的有效激励。区块链技术的发展传播了共赢思维。开发者、运营者、用户、基金管理方被激励着朝着同一个目标前进，联网的办法改进传统行业，将带来颠覆性创新。

“天下熙熙，皆为利来，天下攘攘，皆为利往。”其实，利益是每个人做人做事的动力所在，只要这些利益“取之有道”即可。因此，合理的利益分配是项目顺利开展并获得最终圆满结果的核心所在。

对于一个成熟的生态来讲，价值分配模式是第一要务。现阶段通证的最大功能是扩大经济活动的协作边界，持续运营并高速增长。只有在价值分配上达成共识，智能合约的开源、公有链性能提升以及数据上链才能顺利推进。

区块链的技术变革，改变了生产要素的组织模式与收益分配方式，更像一场技术、经济和社会因素叠加在一起的高维度实践，是在多方协作下基于通证化实现激励共融的非零和博弈。

近几年，国内诸多 ITO 项目最终“一地鸡毛”，很重要的一个原因是项目都是脱实向虚，无法实现商业落地并价值增值。其实，实体经济是现代化经济体系的“底座”和“根基”，只有实体经济才是创造价值的根本。实体经济是金融的根本，金融是实体经济的血脉，实体经济与金融之间就像水与鱼之间的关系，缺一不可。

不仅如此，在嫁接实体经济时，消费是首选。根据国家统计局公布的数据显示，从 2015 年起，最终消费支出对 GDP 增长的贡献率均在

55%以上，说明消费已经成为中国经济发展的第一引擎。另外，随着居民生活水平的日益改善，消费者表达个性和自我的欲望变得更加强烈，精神因素变得越来越重要，因此，实体经济、消费，特别是个性化消费都是通证经济在社区治理过程中必须要考虑到的。

在通证经济时代，消费者具有了多重属性，他们既是产品的消费者，又是生产的参与者，成为生产要素的一部分。同时，也享有最终收益的分配权。区块链将释放社群内在的潜能，真正实现“众智、众包、众评、众享”的分布式自治组织（Distributed Autonomous Organization，DAO）及分布式自治公司（Distributed Autonomous Corporation，DAC），这将成为更高经济运行效率的新组织体（见图 5-8）。

图 5-8 通证经济的实施路径

资料来源：根据 https：//item. jd. com/12425078. html 整理

当通证经济体系被要求区块链社区稳定，减少市场投机行为、价格波动等影响时，最佳选择一般会强化通证的管理功能，弱化通证的价值功能。

在未来，区块链治理机制是由多共识组成的社区自治，高度的社区共识将是区块链治理未来最重要的目标。未来，一切资产都可以数字化、通证化，随着计算机算力的提升、公有链的完善和数据的逐步打通开放，每个人都将成为区块链生态体系的参与者、贡献者、获利者。公有链的治理由社区全员共同决定，社区成员既是系统的使用者，也是系统的管理者，社区成员的多少影响甚至决定着公有链系统的性能和安全性，只有通过激励机制才能让更多的人参与到公有链社区中来，凝聚更多的共识，让项目理念向广大的人群传播开去。

公有链系统通过激励机制是成员节点最大化自身收益的个体行为与保障区块链系统的安全和有效性的整体目标相吻合，并达成网络共识，从而使得系统中每个环节的参与者都能获得自己的回报，进而分工明确，积极地完成各项工作，让系统在很大程度上免受各种威胁和攻击，实现公有链的正常运行。扩展到应用层，激励层通过相应机制的设计，能够推动开发者共建区块链应用，促进区块链生态的繁荣，形成一个符合实际、逻辑通畅的大系统，从而践行共享共赢的理念。

六、总结

联合国秘书长安东尼奥·古特雷斯（António Guterres）在为《2017年信息经济报告：数字化、贸易与发展》作序时写道：数字经济才刚刚起步，但已可以确定，数字经济已经将继续在全球范围内对我们的生活、工作和经济发展方式产生变革性的影响。当下，数字经济已经成为全球各国寻求可持续发展的重要机遇。不仅如此，中国数字经济的发展潜力值得期待。《2018 全球数字经济竞争力发展报告》蓝皮书公布的数据显示，在 2018 年全球数字经济发展上，中国竞争力水平得分 63. 05，位居第二，而且与美国的差距在明显缩小。

互联网技术的发展带来了共享思维，区块链技术的发展传播了共赢思维。作为数字经济发展的新阶段，通证经济正在崛起。通证经济在区块链技术的支撑下，在数字经济中开辟了新的维度空间，创造了全新的商业生态。随着区块链技术商业应用的逐步落地，通证立足于实体经济、为实体经济服务的趋势日益明显。随着人类信息化程度的提高，不同通证之间的兑换成本会更低，进而以臻于零，通证的流通周转速度会更快，进而有效解决目前实体经济存在的“市场的冰山、融资的高山和转型的火山”，推动实体经济有效转型并在新的形势下重新焕发活力，切实实现所有中国人的中国梦。

参考文献

[1] 杨昂然，黄乐军．区块链与通证：重新定义未来商业生态［M］．北京：机械工业出版社，2018.

[2] 叶开．Token 经济设计模式［M］．北京：机械工业出版社，2018.

[3] 吴桐．广义通证经济的内涵、逻辑及框架［J］．广义虚拟经济研究，2018（4）.

[4] 高晓松．区块链最打动我的是可以衡量弱价值［EB/OL］．http：//www. lianmenhu. com/blockchain-9228-2.

[5] 张议云，李夏炜，冯志东．共享经济——红利分配新模式［M］．北京：清华大学出版社，2018.

[6] 马化腾，张孝荣，孙怡，蔡雄山．分享经济［M］．北京：中信出版社，2018.

[7] 盘和林．以技术引领共享经济［EB/OL］．人民网——人民日报海外版，2018-11-19.

[8] 张永军，张影强．“互联网+”：发展分享经济的引擎［N］．光明日报，2016-04-07.

[9] 通证经济实践联盟．通证经济的模型与实践［Z］．2018-07.

[10] 周鸿祎．周鸿祎自述——我的互联网方法论［M］．北京：中信出版社，2014（8）：43-44，57.

[11] 亿欧智库．2018 年区块链行业应用研究报告［R］.

[12] 清华大学互联网产业研究院．2018 区块链技术应用白皮书［R］．2018.

[13]（美）丹尼尔·贝尔．赵一凡，等，译．资本主义文化矛盾［M］．北京：三联书店，1989.

[14] 火币研究院．全球区块链产业全景与趋势报告（2018 年上半年）［R］．2018.

[15] 经济日报评论员．牢牢把握扩大内需这一战略基点［N］．经济日报，2018-07-13.

第六章 证券类通证发行与资产数字化

2018 年，对于加密货币和区块链行业来讲，是非常惨淡的一年。随着主流数字货币比特币和以太坊价格的直线下跌，其他数字货币价格走势更是惨不忍睹，很多数字货币直接被数字货币交易所下架。另外，随着各国，特别是中国对 ICO（实际上是 ITO）监管的逐步升级，ITO 在 2018 年全线溃败。

俗话说：有问题就会有解决办法。正当全球 ITO 市场逐渐萎缩甚至消亡的时候，一种新的融资模式创新在数字资产行业中流行起来，即 STO。

由于先前 ITO 市场缺乏监管，市场乱象丛生，所以被广为诟病。其实，从某种程度上来说，一个行业接受监管是这个行业真正健康发展的开端。因为 STO 需在确定的监管框架下，按照法律法规、行政规章的要求，进行合法合规的通证公开发行，所以 STO 就凭借其“IPO 的区块链版本”或“合法化的 ITO”特质迅速成为市场热议话题，而且很多人认为，STO 是金融科技的第三次浪潮，即将在未来成为新的风口，引领数字化时代的趋势。

STO 真的有如此大的魅力吗？它会是下一个数字化时代的趋势吗？STO 与 ICO、ITO、IPO 的关系怎样？目前全球 STO 监管的现状如何？STO 在中国的前景如何？带着这些疑问，本章将一一为您解读。

一、何谓通证发行

通证发行（Security Token Offerings，STO）源于ST（Security Token），ST诞生于2017年，开始只是在美国受到美国证券交易委员会监管的区块链Token产品，它受到瞩目的焦点在于是应该被豁免还是被纳入证券体系。

延伸阅读

美国证券交易委员会

美国证券市场是目前世界上最庞大、最发达的证券市场，其市场规模、股票流通性以及市场发育程度在世界上都是首屈一指，被公认为运行最自由、管理最严格的证券市场。作为美国资本市场监管体制的核心组成部分，美国证券交易委员会以其运作的及时性和高效性，成为众多国家学习的标杆。

正所谓：他山之石，可以攻玉。在我国经济高速发展和转型的关键时期，资本市场的稳定和健康发展至关重要。鉴于此，笔者将从美国证券交易委员会的成立背景、宗旨和原则、监管体系等一一介绍。

一、美国证券交易委员会的成立

美国资本市场发展成为全球最有活力的资本市场也不是一蹴而就的，其中，1929年的全球大萧条是一个重要的契机。

1929年10月29日是纽约证券交易所最具灾难性的一天，股市一开盘几乎全线垂直下跌，单日下跌达18.5%，史称“黑色星期二”。在随后的几周里，股票继续下跌，没有任何力量可以阻止，随之而来的是企业大量倒闭，银行破产，美国股市由此进入漫长的熊市。由此引发了经济危机，随后蔓延至整个资本主义世界。

纽约股市崩溃发生之后，美国参议院对股市展开调查，发现存在大量严重的操纵、欺诈和内幕交易行为。时任总统罗斯福痛下决心对证券监管体制进行根本性的改革，建立了一套行之有效的法律监管构架。

随后，美国国会分别通过了《1933 年证券法》（*the Securities Act of* 1933）和《1934 年证券交易法》（*the Securities Exchange Act of* 1934）。根据《1934 年证券交易法》，美国第一次在联邦层面设立了全国性的“美国证券交易委员会”。旨在通过向投资者和市场提供更可靠的信息和明确的诚实交易规则，恢复投资者对资本市场的信心。

时任美国总统富兰克林·德拉诺·罗斯福（Franklin Delano Roosevelt）任命约瑟夫·P. 肯尼迪（Joseph P. Kennedy）① 担任 SEC 首任主席。

二、美国证券交易委员会的原则和宗旨

投资的世界是迷人而复杂的，它可以非常富有成效。但与由联邦政府担保存款的银行业不同，股票、债券和其他证券可能会贬值。没有保证。这就是为什么投资不是一项观赏性的运动。到目前为止，对投资者来说，保护他们投入证券市场的资金的最佳方式是进行研究并提出问题。

另外，资本市场有两个常识性的概念。①公开发行以投资为目的的证券的公司必须向公众披露有关其业务、出售的证券以及投资风险的真相。②出售和交易证券的人——经纪人、交易商和交易所。必须公正和诚实地对待投资者，把投资者的利益放在首位。

因此，美国证券交易委员会的使命是保护投资者，维护公平、有序、高效的市场秩序，促进资本形成。SEC 致力于促进一个值得公众信任的市场环境。

为了有效地保护投资者，美国证券交易委员会非常重视投资者教育。为了支持投资者教育，SEC 在这个互联网网站上向公众提供了丰富的教育信息，其中还包括埃德加披露文件数据库，上市公司必须向 SEC 提交这些文件。

三、美国证券交易委员会的构成

美国证券交易委员会是根据《1934 年证券交易法》成立的直属美国

① 美国第 35 任总统约翰·肯尼迪（John Fitzgerald Kennedy，1917 年 5 月 29 日—1963 年 11 月 22 日）的父亲。

联邦的独立准司法机构，负责美国的证券监督和管理工作，是美国证券行业的最高机构。证券交易委员会的总部在华盛顿特区，拥有5名经总统提名并由国会投票通过的委员、5个职能部门和23个办事处，大约有4600名员工分布在华盛顿和全国各地的11个地区办事处。美国证券交易委员会具有准立法权、准司法权、独立执法权（见图6–1）。

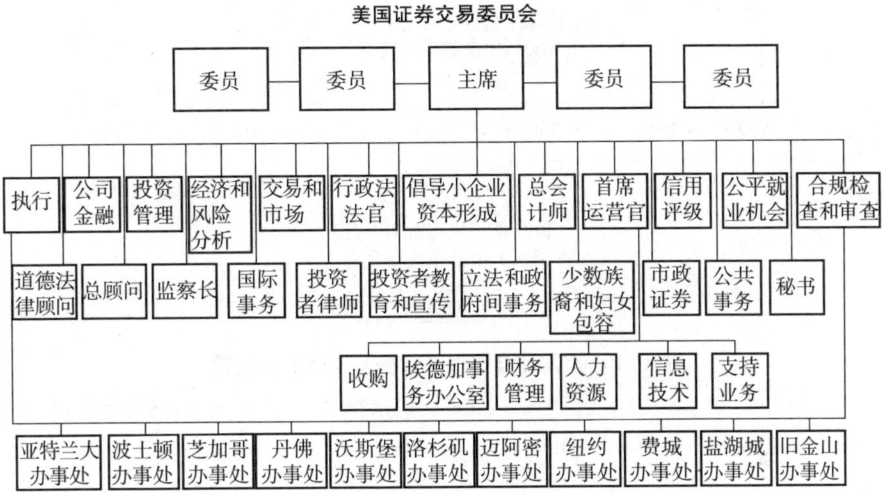

图6–1　美国证券交易委员会组织结构

资料来源：根据 https：//www. sec. gov/about/secorg. pdf 的信息整理

美国证券交易委员会委员任期为5年，并且是错开的，因此一个委员的任期在每年的6月5日结束。主席和委员如在任期届满后仍未换届，可在任期届满后约18个月继续任职。为了确保委员会保持无党派，同一政党的委员不得超过3名。目前，美国证券交易委员会主席是Jay Clayton。Jay Clayton于2017年1月20日被唐纳德·特朗普总统提名为美国证券交易委员会主席，并于2017年5月4日宣誓就职。

四、美国证券交易委员会的法律体系

美国证券交易委员会所依据的最著名的证券监管法是《1933证券法案》（*Securities Act of* 1933），它以保护投资者，尤其是广大中小证券投资者为基本出发点，常被称作“证券中的真相”法（Truth in Securities Law）。基本内容包括：证券投资者有权利获得在市场公开发售证券公司的所有财务信息和其他重要信息；禁止证券掮客、证券交易者、证券交易机构等在证券销售中对投资者进行欺诈、提供虚假信息等任何欺骗行为（图 6-2）。

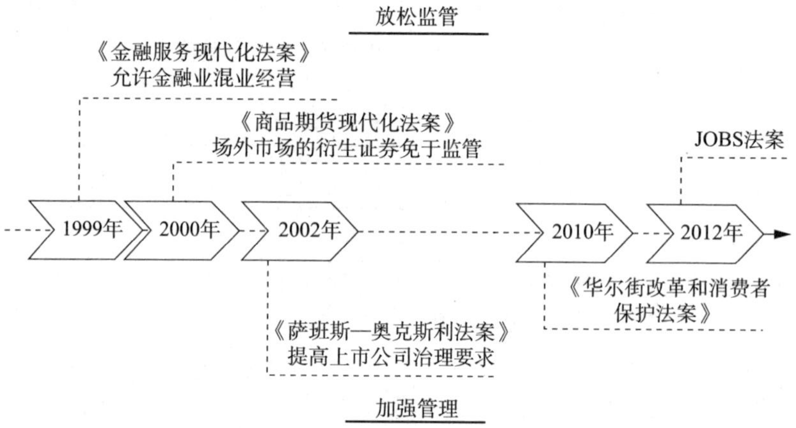

图 6-2　美国证券监管从放松监管到加强监管

资料来源：鲁公路，李丰也，邱薇．美国新股发行制度改革：JOBS 法案的主要内容［EB/OL］. www.csrc.gov.cn，2014-06-10.

目前，美国证券交易委员会还负责七部证券相关法律的执行工作，包含：《1934 年证券交易法》（*Securities Exchange Act of* 1934）、《1939 年信托契约法》（*Trust Indenture Act of* 1939）、《1940 年投资公司法》（*Investment Company Act of* 1940）、《1940 年投资顾问法》（*Investment Advisers Act of* 1940）、《2002 年萨班斯—奥克斯利法案（*Sarbanes-Oxley Act of* 2002）》《2010 年多德—弗兰克华尔街改革和消费者保护法》（*Dodd-Frank Wall Street Reform and Consumer Protection Act of* 2010）和《2012 年创业企业融资法》（*Jumpstart Our Business Startups Act of* 2012，简称 JOBS 法案）。

实际上，美国之所以强大和繁荣与美国拥有完善的法律体系是分不开的。1926 年，美国将建国 200 多年以来国会制定的所有法律（《独立宣言》《联邦条例》和《宪法》除外）加以编撰整理，按照 50 个项目（Title）系统地分类编排，命名为《美国法典》（*United States Code*，USC），首次以 15 卷的篇幅发表，这是第一版《美国法典》。1964 年出版了修订版，此后每年均会有修订版。

商品和证券交易在《美国法典》的50个项目里是第17个（Title 17-Commodity and Securities Exchanges）。

五、总结

在市场经济条件下，没有投资者的参与，市场不可能存在。如果投资者的参与程度不够，市场将逐渐萎缩，最终消亡。因此，投资者的参与和参与程度决定着市场的兴衰。鉴于此，许多国际组织和政府在立法过程中非常重视投资者和投资者保护。

在成立至今的85年里，美国证券交易委员会在保护投资者方面不遗余力，为美国资本市场的健康稳定繁荣做出了卓越的贡献。

由于ST的核心在S（Security，证券）上，因此，理解证券的确切含义就显得尤为重要。“证券”一词系指任何票据、股票、国库股票、证券期货、基于证券的掉期、债券、公司（信用）债券、债务凭证、任何利润分享协议项下的权益或参与证券、担保信托证券、公司设立前的证券或认购权、可转让股份、投资合同、有表决权的信托证券、证券存托凭证，石油、天然气或其他矿产权的小额未分割权益，与证券、证券存托凭证、与任一证券（包括存款证券）、一组证券或证券指数（包括其中或以其价值为基础的任何权益）有关的任何卖出权、买入权、马鞍式期权组合、期权或优先权，或在与全国性证券交易所中与外币有关的任何卖出权、买入权、马鞍式期权组合、期权或优先权，或被普遍视为“证券”的任何权益或工具，或与上述任何一项相关的权益或参与证券、暂时或临时证券、凭证、担保证券、认股权证或认购或购买权利证明①。

既然ST的核心是S，即证券，那么T（Token，通证）就是ST的表现形式。ST，证券化通证是以传统资产和权益为价值支撑，具备证

① 刘军稳，鄢圣鹏．1940年美国投资公司立法［M］．北京：新华出版社，2007.

券属性的通证。它借由区块链技术并接受证券法监管的任意价值体系。

STO，全称为 Security Token Offerings，即证券型通证发行，是一种财产权的有价凭证，持有者可以依据此凭证，证明其所有权或债权等私权的证明文件。STO 是以 ST 为载体所进行的证券发行和募资行为，在确定的监管框架下，按照法律法规，行政规章的要求，进行合法合规的通证公开发行，是现实中的某种金融资产或权益转变为链上加密数字权益凭证，以现实世界各种资产、权益、服务的数字化。

二、STO、ICO、ITO 与 IPO 的关系

作为一种新的金融工具，很多人对 STO 并不是很了解，对 IPO、ICO 和 ITO 会比较熟悉。对于金融市场流行的几种融资模式，切实弄清 STO、IPO、ICO 和 ITO 之间的关系显得非常必要。

IPO、ICO、ITO 和 STO 都是一种融资方式，但是，其内涵、使用条件和监管情况大不相同。

IPO（Initial Public Offerings），即首次公开发行股票，是指股份公司首次向合规投资者公开招股的发行方式。IPO 的发行主体是企业，发行形式是股票，证券监管机构根据申请公司近年来的企业财务状况、盈收情况等，决定是否予以 IPO。IPO 是公司制时代最为重要的一种融资方式。

在中国，公司 IPO 必须具备的条件包括：股份公司具备上市的条件，经营时间在三年以上，连续三年盈利；经营要合法、合规，并且符合国家的产业政策，近三年内没有重大违法行为；公司的股东出资按时到位，不存在虚假出资的情况；公司持有股票面值达人民币 1000 元以上的股东人数不少于 1000 人，向社会公开发行的股份达公司股份总数的 25%以上；公司股本总额超过人民币 4 亿元时，其向社会公开发行股份的比例为 15%以上等[①]。因此，IPO 上市融资的难度是最大

① 中国证券监督管理委员会《首次公开发行股票并上市管理办法》第 26 条。

的，当然，投资者利益受保护的程度也是最高的。

ICO是比特币出现并受到追捧之后的产物。ICO（Initial Coin Offerings），即首次币发行，源自股票市场的首次公开发行（IPO）概念，是区块链项目首次币发行，募集比特币的行为。

ICO的发行主体可以是企业、个人或项目团队，发行形式是加密货币。由于ICO的发行形式是加密货币，是有价值的，因此，ICO的最后一个项目是以太坊，即截至2015年7月30日，此后以这种形式融资的行为不是真正意义上的ICO，而是ITO，即发行的是基于以太坊智能合约开发的代币。

尽管从比特币诞生到以太坊第一个智能合约出现（2015年7月30日）经历的时间并不短，但是，比特币真正为世人所知并受到追捧是2012年，因此，ICO持续的时间并不长。由于ICO发行的是币（Coin），尽管ICO当时并没有政府监管，但是，从实际效果看，ICO项目的风险并不是很大，而且收益颇丰。

ITO（Initial Token Offerings），即首次代币发行，与ICO仅一字之差，是区块链项目募集比特币、以太坊等主流数字货币或资金的行为。这里的Token绝大部分是基于以太坊的智能合约开发的代币。

ITO的发行主体可以是企业、个人或项目团队，发行形式是代币（Token），由于ITO是ICO的延续，唯一的区别是Token与Coin。相较Coin，Token不仅没有价值基础，而且发行门槛极低，再加上市场没有有效监管。所以ITO市场鱼龙混杂，混乱不堪。

没有约束的自由就是放纵，一个没有监管的市场与人类史上最野蛮、最残酷的屠宰场并无本质的区别。从近年来市场上的ITO项目发行情况可以看出，根据安永（Ernst and Young）统计，2017年进行首次代币发行（ITO）有86%都跌破发行价，更有30%的ITO一文不值。

事实上，唯有管控，才是一个行业走上正轨的开始。ITO的没落、STO的兴起就是明证（见表6-1）。

STO以实际基础资产为依托，以Token作为载体发行，某种程度上是一种合法合规的ITO，在监管、效率、成本这三方面取得平衡。它易于规范监管，可多方拓展融资渠道，从而降低融资成本。

STO上市交易之后，一旦在交易所完成交易并提现到自己的钱包，STO就已经完成了交割。证券通证发行可以用来标记许多资产、商品和金融工具，意味着规模较小的公司有机会迅速从全球投资者中募集资金，且不用承担巨额成本，尤其是法律成本，因为合规性已经集成到了通证本身。

表6-1　IPO、ICO、ITO与STO的关系

	IPO	ICO	ITO	STO
发行主体	企业	企业/机构/个人	企业/机构/个人	企业
发行形式	股票	Coin	Token	证券化通证
监管程度	高	低	低	中
流通性	差	高	高	中
投资者权益	股息、红利	持有区块链项目的应用币，可以交易变现	持有区块链项目的应用代币，可以交易变现	通证对标的股权/债权/知识产权等或实体资产
投资风险	中	高	极高	中

资料来源：根据公开的信息整理

三、美国对STO的监管

STO为全球金融市场注入了新的活力，无论是已经在数字经济中占有最重要地位的美国，还是在传统金融中活跃但在新金融市场还在探索的新加坡，都已经开始尝试出台明晰的监管政策。因为只有有法可依，整个金融市场才能在金融科技创新层出不穷的背景下继续稳定发展。接下来，本书将着重介绍美国在STO监管方面的政策以及逻辑，以便抛砖引玉。

（一）美国证券业的监管体系

美国的法律体系，无论是在经济层面，还是在政治层面，都是全

球最完备的。尽管美国建国至今只有200多年的历史，但是美国遭遇的危机五花八门，不过，最终美国都能安然渡过，完备的法律体系是主要原因之一。

美国证券交易委员会（SEC）的成立是美国证券行业发展史上具有里程碑意义的事件。在SEC的大力推动下，经过80多年的努力，美国已经建立了规范证券行业发展的法律体系：《1933年证券法》《1934年证券交易法》《1939年信托契约法》《1940年投资公司法》和《投资顾问法》《2002年萨班斯—奥克斯利法案》《2010年多德—弗兰克华尔街改革和消费者保护法案》《2012年启动我们的创业公司法案》，其中，《1933年证券法》和《1934年证券交易法》是基石。

（二）美国监管STO的法规

根据美国《1933年证券法》，任何证券（股票、债券、各类票据）的出售都需要在SEC注册。但是当发行方在满足证券法规定的特定条件时，可以豁免SEC注册（仍然需要接受监管）。无须注册适用的条款主要有Reg A+、Reg CF、Reg D和Reg S。

1. A规则

即有条件小额发行豁免（A规则只适用于组建或主营业地在美国或加拿大的公司）。

（a）第1级和第2级。第261条（第230.261条）所定义的合格证券的公开发行或出售，根据A规则，应免除1933年《证券法》（以下简称《证券法》）（《美国法典》第15章第77a节及以下）第3条（b）的注册要求。

第一级。按照A规则发行的产品，在证券发行开始前及发行期间的12个月内（“总发售额”），因证券（“总发行价格”）发行收到的所有现金和其他报酬的总和加上根据其他发行声明出售的所有证券的总收益不得超过2000万美元，包括发行人（“第一级发行”）关联方购买证券总价不超过600万美元。

第二级。根据A规则发行的产品，其总发行价及总销售额不得超过5000万美元，包括发行人（“第二级发行”）关联方购买证券总价不超过1500万美元。

对在第一年二次销售的附加限制。下列情形之一的，发售证券持有人的证券占总发行价的比例，不得超过该特定发行的总发行价的30%：①发行人根据A规则进行的首次发行；②在发行人首次发行之日起一年内符合条件的任何随后A规则的发行。

根据证券交易委员会经济风险分析部的报告（2017/08），自2015年修订以来，规则A的使用相对增加。然而，从绝对值上看，A规则的使用仍然有限。2015年6月19日（2015年修正案生效日期）至2018年9月30日，约有260个合格发行的证券总价值约为58亿美元。在同一期间，据报123个发行人总共筹集了大约13亿美元的资金。第二级占了受A规则资本监管的筹集活动大部分（约180家合格公司寻求融资，融资规模最高可达51亿美元，其中98个发行人总共筹集了大约11亿美元）。第二级资本筹集活动占了监管的大部分（约180家合格公司寻求融资，融资规模最高可达51亿美元，其中约11亿美元共有98家发行人申报共筹得款项）。第二级约占寻求筹集资金总量的88%，约占募集到资金总量的85%。

2018年12月19日，美国证券交易委员会根据1933年《证券法》（以下简称《证券法》）对监管规定进行修订。A规则规定了一项豁免根据《证券法》登记的证券发行金额最高可达5000万美元。由于受《经济增长、监管救济和消费者保护法》监管，修正案修订了A规则，允许实体服从1934年《证券交易法》第13或15（d）条的报告要求（《交易法》）使用豁免并规定符合《交易法》报告要求的实体将被视为符合规则A的报告要求。修正案也会做符合表格1-A的更改。这一修正案于2019年1月31日生效。

2. CF 规则——众筹豁免及要求

CF 规则，即 Regulation Crowdfunding，简称 Reg CF。Reg CF 规定，18 岁以上的投资者均可以参与，是目前最迅捷、性价比最高的方法，但是，可筹集资金的金额有限，具体规定如下：

（a）豁免。发行人可根据 1933 年《证券法》第 4（a）（6）条发行或出售证券，但须符合下列条件：

发行人依据《证券法》第 4（a）（6）条——《美国法典》第 15 条第 77d 款（a）（6）向所有投资者出售的证券，包括在该等要约或出售日期之前的 12 个月内出售的证券，包括在该等交易中出售的证券，总额不得超过 107 万美元。

依据 1933 年《证券法》第 4（a）（6）条（《美国法典》第 15 条第 77d 款（a）（6），在该等交易发生之日前 12 个月内，所有发行人向任何投资者出售的证券总额，包括在该等交易中出售给该等投资者的证券，不得超过：（i）如投资者年收入或者净资产低于 10.7 万美元的，以 2000 美元或者投资者年收入或者净资产较低者 5%的较高者为限；或

（b）投资者年收入和净资产之和等于或者超过 10.7 万美元的，或按投资者年收入或者净资产较少者的 10%计算，但不得超过 10.7 万美元。

另外，交易通过符合《证券法》第 4A（a）条——15 U.S.C. 77d-1（a）条，以及本部分相关要求的中介机构进行，且交易仅通过中介平台进行。

3. D 规则

即未根据 1933 年《证券法》（*Securities Act of* 1933）注册的证券有限发行和销售的规则，是从 1982 年开始实施的。

D 规则分为三个部分：Reg504、Reg506（b）和 Reg506（c）。

（a）Reg504：对不超过 500 万美元的有限发行和证券销售的豁免。

12 个月内总价不超过 500 万美元的非公开发行，对投资人资质没有限制。

（b）Reg506——无须考虑要约金额情况下有限要约和销售的豁免一般条件。为符合本条规定的豁免条件，销售必须满足第 230. 501 和第 230. 502（a）和（d）的所有条款和条件。

具体条件：①购买者的性质。凡购买根据 Reg506（c）发售证券的人士，均为认可投资者。②认可投资者身份的核实。发行人应采取合理步骤，核实根据 Reg506（c）发的证券的买方均为认可投资者。发行人应被视为采取合理步骤，核实发行人是否根据其选择，采用下列非排他性和非强制性方法之一，以核实在该发行中购买证券的自然人是认可投资者。

另外，对非公开发行总价不进行限制，但不合格投资者数量不得超过 35 人；对公开发行总价不进行限制，但只能针对合格投资人。

4. S 规则

即未按照 1933 年《证券法》（*Securities Act of* 1933）注册、在美国境外进行的发行和销售的规则。

S 规则仅适用于 1933 年《证券法》（以下简称《法案》）第 5 条的规定，不适用于反欺诈或联邦证券法的其他规定。

监管只适用于在美国境外发行和销售证券。在海外购买的证券，无论是否符合法规，只有在根据该法注册或获得豁免注册的情况下，才可以在美国转售。

S 规则的规定不适用于提供和销售证券发行的开放式投资公司或者单位投资信托注册。对于没有在 1940 年美国投资公司法项下注册的公司来说，其发行的权益型证券有 1 年的限售期限制，在 1 年的限售期内不得向美国公民销售（见表 6-2）。

表 6-2　Reg D、Reg S、Reg CF 和 Reg A+的关系

限制条件	Reg D CFR § 230. 506			Reg S CFR § 230. 903	Reg CF CFR § 227. 100	Reg A+ CFR § 230. 251	
	Reg 504	Reg 506（b）	Reg 506（c）			Tier 1	Tier 2
发行形式	非公开	非公开	公开	公开	公开	公开	公开
募集资金	最高 500 万美元	无	无	无	最高 107 万美元	最高 2000 万美元	最高 5000 万美元
投资人	不限制不合格投资者数量	不合格投资者数量最多 35 人	不能出售给不合格投资者	可以面向非美国人（包括不合格投资者）	可以面向非合格投资者	发行人（“第一级发行”）关联方购买证券总价不超过 600 万美元	发行人（“第二级发行”）关联方购买证券总价不超过 1500 万美元
是否需要 SEC 审批	否	否	否	否	否	是	是
禁售期	6 个月或 12 个月			通常为 40 天，根据发行周期而定	12 个月	12 个月	无

资料来源：根据 Reg D、Reg S、Reg CF 和 Reg A+的内容整理

综上所述，SEC 在豁免情形考虑因素主要集中在发行方和投资方资质（是否为合格投资人）、募资金额上限、投资人数量、募资面向群体的范围和限售等。Reg A+相当于小型 IPO 或者其他豁免注册发行证券的替代品；Reg CF 是针对互联网众筹的法规；Reg D 是主要的私募融资法规；Reg S 是监管面向海外投资人的法规。通过选择以上任一条款发行证券类通证，发行方将节约巨大的成本，但同时符合监管机构的合规规定。

2018 年 2 月 6 日，SEC 主席 Jay Clayton 在向银行、住房和城市事务委员会做证时表示，SEC 的使命是保护投资者，维护公平、有序、高效的市场，促进资本形成。潜在的购买者正在出售代币增值的潜力——通过在二级市场转售代币锁定增值的能力——或者通过其他人的努力从代币中获利。这些是证券和证券发行的主要特征。只要是证

券和证券发行，就必须接受美国证券法律体系的监管。

他还表示，分布式账本和其他新兴技术有潜力进一步影响和改善资本市场和金融服务业。我们应该拥抱对技术进步的追求，以及新的筹资方式，但不能以破坏我们有充分依据和经过证明的保护投资者和市场的原则为代价。

作为世界上最发达的国家，美国，无论在政治、经济，还是在法律方面，都有成功的经验和值得借鉴的理念。面对创新和监管的抉择，美国选择了在保护投资者利益的前提下，鼓励创新。《道德经》第二十二章有言：是以圣人抱一为天下式。因此，只要有了清晰的理念，任何事情都会有一个合理的解决办法。

四、STO 的技术标准

作为一种新的融资方式，STO 有两个鲜明的特点：第一，主动拥抱监管；第二，有价资产和权益作为价值支撑。

由于 STO 是以区块链为底层技术，并以 Token 为发行形式，而且 Token 是有价资产和权益的载体，即 STO 是将证券的发行、交易以及其他生命周期中的事件放到区块链账本上管理的方式。因此，STO 的发行环节，与普通应用类通证的简单流程不同，证券类项目方需要特定的发行通证技术解决方案（协议级别）与法律合规的服务。由于证券类通证对投资者是否合格有要求，因此在交易通证时，需要将交易限制在合格的投资者之间或者其他条件中。

为了有效实现 STO 融资的目标，技术手段就有显得尤为重要。2018 年 9 月 14 日，开发者 Stephane Gosselin 在以太坊改进方案（EIP）中提出了一种以太坊上实现 STO 的技术方案 ERC 1410，称为“部分可替代通证标准”（Partially Fungible Token Standard），是一种兼容 ERC 20 和 ERC 777 标准的证券型通证发行标准。

在以太坊上，所有的 ERC 20 Token 都是“可替代通证”（Fungible Token，FT），同一通证内两个相等单位的 Token 并无差别。与可替代通证相反的叫作“不可替代通证”（Non-Fungible Token，NFT）。不可替代通证中的每一个 Token 都是独一无二的。在以太坊上，ERC 721 标准即为不可替代通证的标准，ERC 721 标准中主要刻画了不同属物品的所有权转移。

如果把可替代通证与不可替代通证看作两端，部分可替代通证（Partially Fungible Token，PFT）就兼具了可替代性和不可替代性两种属性的通证形态。ERC 1410 带来的部分可替换通证能力，为证券通证化带来了可能。ERC 1410 标准和 ERC 20 以及 ERC 777 隐式兼容。该标准描述了一个接口，以支持所有者通证被分组为多个分支，每个分支由标识键以及余额表示。

除了 ERC 1410 标准之外，STO 现存的技术发行方案还有以下三种：

（1）ERC-1404 标准

ERC-1404 是对 ERC-20 的可监管改进，全称为“Simple Restricted Token Standard，简单监管性通证标准”。由 TokenSoft 团队提出，旨在为证券型通证、通证化证券以及其他合规要求复杂的通证，提供一种统一的技术实现标准。该标准专为资产 Token 化而设计。值得注意的是，ERC-1404 标准的制定考虑了银行和公司治理法，提供了一些关键的改进，比如允许发行者实施监管性转让限制，同时，该标准提供了与 ERC-20 标准的所有优点。

（2）ERC 1400 标准

ERC 1400 结合证券相关的业务场景，设计了新以太坊 Token 提案，主打监管功能，方便用户以合法合规方式在以太坊网络发行证券。和 ERC20 以及 ERC777 标准兼容，考虑到 Security Token 需要链上以及链下参与者之间进行更复杂的交互，该 EIP 标准具有能力进行强制转移，目的是以防法律诉讼，并用于资金追回。

（3）ST 20 标准

Polymath 推出的对标以太坊 ERC-20 的 ST-20 标准，以更模块化的方式打通了 Security Token 发行的流程。

Harbor 基于以太坊提供服务，融合 R-Token 标准技术，实现项目方在符合证券、税务以及其他监管条例的要求下发行基于 ERC-20 的证券型通证。其标准化流程包括了包括 KYC/AML、纳税原则、信息披露和通过该系统生成的每一种通证的评估状态等。

尽管 STO 在数字货币和区块链领域受到热捧，但是，目前，全球范围内证券类通证的一级发行平台仅有 10 家左右，而且很多仍处于初创和尝试阶段。因此，STO 之路漫漫兮（见表 6-3）。

表 6-3　STO 现存技术方案一览

代号	标准名称	作者	阶段	创建时间
ST-20	ST-20 标准	Polymath 团队	—	—
R-Token	监管通证标准	Harbor 团队	—	—
ERC-1404	简单限制通证标准	Ron Gierlach，James Poole，Mason Borda，Lawson Baker	Draft	2018-07-27
ERC-1400	证券化通证标准	Gosselin，Adam Dossa，Pablo Ruiz，Fabian Vogelsteller	Draft	2018-09-09
ERC-1410	部分可替代通证标准	Stephane Gosselin	Draft	2018-09-14

资料来源：根据公开的信息整理。

五、STO 在中国

尽管 STO 在全球受到热捧，但是经过仔细研究，我们发现，STO 只是“看上去很美”。

STO 模式的大热来源于项目方对于合规的渴求，从这点上来说，将美国联邦法规（CFR）项下的 Reg D、Reg A 和 Reg S 运用于 Token 的发行，以实现证券 Token 化是追求合规的一种方式。

但不得不承认的是，套用 Reg D、Reg A 和 Reg S 的 STO 模式并没有实现实质性的金融创新，只是“新瓶换旧酒”，将已存在的一种融资形式加上 Token 的属性而已。

在中国，对于 STO 这一新事物并没有相关的监管政策。STO 本质上是一种融资工具，在我国未经批准的公开融资行为都属于违法行为。STO

仍适用2017年9月4日七部委发布的《关于防范代币发行融资风险的公告》的监管范畴：代币发行融资是一种未经批准非法公开融资的行为。

在实际操作层面，根据美国联邦证券法，只有经认可的投资者才能参与某些证券发行。美国证券法规对合格投资者有明确的定义：合格投资者（Accredited Investor）是指根据联邦证券法规达到一定资金门槛的投资者。个人合格投资者认定标准如下：过去两年的年收入超过20万美元（或与配偶一起为30万美元），并合理预计本年度收入相同；或者拥有超过100万美元的净资产，无论是个人还是与配偶一起（不包括主要居住地房产）。

其他类别的认可投资者，包括下列人士：任何总资产超过500万美元、并非专门为购买标的证券而成立的信托或所有股东均为认可投资者的任何实体。因为只有在金融和商业事务方面有足够的知识和经验来评估未来投资的价值和风险的人才能成为合格的投资者。

根据净值测试，符合资格成为经认可的投资者必须拥有超过100万美元的净资产，无论是个人还是与配偶一起。经认可的投资者的净资产是所有的资产减去所有的负债。

不仅如此，投资者主要住所的价值不包括在资产净值中。此外，住宅的任何按揭或其他贷款，均不算作以住宅的公平市价为限的负债。如果贷款的价值超过住宅的公平市场价值（房产的抵押贷款不足），在净值测试时，超过公允市场价值的贷款金额算作负债。此外，在投资者购买证券前60天内，贷款金额的任何增加（使贷款金额未超过住所的价值）也将算作负债。这使得投资人希望通过虚报净资产来获得经认可投资人的资格变为不可能。

这对于中国投资者来说，有两个严峻问题必须面对：一是公布个人财产涉及个人隐私，能否大范围开展这项工作是个疑问；二是从目前中国人均收入的情况看，年收入达到20万美元或个人净资产达到100万美元，这个门槛比较高。

因此，在中国，无论是从法律层面，还是从中国投资者的收入情况来看，STO 的可操作性都很低。

近年来，技术革新极大地提升了市场效率，包括通过增加竞争、降低进入壁垒和降低市场参与者的成本。分布式账本和其他新兴技术有潜力进一步影响和改善资本市场和金融服务业。企业，特别是无法有效进入传统资本市场的小型企业，可以借助金融技术筹集资金来建立和资助其业务，从而使它们在国内和全球都更具竞争力。这些技术创新可以为投资者提供新的机会，为新的概念和想法提供支持和资金。

正所谓"合适的才是最好的"。尽管 STO 看上去很美，但是，在中国，STO 的操作空间不大，甚至可以说短期内基本没有实施的可能。那么，面对金融科技创新提供的良好技术环境，我们该如何有效利用呢？

六、资产数字化成为战略选择

传统金融市场发展至今，为整个人类社会带来了极大的便利，但与此同时，一系列问题也相伴而生：融资成本高、准入门槛高、手续烦琐、耗时周期长、灵活度透明度低等。

随着全球各国对区块链技术的大力支持，各种资本迅速涌向区块链行业。未来几年，传统资产 Token 化（资产上链）很有可能在全球范围内成为新的发展潮流。

秘鲁经济学家 Hernando de Soto 针对财产权对于经济发展的重要性进行了研究，这一研究启发了 2015 年 5 月举行的第一届区块链技术年度峰会的参与者。De Soto 的研究结果显示，约 50 亿人以及 20 万亿美元的资金被挡在全球经济活动之外，原因是资产所有权存在争议。

在当今的互联网时代，加速资产流通，提升资产价值成为各行各业的迫切诉求。对于社会而言，资产数字化是大势所趋。BAT 在互联网的数字经济中一飞冲天，近年的滴滴、美团也如火如荼地开展业务，有两个关键点不可或缺：资产流通和共享经济。资产流通最便捷的办法，就是将资产数字化，因为数学是最容易达成共识的。共享经济的本质，就是将实体资产通过智能数字化的方式更加便利地进行资源共享。

何谓资产数字化？资产数字化是以密码学为基础，通过分布式的共识系统来实现实物资产的电子化，并促成电子资产的安全、快捷、方便流通的过程。从数学语言的角度，资产数字化实际上是通过一种高强度的私钥及公钥来表征资产的电子符号，从而实现数字资产的唯一性、交易的唯一性，以及使用过程中的授权和交易过程的验证，这是一个资产上链的过程①。

区块链社交金融生态平台——Social Lending 的副总裁张玉猛先生认为，资产上链需经历三个步骤。

第一步，将实物资产映射到互联网上。目前哈希散列和时间戳技术已经能够实现，保证了数字资产的记录唯一性。

第二步，数字资产的互联互通。这一步的技术突破有待完善。目前，资产上链一般是按照行业来进行，行业之间的互通暂时还无法实现。一旦数字资产的流转都在区块链中进行，那么交易流通的成本透明性则会非常强。

第三步，智能化。资产被赋予可编程性，同时利用区块链去中心化和分布式技术，使得生活中的众多应用场景不需要第三方提供技术服务便可以解决。

未来，随着区块链技术商业应用的日臻成熟，共识越简单越好，越精确越好。因此，资产数字化意味着一切资产都可以数字化、通证化，随着计算机算力的提升、公链的完善和数据的逐步打通开放，每个人都将成为区块链生态体系的参与者、贡献者、获利者。

据统计，全球股票资产价值约 70 万亿美元，债务约 100 万亿美元，房地产约 230 万亿美元。我们相信，全球资产的标记化或加密分级将会是一个巨大的潜在机会，这也是资产数字化和通证真正可以实现落地并深度赋能实体经济的巨大价值洼地所在。

---

① 区块链革命，未来所有的财产都将数字化［EB/OL］. https：//www. xianjichina. com/news/details_ 76945. html.

数字资产具有流动性强、溯源性强、高诚信背书、交易简便等优势，能够为企业带来更高效的资金融通，为投资人带来简便易行的投资产品和操作模式，为产品发行人带来更快捷、更广泛的销售市场。

由于“上链”后的数据能够显著提升实体企业筹措资金的便利性，实体经济会更加积极地推动业务的数字化转型，实物流向信息流的映射速度、广度和深度将急剧提升，进一步强化可信信息流，急剧拉近资金流和实物流的距离。金融部门和实体部门的关系变得前所未有地紧密，资金和实体的“触点”将大大增加，实体经济的融资方式也将变得多元化。此外，在这种模式下，也将给监管部门进行监管带来前所未有的便利和手段，有效实现穿透式监管、事中监管。最终，物理世界、数字世界与资金体系的高度连通，实现“三流融合”，进而使得金融和实体经济密不可分，不再出现资金在金融体系内空转的情况，实现脱虚向实的过程①。

资产数字化非常重要，通过风控确权、估价等措施将资产数字化，用这种真实资产背书的通证，配合区块链去信任的特点，就能够保证数字资产价值的稳定，将区块链和真实的传统的经济生活打通，从而使区块链可以降低信用成本，提高经济生活的效率。

信息技术，特别是数字技术和区块链技术已经深刻地影响了我们的日常生活，带来了生产力的变革。但同时我们也应当认识到，任何一次革命或创新都不是一蹴而就的，都存在一个取其精华去其糟粕、相互融合的过程，数字货币和区块链技术只有在与传统金融制度不断碰撞与融合的进程中才会真正步入金融创新的真理之门。在数字经济3.0时代已经来临成为社会共识的情况下，发展资产数字化成为一种战略选择。

---

① 于佳宁.“区块链+”：金融支持实体经济的新路径［EB/OL］. http：//finance.ifeng.com/a/20180524/16311100_0.shtml.

参考文献

[1] 杨学志．通信之道——从微积分到5G［M］．北京：电子工业出版社，2018.

[2] https：//www. sec. gov/answers/about-lawsshtml. html#secact1933.

[3] https：//www. sec. gov/news/public-statement/digital-asset-securites-issuance-and-trading.

[4] Tom. Huang、HY、Keren. Yin、Arion. Shi. 证券类通证：开启数字金融新时代［EB/OL］. https：//wallstreetcn. com/articles/3422189.

[5] 刘军稳，鄢圣鹏．1940年美国投资公司立法［M］．北京：新华出版社，2007.

[6] 钱涛．十年后，一切资产都可以数字化［EB/OL］．http：//www. sohu. com/a/238023678_ 649045.

[7] 安永．2018年虚拟货币（ICO）报告［EB/OL］．http：//www. 199it. com/archives/789200. html.

[8] STO技术标准与七大协议简介［EB/OL］．http：//dy. 163. com/v2/article/detail/E159EG510519U3I5. html.

[9] 工业和信息化部信息中心．2018年中国区块链产业白皮书［R］．2018.

第七章 破解实体经济困局的三个实例

经过改革开放40年的发展，尤其是党的十八大以来，我国经济实力再上新台阶。2018年，我国国内生产总值突破90万亿元人民币，达到900309亿元人民币，位居全球第二。按可比价格计算，比上年增长6.6%，成为世界经济增长的主要动力源和稳定器。

令人可喜的是，我国的经济结构出现实质性优化。2018年全年我国第三产业增加值占国内生产总值的比重为52.2%，比上年提高0.3%，对国内生产总值增长的贡献率为59.7%，比上年提高0.1%。消费作为经济增长主动力作用进一步巩固，最终消费支出对国内生产总值增长的贡献率为76.2%，比上年提高18.6个百分点，这是最终消费支出对GDP的贡献率首次超过70%，高于资本形成总额43.8个百分点。不仅如此，这也是最终消费支出对GDP的贡献率连续四年超过50%，说明居民消费升级的基础比较牢固（图7-1）。

但是，在靓丽数据的背后，我国实体经济的现状以及未来的前景令人担忧。2019年1月14日，国家发展改革委产业协调司、中国中小企业协会发布的数据显示，2018年四季度中国中小企业发展指数（SMEDI）为93.0（见图7-2），与上季度基本持平，继续低位运行。实际上，从2014年第一季度开始，我国中小企业的发展开始走下坡路，一直没有明显好转，而且SMEDI自诞生以来始终未突破96，远在100的景气临界值以下。不仅如此，中国产业信息研究网发布《2018年版中国中小企业发展研究及融资策略研究报告》数据显示：日本、欧洲

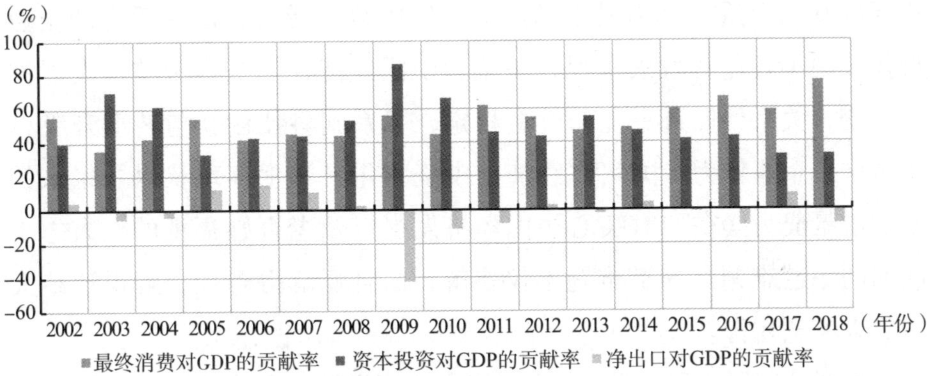

图 7-1 “三驾马车”对中国经济增长的贡献率（2002—2018 年）

资料来源：根据中国国家统计局公布的数据整理

的小微企业生命周期可以达到 12 年，美国达到 8 年多，而中国小微企业的生命周期只有 3 年。

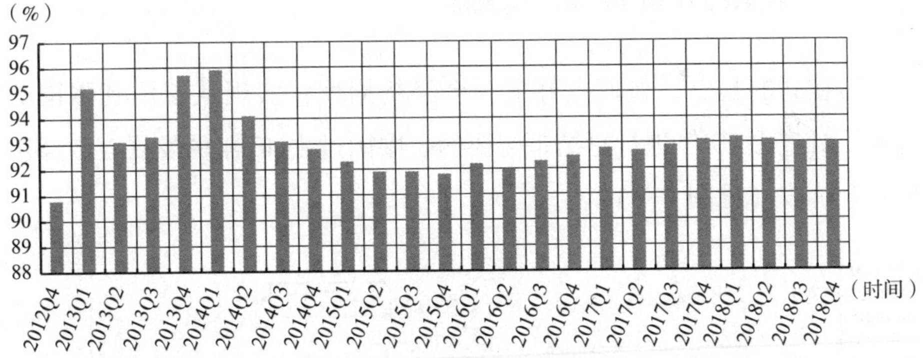

图 7-2 中国中小企业发展指数一览（2012 年第四季度至 2018 年第四季度）

资料来源：根据中国中小企业协会（http://www.ca-sme.org）公布的数据整理

2019 年 2 月 28 日，国家市场监督管理总局公布的数据显示，2018 年全国市场主体达到 11020 万户，其中，企业 3474.2 万户，个体工商户 7328.6 万户，个体工商户的占比为 66.5%，相较 2017 年下降 0.5%，相较 2016 年下降 1.6%。这说明中国中小企业的生存环境在持续恶化。

中小企业是现代国民经济的重要组成部分，有着广泛的社会经济基础。中小企业是促进就业、改善民生、稳定社会、发展经济、推动创新的基础力量，是构成市场经济主体中数量最大、最具活力的企业群体。中小企业的发展状况，关系到中国经济社会结构调整与发展方式转变，关系到促进就业与社会稳定，关系到科技创新与转型升级。①中国中小企业作为中国实体经济的中坚力量，其生存现状以及未来的发展前景成为摆在所有关心中国经济发展以及老百姓福祉的仁人志士面前的一道难题。这道难题不仅要解，而且要解得合理，解得让绝大多数人满意才行。

本章从回顾中国改革开放40年来经济发展历程为起点，分析中国经济发展的脉络，并以中山古镇灯饰行业为例，通过分析中山古镇灯饰行业的现状以及存在的问题，结合当前的大背景以及未来的趋势，找到具有可操作性的解决方案，以期抛砖引玉。

一、中国改革开放40年回顾

站在新的起点，如何走好下一个经济周期，实现从富国到强国的转变，对过去40年进行总结是必要的。中国过去40年的发展大致经历了四个阶段（见图7-3）。

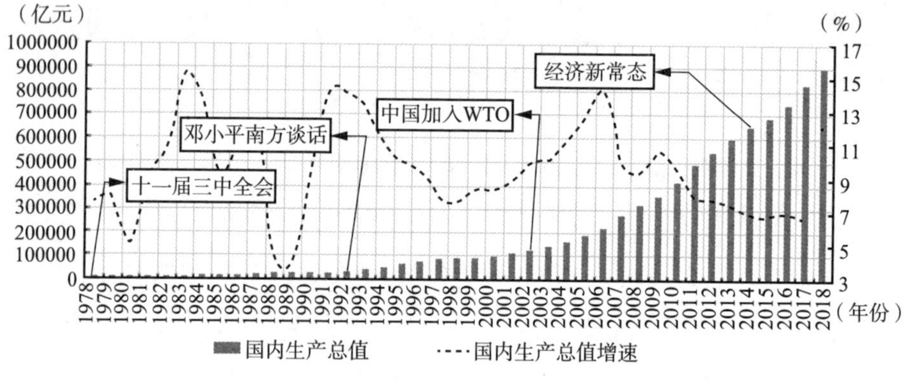

图7-3　改革开放40年发展历程（1978—2018年）

资料来源：根据中国国家统计局公布的数据整理

① 中国中小企业行业现状调研及发展前景分析报告（2019—2025）[R].

第一阶段：1978 年党的十一届三中全会到 1992 年邓小平同志南巡讲话，这一阶段中国经济处于计划和市场的讨论斗争阶段。党的十一届三中全会，以邓小平为核心的中央第二代领导集体，果断结束“以阶级斗争为纲”的政治路线，打破了旧的体制，极大地解放和发展了社会生产力。随着改革的深入，一些人用“姓社姓资”的问题阻遏改革，中国的现代化走到了十字路口。1992 年，邓小平同志南方谈话，以“不争论”的方式回应了对改革的诘难，重新启动改革进程。

第二阶段：1992 年邓小平同志南方谈话到 2002 年中国加入 WTO，这一阶段中国经济的发展主要依靠进出口。以 1992 年邓小平同志南方谈话为标志，中国经济进入了新的发展阶段，投资软硬环境不断改善，对外开放不断扩大，全球大型跨国公司纷纷来华投资，外商投资激增。外资推动中国消费向吃饱穿暖转换，拉动国内轻工业和纺织工业迅速崛起。

第三阶段：2002 年中国加入 WTO 到 2014 年习近平总书记提出中国经济进入新常态，这一阶段中国经济发展主要靠投资，以房地产为代表。随着 2002 年中国加入 WTO，国际经贸往来日益广泛而频繁，中国逐渐融入了全球化的浪潮。与此同时，中国的基础设施建设也步入快车道。2003—2013 年，资本投资对 GDP 的贡献率超过了最终消费对 GDP 的贡献率，2003 年、2004 年、2009 年和 2010 年这四年中，资本投资对 GDP 的贡献率超过 60%，最高达到 86%。基础建设投资的增长推动我国房地产业逐渐成为我国的支柱产业，带动国民经济快速发展。

第四阶段：随着习近平总书记提出“房子是用来住的，不是用来炒的”，中国经济进入消费拉动经济增长的阶段。近年来，随着我国居民消费从注重量的满足向追求质的提升、从有形物质商品向更多服务消费转变，个性化、多元化需求快速释放，以服务消费、信息消费、时尚消费等为代表的新消费快速发展，带动经济结构优化，促进经济稳定增长。从国家统计局公布的数据来看，从 2015 年开始，连续四年最终消费对 GDP 的贡献率均超过 50%，而且 2018 年，最终消费对 GDP 的贡献率首次超过 70%，达到 76.2%。这说明消费已经成为我国经济发展的第一引擎。

然而，随着信息技术，特别是移动通信技术的飞速发展，人们获得信息的成本接近于零，信息透明化不仅改变了人们日常沟通交流的方式，而且彻底扭转了商家和消费者在消费博弈中的地位，先前“只有买错没有卖错”的时代一去不复返了。不仅如此，由于商品过剩，很多商品只能折价出售，另外，场地租金、人工成本高居不下让实体商家苦不堪言。因此，在“快”成为我们这个时代最显著的特征的背景下，严峻的形势已经容不得我们有半点的迟疑和茫然。

变，找死！不变，等死！变与不变都是艰难痛苦的抉择，正所谓：痛并快乐着。唯有勇敢地拥抱趋势，在磨砺中前行方有机会。因为无论你变还是不变，时代都在变，每天都有新鲜事物产生。跟上时代，拥抱变化，也许还有希望；但墨守成规，抱残守缺，一定会被时代无情地抛弃！

二、中山古镇镇灯饰行业：“区块链+通证+物联网”

（一）现状及存在的问题

世界灯饰看中国，中国灯饰看古镇。在中国，谈到灯饰，无人不知中山古镇，中山市古镇镇是闻名国内外的“中国灯饰之都”。位于广东省中山市西北面，是中山、江门、佛山市（顺德区）三市的交汇处（简称珠三角），毗邻港澳。2002 年被中国轻工业联合会、中国照明电器协会联合授予“中国灯饰之都”荣誉称号，形成了闻名世界的区域性特色经济和较具竞争力的产业集群。

中山古镇已经成为由“中国灯饰之都”“古镇灯饰”“古镇灯博会”等 10 余项集体商标群落以及企业自主品牌等多层面组成的名副其实的“品牌之都”。

1. 古镇灯饰行业的现状

改革开放以来，中山古镇大力发展灯饰业，形成了以古镇为核心，辐射周边3市11镇区，年销售额超千亿元的灯饰产业集群，成为世界上有一定规模的灯饰生产基地和销售中心。自2002年获“中国灯饰之都”殊荣，产业链配套成熟、市场销售渠道广泛、不断推出创新产品是古镇灯饰常年占有全国市场70%的份额的“三大法宝”。

2016年，古镇全镇灯饰业总产值达190.3亿元人民币。中国照明电器协会年度报告也确认：古镇灯饰占全国灯饰市场70%份额，古镇目前拥有灯饰及其配件工商企业2.6万家，其中灯饰商户8960家。从业人员超30万人，产品出口到中国港澳台地区、东南亚、日本、美国及欧洲等130多个国家和地区，已成为世界最大的灯饰专业市场之一。不仅如此，随着灯饰行业的飞速发展，与此配套的相关产业，包括物流业等也获得了长足发展。

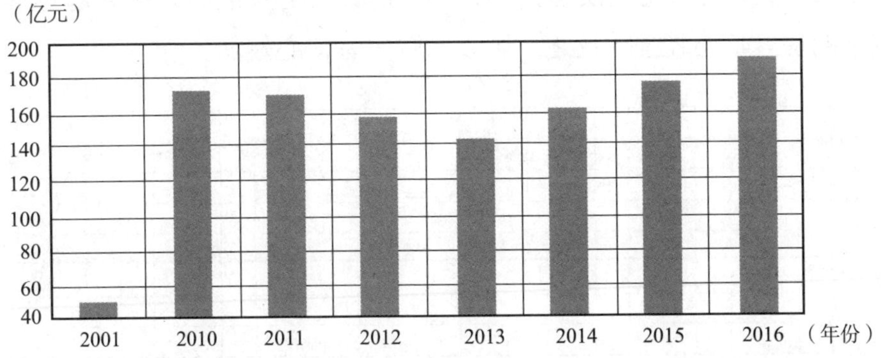

图7-4　中山古镇灯饰行业产值一览（2001—2016年）

资料来源：根据公开信息整理

从图7-4可以看出，过去的30年，特别是进入21世纪之后，中山古镇灯饰行业的发展步入了快车道，全镇灯饰行业产值在2001年仅为50亿元，到2010年，总产值已经超过170亿元，发展速度非常惊人。但是，2010—2016年，古镇灯饰行业的发展进入“瓶颈”期。

2. 古镇灯饰行业存在的问题

近两年，随着中国经济的转型和结构调整，特别是房地产行业的政策调整，行业高速发展过程中掩盖的问题在行业发展放缓后逐渐暴露出来。

（1）房地产市场拐点到来影响市场需求

近年来，中国的房地产行业的高速发展，给建筑、建材及装饰行业包括灯饰照明行业带来了非常明显的拉动效果。不过，随着习近平总书记提出“房子是用来住的，不是用来炒的”，中国房地产业的热度开始降温，对灯饰照明行业造成了一定冲击。

世联购房者信心指数是世联行联合多家房地产主流媒体共同发布的一个民间地产指数，它采用调查研究的方法，在全国 35 个主要大中城市同步展开网络调查。它由居住环境满意指数、当前房价满意指数、未来房价预期指数、购房时机预期指数经过加权平均构成。该指数介于 0~100，0 表示完全没有信心，100 表示完全有信心。指数超过 50，表示购房者信心较强，反之，则表示购房者信心较弱。

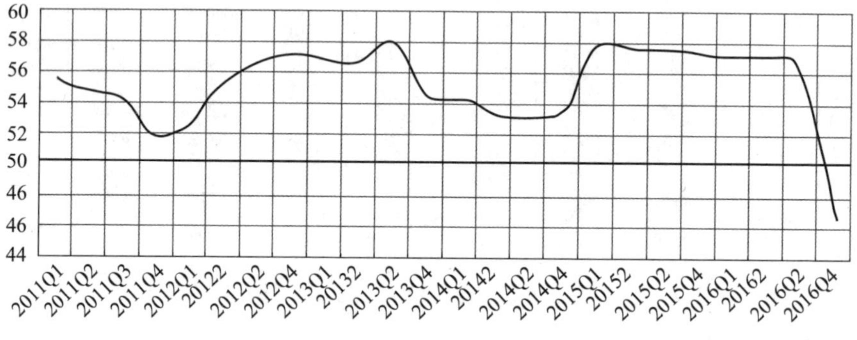

图 7-5 世联行购房者信心指数

资料来源：世联购房者调研数据库

从图 7-5 的数据可以看出，自 2011 年第一季度到 2016 年第三季度，世联行购房者信心指数均在 50 以上。不过，从 2016 年第四季度开始，世联行购房者信心指数大幅下挫，从 2016 年第三季度的 56. 5 直接跌至 46. 5，不仅跌幅大，而且直接跌破了 50 的荣枯线，表明购房者信心出现了大逆转。2017 年 9 月 1 日，中国人民银行研究局局长徐忠撰写了一篇关于房地产的文章，核心内容如下：首先，房地产不宜再作为宏观调控工具来使用；其次，建议“一些热点城市率先推出房地产税试点”，“房地产税起步应低税率、全覆盖、可负担”；最后，可考虑在宏观审慎评估体系（MPA）中增加房地产广义信贷的偏离度指标，从信贷增速方面抑制房价大幅波动。

2019 年《政府工作报告》就政府 2019 年的工作任务第八条：深化重点领域改革，加快完善市场机制，明确提出“稳步推进房地产税立法”。2019 年 3 月 8 日全国人大对今年的立法工作安排中提出“制定房地产税法”也验证了这一工作进度。随着国家对房地产调控政策的不断收紧以及房地产税的即将出台，房地产市场的拐点即将出现。

而且，中国的房地产业经过了 20 年（1999—2019）的发展，一旦出现调整，调整持续的时间会比较长，这对灯饰行业来说无疑是一个重大的打击。

（2）灯饰行业的“小而全”无法适应新形势

灯饰行业是更加偏向艺术设计的行业，更容易被模仿和抄袭，另外，长期以来，灯饰行业对知识产权的重视度不一，知识产权权利人保护意识薄弱、无意识、不维权，这助长了“山寨”产品的嚣张气焰，对灯饰行业的整体发展造成了极大的伤害。

在灯饰行业里，灯具产品更新换代的速度之快，频率之高，令人咂舌。厂家推出的新款，3 个月已变老款，在市场上能销售一年或以上已经是经典之作。知识产权意识的淡薄加上一味追求短期利益的“无节操”的快使得灯饰行业，一方面三无产品充斥市场，另一方面商家追求低价位产品，质量要求低，短命产品也变成普遍现象了。

尽管由古镇镇政府投资 2 亿元建设的总建筑面积 6 万平方米、楼高 25 层的双塔办公楼——古镇灯饰大厦，内设中山市古镇镇生产力促进中心，下有中国中山（灯饰）知识产权快速维权中心、中山大学产业集团古镇半导体照明技术研究中心等服务平台，从企业创新的技术支持、检测服务、专利申请维权等方面，为企业自主创新研发提供全方位服务。

但是，据最新的统计数据显示，2018 年中山古镇市场主体数（其中主要是民营经济成分）已达 38657 户，其中，拥有灯饰及其配件工商企业达 2.6 万家，从业人数近 30 万人。正所谓法不责众，如此庞大的受众人群在追求短期经济利益和维护知识产权上的冲突必然使整个行业的发展极不稳定，也不可能健康发展。

另外，随着“80 后”和“90 后”，特别是“00 后”这些群体进入消费市场，消费升级不可避免。消费升级的表现为：消费者的理性化和产品的个性化。理性就是追求产品的实用性和性价比；个性化则是追求产品的文艺范、简约、时尚。

产品是一切商业模式的根本。因此，添加产品的创新元素，同时着力推动灯饰产业“模式创新”，从“卖产品”向“卖创意”“卖设计”转变，通过按客户需求定制、产品个性化设计、光环境营造、凸显艺术价值等，成为灯饰行业产品创新和理念转变的着力点。

（3）灯饰物流行业的乱象让灯饰行业“雪上加霜”

由“提灯走天涯”到“中国灯饰之都”，中山古镇以灯饰产业为龙头，经过 30 多年的快速发展，现已成为年产值超千亿元的灯饰专业生产基地和批发市场。依托古镇灯饰产业的蓬勃发展，加上灯具运输的特殊市场需求，古镇物流业经历了一段快速发展的高光时刻，在一定程度上成为成就古镇灯都盛名的加速剂。

随着物流行业竞争的加剧以及古镇灯饰行业发展速度的回落，古镇物流行业先前存在的问题集中爆发，进入 2016 年，临沂曝出多起物流“跑路”事件，从一科物流、光辉物流、千川物流到最近的三兴源物流，“跑路潮”就像一部虐心大戏，让众多厂家和商家苦不堪言。华伟物流卷款 300 万元“跑路”在古镇炸开了锅，加之近年来大大小小的物流跑路事件，更是给古镇物流业乃至灯饰产业的发展蒙上了一层阴影。

提到古镇物流业，就不能不提到“代收代付”。所谓“代收代付”，就是物流公司代替生产商家向经销商收取货款，并付款给厂家的一种结算方式。在资金结算期间，物流公司会根据实际需求，向厂家开出预期支票，并从中收取一定比例的费用作为手续费。在这个过程中，一个巨大的“无息贷款”金融市场应运而生，物流企业则充当起“民间银行”的角色。

随着照明灯饰产业的迅猛发展，吸引了大量资金涌入照明行业，也让中小型照明企业的数量骤增。对于还处在发展期的中小企业来说，发货给商家后结算货款颇让人费心，而确保资金周转顺畅对中小企业的良性发展至关重要，“托运代付”则缓解了中小企业的燃眉之急。所以，古镇便形成了厂商和物流公司货到验收后，由物流公司人员代收货款的经营模式。于是，厂商之间发展成为销售一批货物后再付款，物流公司代收货款模式。之后，由于企业要快速实现资金回收，就与物流公司达成垫付协议，让物流公司在确保产品无误后先开出垫付支票，等商家回款后，再向企业兑现支票。

没有有效约束的权力是可怕的，必然导致乱象丛生。灯饰物流行业的“代收代付”模式也不例外。货款挪用是造成“代收代付”模式高风险的主要原因。在古镇，物流企业的支票可以当除了人民币之外的另一种硬通货使用，一张支票在其流通过程中被多次背书。在多元化投资的诱惑之下，部分缺乏信用的物流企业便将手中的货款挪用去炒股、炒地皮、投资办厂、放高利贷，甚至干脆拿去赌博。一旦“投资”失败，造成资金链断裂，“跑路”也就不足为奇了。再深究一层，银行对支票金额、出票时间、物流企业实力等不能很好地监督掌控，让部分企业钻了空子，造成挪用货款现象，也从侧面反映了灯饰行业物流体系的监管漏洞。

很多物流公司利用“托运代付”模来进行运作，如果能正常运营，大家相安无事，但是一旦物流公司因操作不慎而出现资金链断裂，就会引发“多米诺骨牌”效应，所有与此相关的企业和商家将会牵一发而动全身，从而给整个灯饰产业的发展带来不良影响。

综上所述，经过30多年的快速发展之后，中山古镇的灯饰行业目前面临的问题和我国实体经济面临的问题是相似的，即市场的冰山、融资的高山和转型的火山。

（二）“区块链+通证+物联网”破解灯饰行业困局

中山古镇的灯饰行业发展到今天已经到了一个非常重要的转型关口，“转向哪儿，如何转”成为转型能否成功的核心问题。

无论是蒸汽机和纺织机械为主力的第一次工业革命，还是以电气和石油为主力的第二次工业革命，其本质特征都是以能源为驱动力的传统商品经济形态。商品居于工业化时代的核心地位。企业追求以更高效高质的规模化供给方式，努力成为更强大的经营主体。

互联网时代在强调知识属于全人类的Copyleft运动下，信息和网络技术得到全面普及，信息产业得以裂变式快速发展。在信息化和网络化普及之后，信息作为生产要素产生了巨大影响力。供给端的工业企业不再仅是依靠物理设备生产能力的企业，而是充分借助大数据、软件、网络、传感器等新技术，带来自身生产效率和产业竞争力的提升。在互联网时代，每个人获得信息的成本接近于零，消费者有了更多的知情权和选择权。因此，实体企业希望通过出售商品获得超额利润的时代已经成为过去，而且是成为永远的过去。

当然，有问题就一定会有解决办法，关键看自身有没有勇气和决心去应对。机会总是留给有准备的人！

周鸿祎在其自传中谈到商业模式时认为，商业模式的基础是用户，核心是产品，本质是通过产品为用户创造价值。

周鸿祎认为，免费真正代表了互联网的精髓。我们对免费的认知很朴素，只要是人人都需要的，就应该是免费的。这一理念对所有人来说非常震撼，有些人可能还不是很理解。但是360杀毒软件的免费就是活生生的例子，奇虎360并没有因为360杀毒软件免费而破产倒闭，反而越活越好。

互联网时代的三大定律之一的梅特卡夫定律（Metcalfe's Law）为互联网的社会和经济价值提供了一个估算的模式，即网络的价值与网络使用者数量的平方成正比。因此，任何一件商品，如果有1亿或者更多的用户，那么这件商品分摊到每位用户身上的成本可以忽略不计，就可以实现免费。

其实，人最难超越的是自己，这其中最难改变的是个人的观念。站在新旧经济切换的关口，沉浸在过去的荣光已经毫无意义。传统的成功经验，已经不适应新的经济形势和消费需求。

改革开放40年的实践启示我们：创新是改革开放的生命。创新的原动力来自生物探索自然的本能欲望，这种本能是在生物适应自然环境而得以生存的过程中建立起来的，因此，面对灯饰行业的困境，唯有创新才是唯一出路，具体措施如下：

第一，设计生产出符合用户消费观念的产品。产品是一切商业模式的根本，灯饰行业的产品更是如此。当前，全球灯饰产业向技术化、创意化和品牌化方向发展，灯饰制造由传统“三新”（新工艺、新技术、新材料）正逐步转入“五新”（新工艺、新技术、新材料、新理念和新模式），其中最突出表现就是：融入文化元素的创意设计新理念、贴近消费群体的品牌营销新模式。

第二，建立和运用共享理念，与平台一起实现共赢。实现经济共享有两个必要条件：互联网和信任。互联网为经济共享提供技术平台，信任则是共享经济得以顺利进行的内在驱动力。当今时代，以信息技术为核心的新一轮科技革命正在孕育兴起，互联网日益成为创新驱动发展的先导力量，深刻改变着我们的生产生活，有力推动着社会发展。不仅如此，互联网对很多领域的创新发展起到很强的带动作用。互联网技术，特别是移动互联网技术的飞速发展使得单个个体的力量显得太过渺小，唯有依靠平台，通过与同频的人一起，在帮助别人的同时，发挥自己的价值。

第三，借助5G技术，融合物联网，在建设智慧城市的过程中实现灯饰行业的再度辉煌。网络的本质在于互联，信息的价值在于互通（见图 7-6）。

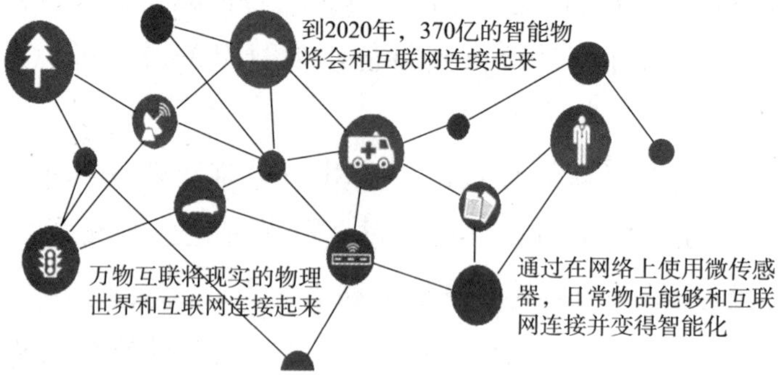

图 7-6　万物互联图景

资料来源：思科官网（https：//www. cisco. com/c/m/zh_ cn/about/case_ center/index. html）

随着互联网技术，特别是移动互联网技术的发展，目前人与人之间实现了互联，但是人与人的互通由于没有物的参与并没有产生价值增值。因此，5G+物联网将实现人与人、人与物、物与物之间互联互通的局面，即万物互联互通。

2008 年 11 月，在纽约召开的外国关系理事会上，IBM 提出了“智慧的地球”这一理念，进而引发了智慧城市建设的热潮。2010 年，IBM 正式提出了“智慧的城市”愿景。在导论中，笔者向广大读者描绘了一幅我们未来的美好生活，这就是智慧城市理念的展现。

“光”会令你联想起什么？太阳、灯泡、艺术，甚至能与智能科技连接起来。科技发展日新月异，不少照明系统开始连接 Wi-Fi 和蓝牙等，成为智能家居，乃至智能城市的一部分。近年来，灯泡已经超越其基本照明功能。无论是家居的装饰照明，还是城市的功能照明，安全的、舒适的光更重要，更能体现家庭和城市的温馨幸福。这是一场光与电的革命，从要生存到会生活的过程，生活中的很多美好都是灯光给我们带来的。因此，灯饰行业是未来智慧城市建设过程中那颗最耀眼的明星。

作为智慧城市的核心，智慧照明系统将扮演至关重要的角色，智慧灯杆是整个智慧照明系统的物理载体，是智慧照明各系统模块的物理根基。通过应用物联网、云计算等先进的信息技术，对照明设施及其他市政设施的管理焦点信息、生产要素信息进行集中管理，以综合信息数据库为支撑，实现市政工程管理集中管理、共享应用。这一切美好的愿景需要相关企业投入大量的人力、物力和财力进行研发与配合。

第四，在共享理念的指引下，构建闭环商业生态，以通证经济破解灯饰行业的困局。管理学大师彼得·德鲁克曾说："当今企业之间的竞争，不再只是产品之间的竞争，更重要的是商业模式之间的竞争。"区块链技术的横空出世给实体经济的破局带来了福音，区块链技术使得通证经济成为可能。在传统经济模式中，由于商品从原材料到生产到流通最终到消费者手中会经历比较漫长的过程，因此，"三角债"成为传统实体经济中非常普遍的现象，而且始终得不到解决。

在中山古镇灯饰行业的发展过程中，物流行业的"代收代付"曾经看似有效地解决了灯饰行业的"三角债"问题，但是，没有有效监管的权力在巨大的利益诱惑面前都显得苍白无力。后来，古镇灯饰物流行业的频频"跑路"事件也有力地印证了这一点。

未来的商业模式一定是数据+流量+生态。免费可以吸引大量的用户，有了用户就意味着有了大量的数据，有了用户数据就可以通过闭环商业生态为企业创造更大的价值（见图 7-7）。

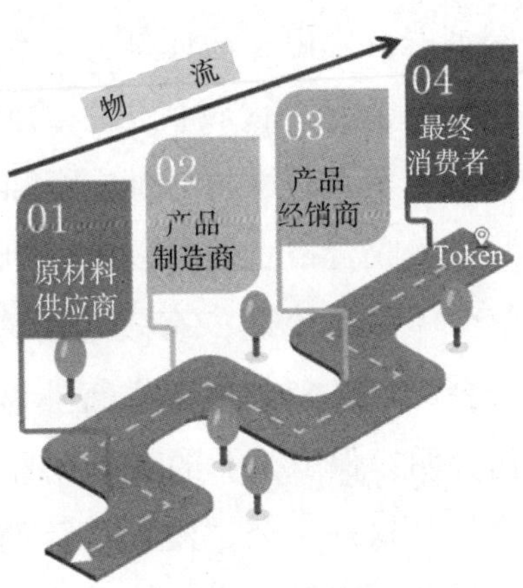

图 7-7　中山古镇灯饰行业发展模式

在传统的工业经济时代，经销商回款难是摆在所有生产型企业面前的一座大山，而且这么多年始终没有找到有效的解决办法，使得实体企业陷入"三角债"的困境。这些在"差价思维"还有空间的年代，原材料供应商和产品制造商还能勉强维持，毕竟只是回款难。可是，在互联网技术飞速发展的今天，信息透明化使得消费者或者用户对产品价格有了更多知情权和话语权，"差价思维”已经没有市场了，这个时候出现的问题是致命的：要么没有制度约束；要么即使有制度约束，但是在商业利益面前，一切都显得苍白无力。很多实体企业因为长期无法收到货款而出现资金链断裂，最终破产倒闭。

有问题就有解决办法，随着通证经济模式的产生，先前的经济模式被颠覆，将先前原材料供应商—制造厂商—经销商—消费者的路径彻底颠覆，先抓住终端消费者成为通证经济的终极杀手锏。

根据古镇灯饰行业的特点，通证经济模式的设计从以下五个方面着手。

第一，行业上链一步到位。由于古镇灯饰行业集中度非常高，目前古镇灯饰行业，无论是产值还是出口额都占到全国灯饰行业70%的份额，因此，如此高集中度使得灯饰行业上链有利于行业整体的发展和长期利益。

第二，通证总量的确定。由于灯饰行业是以整个行业为样本而设计的，因此，通证总量可以以法币计价的年营业总额为标准来相应设计通证交易的数量。

第三，通证发行根据交易场景和贡献值进行合理分配。灯饰行业的参与方主要有原材料供应商、产品制造商、经销商、物流企业和终端消费者。由于通证是为了有效解决灯饰行业发展过程中的“三角债”和物流企业“代收代付”的问题，因此，在制度设计上，每一个物流环节，特别是原材料供应商和产品制造商只要将货物运抵下一个环节，经过验收合格后就可以先收到价值80%货款的通证，这些通证可以在整个体系内流通，有效地解决了灯饰行业下游企业的资金紧张问题。剩余20%的货款可成立行业基金，在某个时间节点进行分配，做到赏罚分明，保障行业的整体利益。同时，物流企业也不需要担任“代收代付”这样一个“准银行”的角色，做好本职工作即可。

随着网络时代的到来，拥有一个高效而通畅的物流系统是现代企业生存与竞争的可靠保障。从某种程度上说，21世纪是物流的世纪。

信息化是现代化的灵魂，没有物流的信息化，关于物流现代化的任何设想都不可能实现，信息技术及计算机技术在物流中的应用将会彻底改变世界物流的面貌。因此，灯饰行业的物流企业必须尽快从过去灯饰行业“独一无二”的角色中跳出来，拥抱信息化，通过智能硬件、物联网、大数据等智慧化技术与手段，提高物流系统分析决策和智能执行的能力，提升整个物流系统的智能化、自动化水平，从而有效提升灯饰行业的整体竞争力和价值。

在通证发行上，有一个大的原则：谁对系统或平台有贡献，谁就应获得相应的通证。

第四，设计更多获得通证的场景以便快速获取流量。在互联网时代，流量是一切的基础。终端消费者或用户每次为流量付出的努力都将会获得回报，而且以数字化通证的方式支付，清清楚楚，明明白白，这将极大地吸引越来越多的用户参与到平台运营中来。

第五，通证经济模式弱化了灯饰行业物流企业的“权力”，削弱了经销商的话语权，同时，还设立了行业基金，这将为灯饰行业智能化的研究和发展提供必要的资金支持，从而有效满足智能家居和智慧城市对灯饰行业的高要求，为万物互联互通的美好生活尽早实现打下坚实的基础。

当然，以上关于古镇灯饰行业通证经济模式的设计只是一种理论尝试，未来在操作执行的过程中还会碰到很多棘手的问题。正所谓：万事开头难。既然在互联网信息时代，实体经济的转型已经不可避免，唯有坚持不懈地向前走，在充满荆棘的道路上，不断努力创新，才有出路。

三、闲秀：5G+资产数字化的综合平台服务商

“互联网如洪水猛兽，吞噬一切，实体经济已死”。这是近几年许多人的看法。互联网一路高歌猛进，的确对实体经济造成了重大冲击。当面对“冲击”时，我们到底做了些什么？除了对互联网巨头的抨击、

谩骂图口舌之快外，大部分人选择了默默等待。

“鸡叫了，天会亮；鸡不叫，天还是会亮！”其实，鸡叫不叫与天亮没有必然的联系。在当下互联网商业应用已经日渐深入的今天，用户获得信息的成本几近于零，使得先前的商业逻辑失效，新的商业逻辑让大部分还沉浸在过去荣光的实体经济人惊慌失措，无所适从。

其实，不是实体经济不行，而是这些从事实体经济的人的认知结构和思维过时了。

2019 年 1 月中旬，广州联通联合中兴通讯在深圳 5G 规模测试外场，打通了全球第一个基于 3GPP 最新协议版本的 5G 手机外场通话。5G 的商业落地大幕正式开启，将会对目前行业产生剧烈冲击。

在信息和知识日新月异的今天，趋势成为成就个人价值的最好舞台。在共享经济时代，在 5G 商业应用大幕徐徐拉开的背景下，闲秀，作为5G+资产数字化综合平台服务商，应运而生。

（一）简介

佛山市亿货郎电子商务有限公司位于广东省省辖市、中国重要的制造业基地、国家历史文化名城，珠三角地区西翼经贸中心和综合交通枢纽的佛山市，注册时间为 2016 年 4 月，注册资金 280 万元。公司旗下拥有闲秀生态产业平台和占地 100 多亩的绿地高尔夫练习场。目前，本公司的多个产业项目已具备国际及国内多项资质及质量认证证书，并与众多知名企业达成战略合作。

闲秀生态资产流通平台是基于 5G 时代集线上消费、线下购物、闲物置换、直播、拍卖、5G 数字商学院为一体化构建的数字化互联网共享平台。

未来，佛山市亿货郎电子商务有限公司将携手众多合作商、供应商及旗下闲秀生态资产流通平台，以 5G 商业应用和资产数字化理念为基础，通过共享闲置物品和平台独有的积分制流通方式，打通营销链和供应链，创造消费价值、传播价值、建立多元场景成交价值，从而为消费升级和服务实体经济做出自己的贡献（见图 7-8）。

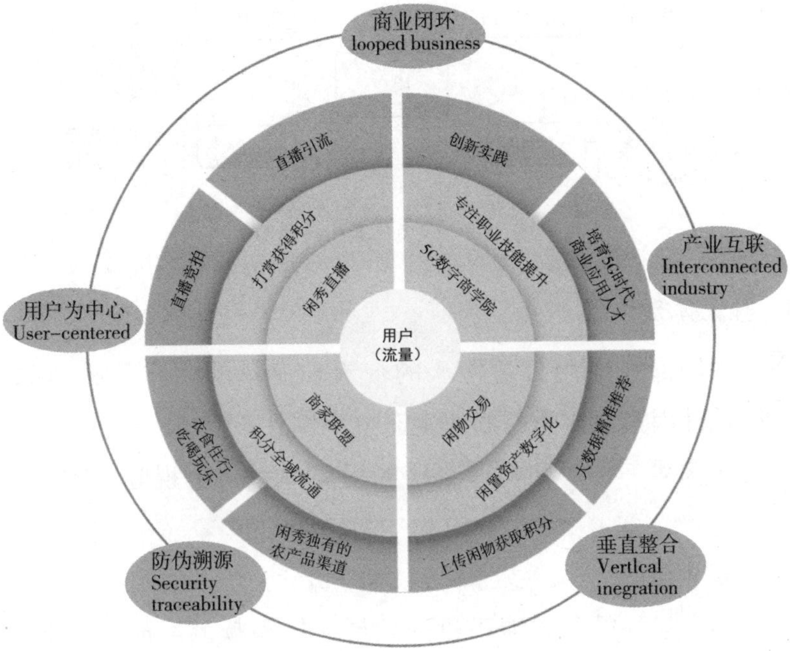

图 7-8　闲秀亿购发展路径

（二）闲秀生态的构成

在“互联网+共享经济”的浪潮下，随着互联网、移动通信、物流配送体系的迅猛发展，传统的产业结构和商业逻辑发生了改变。这种变化，每个企业个体都无法单独面对。正是在分析了当前整个商业生态的变化以及 5G 商业应用来临的大背景之后，闲秀亿购以 5G 商业应用和资产数字化理念为基础，通过以短视频、直播和支付环节为引流体系，将线下实体商家、电商平台、外送、网上拍卖和中介作为应用场景，并配以技术支持、客服体系、供应链体系和 5G 数字商学院，随着商业生态的逐步建立，闲秀亿购将引入战略投资者，把闲秀的生态体系构建得越来越完善，并推动合作的各实体企业登录科创板，从而践行共享共赢的商业理念，为消费升级和促进实体发展做出贡献（见图 7-9）。

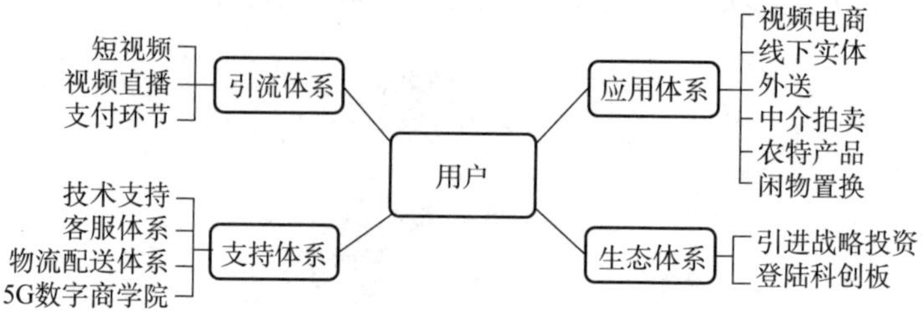

图 7-9　闲秀亿购思维导图

1. 引流体系

在互联网商业应用日益深入的今天，海量的用户是成功的基础，甚至是决定性因素。闲秀的商业生态也不例外。

闲秀亿购从三个对面构建自己的引流体系：短视频、闲秀直播和支付环节。

（1）短视频

随着移动互联网和智能手机的发展，短视频已经成为普通大众非常喜爱的一种娱乐休闲方式，因此，短视频是目前众多平台最常用的引流工具。

A. 短视频商业模式

随着互联网商业应用的深入，微商作为一种新型的创业模式迅速流行，然而在互联网上创建自己的店铺，需要上传商品的详情页和图片，这些都需要会使用 PS 工具，这对于很多人来说是一大障碍。闲秀短视频彻底解决了这一问题，商家只要注册成为闲秀的短视频用户，就可以通过 15 秒或 30 秒的短视频轻松介绍自己的商品，无须用 PS 技术制作商品的详情页和图片，省时省力，还非常方便。不仅如此，由于短视频的视觉效果非常好，潜在消费者极易接受这种介绍商品的模式，而且会在互联网上形成几何级裂变效应，从而创造巨大的商业价值。

B. 短视频场景

用户只要将短视频发到闲秀直播平台，就可以获得每条价值0.1元的闲秀积分，通过短视频加入闲秀平台又将获得闲秀奖励积分。闲秀短视频的场景主要有：社区短视频场景和产品短视频场景。

社区短视频场景：在社区层面，闲秀会给社区团长一个权限，如果某位社区团长的小区会员发送的短视频获得点击量第一，那么闲秀将会送给这位会员价值100元的积分（积分可以在线上线下消费），这种方式能最大限度地调动大家的积极性，并能在短时间内使会员流量暴增。

产品短视频场景：如果是介绍产品的短视频，客户一点击就默认为购买，我们可以想象一下场景：新疆的大枣还在树上挂着，客户就可以下单预定了，只要你的短视频拍得足够吸引人；菜农绿油油的有机无公害蔬菜短视频一亮相，立刻就会被预订一空。

C. 短视频订单

创新是成功的唯一源泉。闲秀在短视频上下足了功夫。由于随着移动互联网的飞速发展，很多人在使用计算机和智能手机上落后了，为了有效解决这一问题，除了传统的观赏与娱乐功能外，闲秀强大的技术团队对闲秀短视频系统进行优化升级，让人在观看短视频的同时，一点击就是购买，并直接跳出画面，这样的方式就是让用户操作更简单。当下的互联网平台，只有用户的体验感越好，用户使用量才会越大。

（2）闲秀直播

随着5G时代的到来，未来用直播进行吸粉的平台将会越来越多，闲秀产业体系早就嗅到了直播产业的无限商机，并在2018年1月1日国家停止审批直播牌照之前拿到了直播牌照。

闲秀直播通过将用户的打赏转化成闲秀全平台都可以流通的数字化积分来使用，用户获得最大的价值体验。（1∶1的比例转换。如打赏主播100元即可以获得价值100元的闲秀积分）积分用于商城消费产品，产品包含了特色产品、日用品、粮油、化妆品等全品类，同时还能在线下实体店衣食住行通通可以消费，这就是：闲秀直播打赏钱还在。

闲秀直播打破了原来所有的直播方式，从平台的角度看，它变成了一种帮助企业宣传品牌文化、销售产品、帮助普通会员提供学习、娱乐、放松的一种工具，闲秀直播借助直播打通线上商城产品展示的销售，线上拍卖销售，线下实体店直播叫外卖服务。所以闲秀直播首次打破常规，观众给主播刷礼物的钱全额返还积分，而闲秀直播在主播流量变现上下足了功夫，首次采用流量共享原理，直播主播分享链接，让自己的粉丝注册闲秀，则未来这些粉丝所有的消费，无论是线上商城购物，线下衣食住行消费，甚至给别的主播刷礼物都能赚到1%～30%的消费提成（见图7-10）。

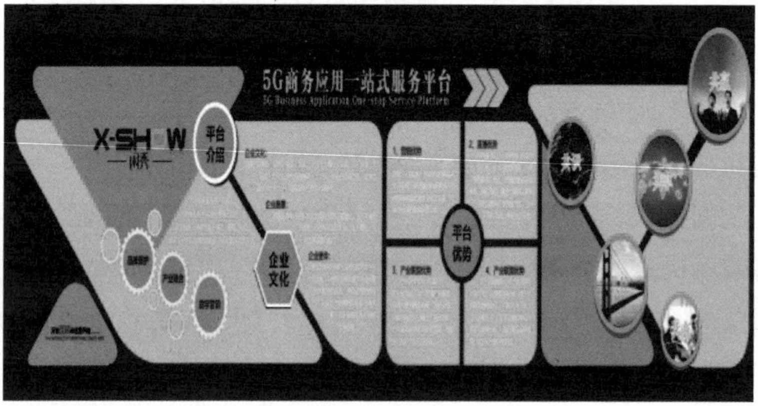

图7-10　闲秀5G商业应用一览

A. 直播平台

闲秀的直播平台既有小视频又有直播视频。如果您已经加入闲秀成为会员，每发送一条短视频，就可获得闲秀平台奖励价值0.1元的积分，并且每天最多可以发15条，每天都可以挣到价值1.5元的积分（积分可以在闲秀平台上自由消费）。

B. 直播账号

当今社会，最流行的是流量变现。如果闲秀平台有大量的粉丝流量，只需要在闲秀平台申请一个销售短视频账号，就可以把自己的商品放在小视频里，让所有的会员来采购，只需要在平台上购买 298 元的商品，就可以获得一个每条 15 秒时长的短视频销售账号，把自己的产品放在小视频里，让其他会员通过短视频账号来购买商品。

同样，你只需在平台购买 1980 元的线上商品，就可以在平台上获得一个每条 30 秒时长的销售视频账号。30 秒的线上销售视频，会让你的产品展示更加详细、具体，更加有利于流通和销售。

在闲秀直播平台上展示自身的才能，用户可以吸引更多的人加入闲秀平台。所有通过你推荐加入闲秀平台的用户，他们在闲秀平台的消费都和你的收益相关。利益是最简单、最直接也是最有效地吸引流量的方式，闲秀直播打破了传统直播的运营方式，必将为整个闲秀生态的建立打下坚实的基础。

（3）支付环节

近年来，随着移动互联网的飞速发展，移动支付已经是我们日常生活的一部分，成为当下最流行的全民支付方式，移动支付凭借着便利性、快捷性等特点和优势，覆盖了人们生活中的各个场景。

正是由于移动支付成为普通大众日常生活的一部分，利用好支付环节实现引流成为一种新趋势。闲秀亿购的技术开发团队有效地利用与用户紧密接触的这一契机，在采用聚合支付，即只从事“支付、结算、清算”服务之外的“支付服务”这一便利支付模式的同时，针对商户引流层面独特的理解和针对性的程序开发，将支付环节进行创新性延伸，成为一种新的有效引流方式。

2. 应用体系

流量是互联网业最基础的资源，也是一切互联网产品和商业模式创新的基础。当然，拥有海量用户只是万里长征迈出了坚实的第一步，接下来，如何将海量用户的价值最大化是商业模式成功的关键。

商业的本质是释放人性，颠覆式创新也不例外，归根到底就是如何满足人性的需求。人都有惰性，越简单的产品越会吸引人购买使用；

人是喜欢廉价商品，很多人愿意购买便宜甚至免费的产品。闲秀生态就是基于这个逻辑产生的新商业模式或系统。闲秀亿购的应用体系包括四个方面：线下实体商家、电商平台、闲秀外送、网上拍卖+中介。

（1）线下实体商家

自从阿里巴巴布局“新零售”整合线下实体商家的概念后，传统零售业变革就成为各行各业热议的焦点。对于线下实体店而言，最大的障碍是思维的改变，需要认同年轻人对移动互联网和移动支付的需求。之前，很多传统零售人士对此不认同，不认同就会变成障碍，更不可能引领这次变革。

新零售理念指引下的行业变革，似乎更多地发生在线下，实体生产企业的库存堆积、零售商铺影响力与产品多元化的转型都迫在眉睫。

从近几年的市场数据不难发现，尽管电子商务发展迅猛，但增速却在逐年下滑。从显示数据看来，线下的85%的实体商家离不开互联网的改造，电商的发展也离不开实体。实际上，作为全球最大的电商平台，阿里巴巴恰恰是“消灭”单一型电子商务平台的先行者，就如同美团没有一家饭店，通过整合餐饮行业成为餐饮业的老大，滴滴没有一辆车，成了网约车行业的老大一样，未来的互联网红利只属于像闲秀这样的体系化、规模化的综合性平台。

A. 如何加入闲秀

线下实体商家只要找到相关的推荐人，扫二维码，下载闲秀的APP，并在商家后台填写相关的注册信息，经过审核成功后，就成为闲秀的实体店家，同时，生成实体店家的二维码，以便日后推广之用。

闲秀平台自带的粉丝量，会给合作商家带来大量的客流，而且客流都是通过闲秀平台引流到实体店的，对实体店的效益会起到极大的助推作用。

B. 与闲秀怎么合作

良好的合作是以共赢为基础的。通过一个实例来解释线下实体商家与闲秀合作的逻辑。以饭店（实体商家）为例，用户刘先生在某饭店消费100元，饭店留下80元，将其余的20元给闲秀，闲秀则赠送用户刘先生价值50元的水果礼券，刘先生只要在闲秀APP下单即可，闲秀将把优质的新鲜水果送到刘先生手中，饭店无须为此提供任何服务。

在这个商业闭环中，用户刘先生是赢家，他花了100元，享受了价值150元的服务；由于刘先生享受到了超值服务，不仅刘先生会经常光顾饭店，还会介绍亲朋好友光顾饭店，使饭店的流量暴增，饭店是赢家。不仅如此，通过饭店的推广码注册的闲秀用户在闲秀平台上的任何消费增加饭店的收益（见图7-11）。

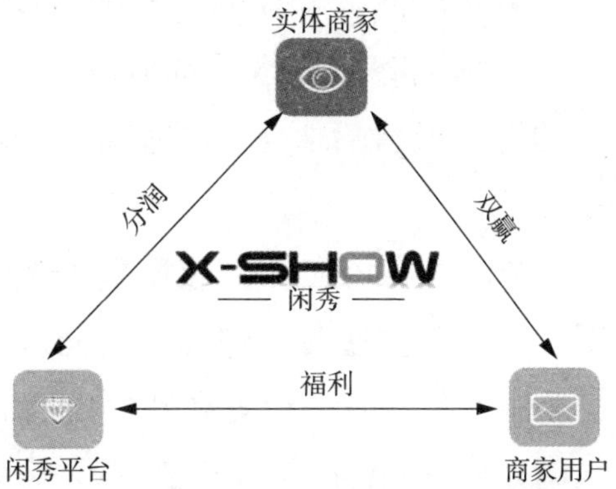

图7-11　闲秀、实体商家与商家用户共赢

现在唯一的问题是闲秀收到的20元能否覆盖50元的水果礼券。目前，随着过去40年中国经济的高速发展，中国进入了商品过剩的时代，以农副产品最为突出，一方面大中城市的水果价格高昂，另一方面果树上的水果却因无人收割而烂掉，这里面的原因是多方面的，其中，供应链环节繁多、行业发展不规范是突出的原因之一。

闲秀创始人李宏先生是中国第一批物流人，在物流行业积累了丰富的资源和经验。闲秀将利用自身在物流行业的经验和优势，将这些农副产品集中采购，实现从产品直接到消费者，没有中间环节，大大节约了流通成本，不仅能够解决从事这些种植行业老百姓的产品出路问题，而且能够让城市的居民吃到物美价廉的新鲜农副产品，实现一举多得的局面。根据测算，价值50元水果礼券的综合成本大概在15元左右，这就意味着闲秀也能够获利。这种所有参与方都是赢家的局面必然使得这种合作更长久、更牢固。

另外，闲秀利用社区商铺及实体店周边资源，在商铺放置APP推荐码，到店用户通过扫码加入闲秀APP即可获得闲秀提供的价值5元的数字资产红包。所有加盟不收商家一分钱，商家可以在闲秀 APP 上一键添加自己的专属商城，将自己的产品上传到闲秀 APP 上。闲秀还会定期跟商家举办活动，为实体商家引流。

闲秀让消费者在购物时无论身处何地，无论是在线下逛街还是手持鼠标或智能终端，都能以同样的价格买到同样的商品、享受同样的咨询或售后服务，这就是闲秀力推的线上线下一体化新实体商业模式。

当闲秀完成实体商家联盟的线上与线下融通，空间与服务融通，圈层与社群融通时，购物的时间和空间被打破重组，购物效率增加、体验感不断提升，让更高性价比商品贴近消费者，这就是实体商家加入闲秀生态平台的最大价值。

（2）电商平台

伴随移动互联网行业的高速发展，电子商务作为较为先进的商业模式在我国快速兴起。从最新的统计数据看，我国电商虽然仍在发展，但是增长速度明显放缓，这就意味着国内电子商务竞争将会更加激烈，而变得越来越不好做。

经过多年发展，目前规模较大的电子商务平台企业纷纷开始构建生态系统，闲秀亿购也不例外。为了有效地为闲秀生态引流并创造效益，闲秀电商平台主打爆款区，用户购买爆款区的商品，除了获得高品质的商品之外，还可以获赠等价值的积分，积分可以在闲秀平台进行消费。这一应用场景有效地拉近了闲秀与用户之间的联系。

（3）闲秀外送

闲秀外送是基于 5G 时代打造的新物流商业体系，外送不等同于外卖，外卖只是闲秀外送体系中很小的一个环节。闲秀通过打造跨界融合、线上线下、多渠道的物流体系，完成闲秀生态产业中物流体系的“最后一公里”配送服务，并通过闲秀社区团长将产品配送到每一个社区，致力于打造将闲秀直播点餐、闲物收取和闲物外送等多场景融合的新时代外送体系。

A. 外卖现状

中国外卖大数据显示，2016年，中国餐饮行业市场规模为3.6万亿元人民币，年增速10.8%，预计到2020年，市场规模可突破5万亿元人民币。有研究报告显示，2016年中国在线订餐用户规模达到了2.56亿人。在线订餐看起来欣欣向荣，但是，外卖生意可能越来越像一座围城，不进驻是跟趋势过不去，自绝于火热的互联网生意；进驻之后愈演愈烈的“价格战”让商家苦不堪言，可能做的活动越多，亏的钱越多，甚至感觉是在给平台打工。

正当的竞争能够给市场增加活力，但是价格战说到底是一种不正当竞争，在没有行业规范的情况下，“价格战”最终会导致逆向选择。在不正当竞争中，消费者看似是受益者，往往是最终的受害者。

B. 闲秀外送

闲秀的外送服务体系是综合“线上直播+美团点餐+拼团购物”的一站式服务平台。

精心筹备多年的闲秀通过直播与外送点餐的商业模式相结合，在原有的传统商业模式上创造性地推出“直播+点餐+配送”的新外送模式。这不仅让用户实时了解从原材料到后厨所有的生产环节，做到吃得放心，而且通过主播到店进行现场直播，用户可以和主播进行互动，大大提升用户的体验感，达到粉丝蜂拥而至的效果，从而提升门店销售额，一举多得。

闲秀通过与生态圈联盟商家进行互动，发起由美食家或者靓丽主播为您精心推荐附近的特色菜品菜系（嫁接区块链溯源防伪技术），提供新鲜、安全、便利的一站式生活服务，通过社区团长进行小区内订单配送（社区团队每配送一单均可获得3元配送提成）及上门闲物回收及置换，进一步将安全隐患降到最低，为商家带来了客流，为社区用户提供了安全保障，真正实现“食无惧、享无忧”的幸福生活。

（4）闲秀拍卖+中介

随着供给侧结构性改革的深入推进和“三去一降一补”五大重大

任务的逐步落实，拍卖行业发挥自身优势，助力不良资产处置，不仅如此，随着互联网商业应用的深入，拍卖业务全面与互联网整合的趋势日益明显。

A. 闲秀拍卖

拍卖（Auction）是专门从事拍卖业务的拍卖行接受货主的委托，在规定的时间与场所，按照一定的章程和规则，将要拍卖的货物向买主展示，公开叫价竞购，最后由拍卖人把货物卖给出价最高的买主的一种现货交易方式。

闲秀拍卖则利用短视频，方便快捷地让潜在用户第一时间了解拍卖标的的详细情况，同时，在拍卖成交后，闲秀拿出一部分利润按一定比例分给参与竞买的客户，践行了共享经济的理念。另外，闲秀拍卖还推出1元产品拍卖，即平台会陆续推出一些产品，价值几百元甚至上千元，起拍价1元，这样的拍卖形式有效地宣传了该产品的厂家，也是一种有效的引流方式。

B. 中介

中介指在不同事物或同一事物内部对立两极之间起居间联系作用的载体。提起中介这个词，相信很多人都不会陌生，曾经看过这样一句话：大城市无处安放身躯，小地方无法安放灵魂，生活不易，生存很难，有多少人遭遇过黑中介。

闲秀生态产业平台整合直播、商城、短视频等多种渠道综合，打造全新的直播及中介模式，将急需变现的标的物以直播的方式进行拍卖，以低价竞拍的方式吸引受众进行互动，并通过拍卖溢出价格打赏红包的方式增强黏性，形成闲秀现象级的品牌板块。闲秀中介+拍卖版块，想人所想，急人所急，必将在新形势下成为一种引领时尚的潮流。

C. 闲秀闲物+闲秀公益

闲秀的闲置资产交易平台以中介形式存在，通过与闲秀拍卖相结合，创造性地开展“闲物+消费金融”“闲物+售后服务”“闲物+新货买卖/租赁服务”等业务，加速闲置物品的周转效率，提升物品的使用价值，为构建节约型绿色生态文明出一份力。

闲置物品除了用于市场化的拍卖外，还可以用于公益性捐赠。未来闲秀将推出“闲物拍卖”，主打“闲置物品交流互助的公益平台”，提供一部分物品进行免费分享。例如，平台可以开展“一键公益”项目，提供上门揽收捐赠二手物品，再由公益组织作为中间环节进行分拣、消毒等处理，再递送给明确受捐人，打造全程可追溯、可信任的捐赠体系，为闲秀的整体商业体系的流通奠定坚实的基础。

（三）闲秀的支持体系

有了引流体系和应用体系之后，有效的支持体系是闲秀生态最终能够建立的“临门一脚”至关重要。闲秀的支持体系主要包括四个方面：技术支持、客服体系、物流配送体系和5G数字商学院。

1. 技术支持

自1936年计算机科学技术奠基人阿兰·麦席森·图灵（Alan Mathison Turing，1912年6月23日—1954年6月7日）发表《论可计算数字及其在决策难题中的应用》（*On Computable Numbers, With an Application to the Entscheidungsproblem*）以来，人类在计算机科学与技术发展上步入了快车道。当前，在计算机和现代通信技术相互结合基础上构建的宽带、高速、综合、广域型数字化电信网络时代，技术创新为经济发展和社会进步所起的作用也越来越突出。

闲秀亿购充分认识到信息技术在构建商业生态过程中的基础性作用，从四个方面利用信息技术为生态圈的健康发展保驾护航。

（1）“一物一码”赋能闲秀农产品流通

中国正从发展中国家迈入中等发达国家，电子商务环境在干线物流尚未完全建设充分的前提下已经将用户习惯培养成熟，中国在移动互联网的应用走在世界的前列，中国消费者的品牌意识在中产阶级崛起的大潮下更加成熟，但农产品的产业流通及数据对接还没有完全做好准备，传统农产品的产销结构还是无法支撑起从源头到餐桌的一站式服务体系。闲秀根据自身独有的“物流”引流体系，结合区块链技术从原产地就开始对农产品进行“一物一码”的防伪溯源操作，对农产品从源头到餐桌的每一步做到“防微杜渐”，实现农产品“放心、安心、贴心”的一站式流通服务，直接通过社区团长体系，跨越到“场景”和“社群”，赋能闲秀原产地农产品“新”的流通本质。

闲秀通过一物一码，把原产地农产品转化成一个个与消费者形成关系的触点，这样就可以把终端路线化成“信息蜂巢”，让线下及线上联盟商家更好地了解产品走向，对产品本身赋予营销功能，减少中间运输、宣传等环节费用的投入；并通过每个扫码后的信息传递与消费者信息收集，可以为参与闲秀平台的客户节省大量的终端传播费用，并通过扫码产生的促销信息精准分析每个消费者的消费行为及消费习惯。

闲秀一物一码的核心关键点是“全场景赋码理念”和“空码赋值”技术。简单来说，一个最原始化的码就是一个空码，它就是一段数字。在不同的角色面前，它被赋予不同的价值，即原生值、属性值和活动值。这三种不同的值，可以让线上、线下联盟商家针对不同的消费群体，在后台设定不同的活动。当然，所显示的活动特征也有相应的差异化。而全场景赋码的特征是根据线上、线下联盟商家及原产地农产品在经营过程当中的难点和痛点，寻找契合的应用及促销场景。根据场景中的关键人设定码的类型，根据场景当中关键人的诉求设定码的增值应用，这就是闲秀“一物一码”全场景流通赋能理念的基本原则。

（2）闲秀 APP 的更新及迭代应用

闲秀 APP 是通过 5G 时代新技术实现多场景辐射，让消费者获得愉悦、便捷购物体验的集合线上消费、线下购物、闲物置换、视频直播、短视频下单、拍卖、5G 数字商学院为一体化的数字化互联网共享平台。

闲秀 APP 产业布局是通过 1.0~4.0 的技术更新及迭代来完成最终的商业闭环。目前闲秀已经携手众多战略合作商家、源头供应商家及旗下闲秀生态资产流通平台，以 5G 智能商业应用和资产数字化理念为基础，通过共享闲置物品和平台独特的积分制流通方式，打通营销链与供应链，创造消费能带来价值、传播能带来价值、建立多元场景成交带来更大价值的共享互动平台。从而为真正实现消费升级和大力服务实体经济做出自己贡献。

闲秀旗下聚合国内顶尖的技术团队，为闲秀的 APP 商业构想提供有力的技术支撑，闲秀将于 1.0 时代上线跨境电子商城及直播，将于 2.0 时代打通以全国行政区划为基础的闲秀运营中心分润体系，将于 3.0 时代正式上线直播、短视频订单线下商铺流通商业体系，将于 4.0 时代上线原产品农产品产销一体化社区、社群配送体系。

（3）闲秀直播及短视频技术

闲秀 APP 综合性服务平台不仅有直播及短视频，还结合自主研发的短视频下单及实体店直播两种方式实现线上及线下双向流通的一体式服务体系，并通过直播及短视频实现粉丝大规模引流，采取一次携手终生绑定的分享经济体系增强平台与粉丝之间的黏性。

闲秀与其他平台的直播及短视频纯粹起到观赏与娱乐作用不同，闲秀通过自身的强大技术团队对闲秀短视频系统进行优化升级，让人在观看短视频的同时，一点击就能购买，并直接跳转结算页面。可以想象如下场景：新疆的大枣还在树上挂着，客户就已经通过产品介绍的短视频下单进行预订；菜农把绿油油的有机无公害蔬菜短视频一亮相，立刻会获得大量的订单。用此种方式可以想象，闲秀的短视频未来在市场应用中可以产生巨大的价值。

（4）闲秀支付将碎片化的支付世界重新聚合

当下，在中国移动支付引领全球发展的背景下，几乎十个人就有九个把移动支付当成了日常的消费方式，移动支付渐渐成了每个人的一种生活习惯。

闲秀倡导的聚合支付作为一种支付、营销、管理等一体化的支付解决方案，在市场上悄然兴起。这不仅满足了大部分商户的需求，还拓展到更多的应用场景，所以聚合支付是一种趋势，是移动支付市场经过长期发展演变而成的产物。

2017 年至今，聚合支付行业呈现爆发式增长的态势，成为主流的支付方式。闲秀整合市场中较为活跃的聚合支付服务商，闲秀的聚合支付秉承着“支付+营销+金融”的大战略应运而生（见图 7-12）。

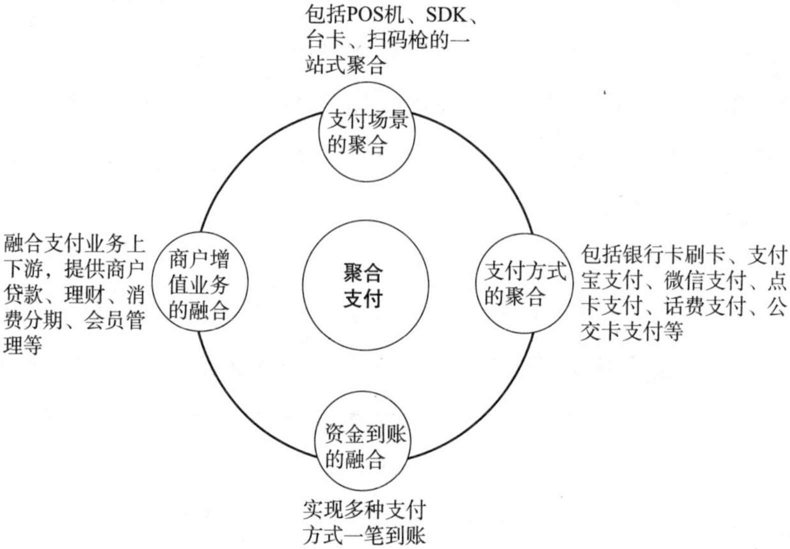

图 7-12　聚合支付构建新趋势

聚合支付不进行资金清算，因此无须支付牌照，其只是完成支付环节的信息流转和商户操作的承载，其在集合包括银联、支付宝、微信等主流支付方式的基础上，帮助商户降低接入成本，提高运营效率，具有中立性、灵活性、便捷性等特点。对于用户而言，出门不带钱包将成为触手可及的现实①。聚合支付通过对商户的原有收银系统进行技术开发，升级软硬件，接入移动支付功能，风靡百货、连锁商户和大中小卖场。

2. 客服体系

360 集团创始人周鸿祎先生认为，互联网产品的本质是服务。因此，企业只有不断提升服务质量，用户的体验感才会持续改善，口口

① 什么是聚合支付，概念整理［EB/OL］. https：//www. sohu. com/a/207234357_ 100015899.

相传，企业的生态才能越做越大。

鉴于此，闲秀建立了符合时代特点的客户服务体系，以支持闲秀生态的平稳运行。

闲秀的客户服务体系是“人工在线客服+客服机器人”。智能机器人客服是一种用户在提出简单、重复、常用问题后，能给予自动回复的后台智能系统，能帮助处理大部分简单高频重复问题，将人工客服从烦冗的重复的咨询中解救出来，大大提高客服的整体效率。

作为企业大数据的一个入口，人工在线客服成为重中之重。人工客服人员既需要熟练掌握信息技术、了解客户业务、关注用户体验，更需要和用户的业务团队能够无缝地交流沟通，把信息技术和业务实践结合在一起，并做到运用大数据技术对用户需求进行有效洞察。

不仅如此，闲秀人工在线客服秉承“先于客户发现问题，先于客户解决问题”的工作理念，在5G时代，向高端、智能、专业化转变，成为企业与用户之间紧密联系的纽带。

3. 物流配送体系

在经济全球化和移动互联网技术迅速发展的今天，企业面对的是一个迅速变化的买方市场，用户在时间方面的要求也越来越高，用户不但要求企业要按时交货，而且要求的交货期越来越短，这就要求企业能对不断变化的市场做出快速反应，不断地开发出定制的“个性化产品”去占领市场以赢得竞争。

在传统的物流运作方式下，我国企业物流费用平均占商品价格的40%，最高达60%~70%，物流过程占用的时间几乎占整个生产过程的90%，而美国的物流费用平均只占商品价格的10%~20%。因此，物流行业的升级和现代化成为我国经济转型的重要突破口。

目前，中国已经进入商品过剩的时代，特别是农副产品。结合自身在物流行业的经验及优势和中国农副产品的特点和相关的国家政策，闲秀亿购主动肩负起农商互联、产销对接的重担，构建聚焦“农产品”、投资“农产品物流通道”、服务“闲秀会员每日鲜果时蔬”的特色农产品现代化物流仓储综合性服务平台。

闲秀的仓储体系主要由省库、市库、配送库和社区团长共四级仓储配送体系构成，将在全国建立省库 68 个、市库 2000 个、配送库 30000 个和社区团长 100 万个。

闲秀的特色农产品由闲秀整合德邦物流及壹米滴答物流体系通过整车配送的方式运送至省库，省库根据市场需求将农产品分类配送到市区，由市库将订单货品运输到配送中心，再由社区团长进行分拣将商品送到用户手中，完成“最后 500 米”的配送。

社区团长是闲秀仓储体系的最大亮点。闲秀将通过社区团长和各小区物业联合，打造成一个覆盖全国范围内的农特产品供应平台。届时，基于平台庞大的客户群体和网络信息的实时性，社区居民可以通过平台短视频、直播、商城等多种渠道下单，收到信息的农户会根据当天订单情况对农产品进行采摘和包装，次日将直达用户手中。在不久的将来，伴随着闲秀“百城千县”的农产品战略规划，建设标准农产品交易集散中心、特色农业定制服务、涉农大数据中心、农产品标准化推广中心等多种业态（见图 7-13）。

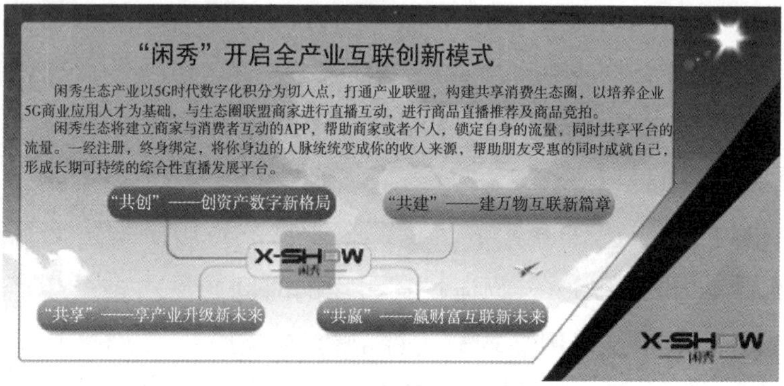

图 7-13　闲秀开启全产业互联新模式

作为平台型企业，闲秀将始终致力于在流通两端一手牵着农业、农村、农民，一手牵着城市市场百姓，切实缩短流通环节，同时，闲秀物流事业部通过与德邦物流及壹米滴答的 2.7 万个网点合作在全国范围内开展全方位立体化的配送体系建设，并通过闲秀的线下实体商家成立物流中转站，线下社区团长一键将选购商品配送到家门口，将闲秀亿购打造成老百姓都需要的共享共赢平台。

4. 5G 数字商学院

5G 时代，人与物、物与物将组成一个连接矩阵，每个人、每个物都会成为互联网上的一个节点，节点之间交互数据，形成一个大的数据网络。这将从根本颠覆现阶段的商业模式和商业逻辑。如果说 4G 改变生活，5G 将改变世界。

当前，全球主要经济体加速推进 5G 商用落地，其中，中国 5G 产业已形成规划、建设、运营和应用四大产业链环节，产业发展前景广阔，预计到 2030 年，中国 5G 产业将直接创造 950 万个就业机会，带动直接经济产出达 9840 亿美元（见图 7-14）。

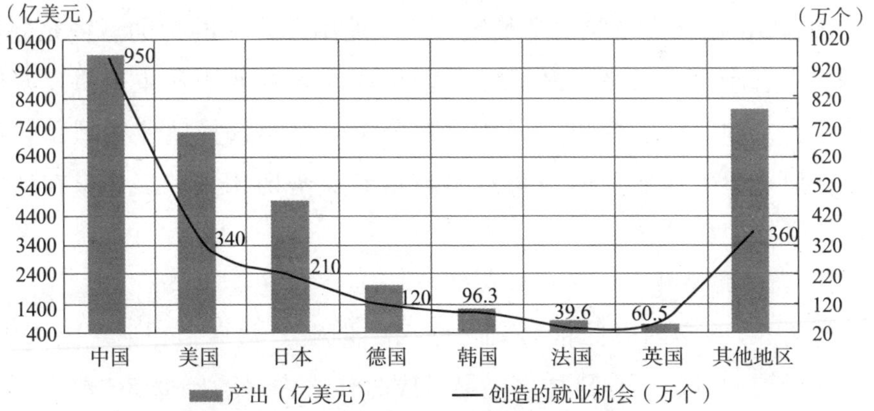

图 7-14　全球 5G 价值链与就业端矩阵分布

资料来源：波士顿咨询公司，阿里研究院，百度发展研究中心．解读中国互联网新篇章：迈向产业融合（中国互联网经济白皮书 2.0）[R].

正是在这种背景下，闲秀亿购创建了全球第一家 5G 数字商学院。闲秀 5G 商学院是以培养企业 5G 商业应用人才为基础，创新实践教育为核心，新科技发展趋势为引擎，搭建的新时代人才培育基地，旨在构建一种创新的企业人才培育模式，既帮企业解决实用型人才培养的问题，又帮助人才找准自己的兴趣发展方向及舞台，为实现和谐中国做出自己应有的贡献。

A. 学科设置

学院学科门类齐全，专业优势突出：闲秀5G数字商学院以5G时代商业应用专业为主，包括区块链、数字经济、物联网、商务谈判、沟通技巧、新媒体运营、5G应用场景、直播技巧等。师资队伍由闲秀生态平台高管和国内外特聘学者、专家、领导、企业家组成。学院师资队伍建设正朝着结构合理、整体水平不断提高的目标迈进。

B. 培养目标

培养具有优秀商业素质、人文素养和创新创业能力，具备扎实的5G商务应用理论和信息技术应用交叉知识与技能，具有熟练的营销策划应用能力，懂经营管理、能快速适应最新趋势的现代复合型商务人才。

C. 就业方向

闲秀5G数字商学院对学员实习及就业给予最大的帮助。将充分利用闲秀生态产业自身平台及商家联盟企业为各专业毕业生提供良好的就业平台，同时，学院也充分尊重部分学生自愿选择就业实习单位的想法。所有学生在实习阶段都从事与本专业密切相关的工作，在实践中与所学知识相结合。

D. 商学院文化

闲秀5G数字商学院的校训：学习、创新、共享、和谐。闲秀5G数字商学院的目标：育科技之栋梁，成时代之先锋。闲秀5G数字商学院弘扬“有梦想、有激情、有责任感”的“闲秀精神”，坚持高起点、高标准，走国际化、差异化之路，立足佛山和珠三角地区，放眼全国，力争用3年时间，打造以5G商业实用为特色的实战型商务精英、高端创业干部培养基地，努力跻身国内一流商学院行列。

（四）闲秀生态体系

金融是现代经济的核心，在互联网飞速发展的今天也是如此。在构建生态的过程中，闲秀非常重视金融对整个体系的促进作用。

闲秀生态体系建设主要包括两方面的内容：适时引入战略投资和推动更多的合作企业登录科创板。

1. 借力战略投资，加速企业规模化发展

通过市场化运作，借力战略投资是加速企业规范化发展的重要途径。战略投资者不仅具有资金、技术、管理、市场、人才优势，还能够促进企业产业结构升级，增强企业核心竞争力和创新能力，拓展企业市场影响力，产生立竿见影的协同效应，从而在比较短的时间内迅速提高企业的核心竞争力并最终带来企业业绩和股东价值的提升。

闲秀亿购将在闲秀 APP2.0 阶段，会员量达到一定数量并且会员量增长速度稳定的时候开启引入战略投资者的计划，相信闲秀商业生态的魅力一定会吸引睿智的战略投资者加入闲秀，从而为闲秀生态的拓展助力。

2. 推动更多的合作企业登录科创板

随着中国经济转型的不断深入，国家对于实体经济发展的支持力度在加码。习近平主席在 2018 年首届中国国际进口博览会开幕式上宣布，中国将推出科创板，给科技型和创新型企业开辟登陆资本市场的“绿色通道”。

顺应 5G 商业应用的潮流，闲秀亿购利用短视频、直播和支付环节延伸加速引流，利用与线下实体商家合作、在电商平台推出爆款商品、“直播+外送”、“网络拍卖+中介”，将闲秀的商业场景不断延展，实现吃喝玩乐、衣食住行无所不包，并以自身在物流行业的经验和资源回馈给用户，最终构建多方共享共赢的互联网平台。在这一过程中，海量的用户将会有效地促进闲秀生态中实体经济的转型和发展，为其登录科创板奠定坚实的基础，从而使得闲秀的商业生态越做越大，越做越强。

（五）闲秀生态的前景

闲秀生态将建立商家与消费者互动的工具，帮助商家或者个人，锁定自身的流量，同时共享平台的流量。一经注册，终身绑定，未来你身边的人脉全部变成你的收入来源，帮助朋友受惠的同时成就自己。

商业的本质是让人性得到释放，颠覆式创新也不例外，归根到底就是如何满足人性。创新，犹如逆水行舟，不进则退，在“互联网+共享经济”时代，最大的危机就是不寻求改变。

互联网，特别是5G商业应用的落地，共享经济将会得到深入的发展。不仅如此，由于消费目前是经济发展最重要的引擎，因此，聚集人气，秉承共享理念，将消费和为实体经济服务的宗旨发挥到极致，从而构建全民和谐共享的商业平台。

闲秀生态将营造社交型消费型趋势，打造基于5G时代的商品共享及裂变，采用真实的闲置资产流通获得几何级的裂变社交流量，简单自然回归共享经济本色，并依托海量的用户，将推动实体经济重新焕发新春的不可能变成可能。

闲秀的未来一定是充满光明的，闲秀的发展从不等待一切犹豫者、观望者、懈怠者、软弱者。只有与闲秀同步伐、与闲秀共命运的人，才能赢得光明的未来。加入闲秀，和同频的人一起构建平台经济生态圈，践行共享共赢的理念，促进实体经济绽放光华，在成就别人的同时，成为雕刻成功的那支如椽巨笔（图7-15）。

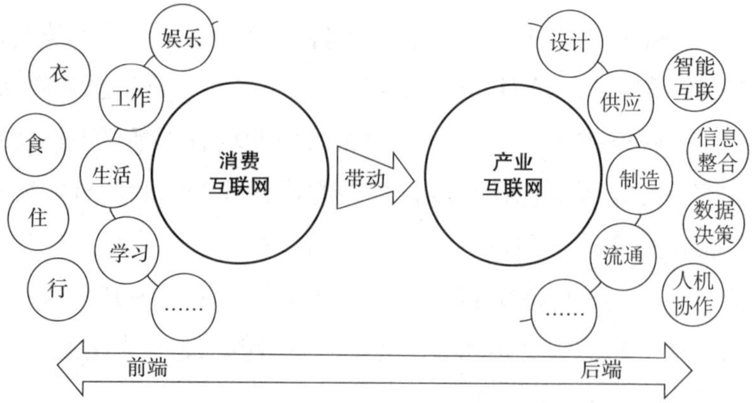

图7-15　闲秀亿购的未来

资料来源：波士顿咨询公司，阿里研究院，百度发展研究中心．解读中国互联网新篇章：迈向产业融合（中国互联网经济白皮书2.0）[EB/OL].

四、贵州拥德科技：区块链+农业产业化的典范

随着近十多年中国经济的高速发展，人们的物质生活极大地改善，但是，由于与此配套的相关基础设施、法律机制，特别是人们整体意识的缺乏，食品安全成为目前我国日常生活中亟待解决的头等大事，刻不容缓！

2019年3月26日，国务院总理李克强在国务院常务会议上表示：对那些造成严重食品安全事件后果的企业责任人，要从重处罚，罚到他们倾家荡产！然而，要解决问题，关键是要有一个标本兼治的综合解决方案。

高效生态农业应该是一个不错的选择。高效生态农业，是指在农业生态环境保护前提下，遵循生态学、经济学规律，运用系统工程方法和现代科学技术，集家庭经营与公司经营于一体的农业生产模式。正是在这样一种背景下，贵州拥德网络科技有限公司应运而生。

贵州拥德网络科技有限公司利用当下最流行的区块链溯源技术，结合土鸡养殖标准化、生态化和规模化的要求，并配合养殖基地当地政府让更多的贫困家庭通过生态养殖脱贫创富，走出了一条多方共赢的局面，值得大面积推广。

（一）公司介绍

依托贵州得天独厚的地理资源和国家政府对贵州大力支持的政策环境以及生态农业的良好发展前景，贵州拥德网络科技有限公司2018年7月落户贵州省遵义市，注册地址为贵州遵义汇川区人民路265号国投大厦，注册资金为1000万元人民币。

针对在贵州投资发展生态土鸡养殖事业，深圳市拥德富盈投资控股有限公司分别成立了贵州拥德网络科技有限公司、贵州省唛纳生态种养业有限公司和贵州德烨兴贸易有限公司三家公司，分别承担了生态养殖事业的推广运营、实体养殖和产品销售等重心业务板块。

拥德科技的目标是打造生态产品预售平台和在贵州建立养殖示范基地，争取两年内年自主养殖生态土鸡量1亿只，带动中国更多农户参与到生态养殖中，让更多的贫困家庭通过生态养殖脱贫创富。公司将采用区块链+物联网+智能防伪技术，结合先进的益生菌养殖技术，通过公司独创的预售平台，让城市消费者更快速、精准并以更低的价格吃到放心的纯生态食材。公司首期在遵义市习水县的养殖工程将投入100万只血毛土鸡，总投入资金约7000万元人民币。

“打造生态土鸡自主养殖产业链和互联网运营销售、预售的‘实体+互联网’模式”是拥德科技核心业务模式；“为农者谋利，为食者造福”是拥德科技的发展理念；“学雷锋做好人做好事”是拥德科技的企业使命；“振兴乡村经济，致力精准扶贫”是拥德科技的发展目标。

未来，公司的寻山农场预售平台将通过区块链技术打造年交易额超百亿元的互联网农产品电商平台，为更多的资源方和需求方提供更专业的服务和管理。

（二）生态养鸡是高效生态农业的典型代表

家养鸡出现在8000多年前的东南亚，并被水手和商人介绍到世界其他地方。如今，鸡是世界上最重要的家禽品种。

近几十年来，为了满足全球对动物性食品日益增长的需求，拥德科技已经开发出高产的商用鸡品种。这些鸡是专门为肉类或蛋类生产而饲养的，需要强化营养和健康管理来表达其遗传潜力。它们在世界各地广泛使用，并被大多数大型公司使用。

1. 肉类消费结构在变化

改变肉类消费结构是世界性的发展趋势，增加白肉消费、减少红肉消费已成为各国消费者的共识。在过去的半个多世纪里，不仅美国的肉类消费结构发生了很大变化，在经济发达的日本和肉鸡产业发达的巴西，国民的肉类消费结构也发生了巨大的变化。

随着中国经济的发展和人们生活水平的不断提高，大众膳食的肉类消费结构也在发生着深刻变革，以猪肉为代表的红肉消费逐年递减，而以鸡肉为代表的白肉消费正逐年递增。鸡肉在肉类消费结构中的比重从 1984 年的 6.2%持续上升到 2018 年的 21.6%，而且从中国居民肉类消费结构图看，猪肉消费占比在快速下降，鸡肉消费占比在逐步上升。按照这一趋势推算，预计到 2035 年，鸡肉将超过猪肉成为中国大众肉类膳食结构中的第一消费品（见图 7-16）。

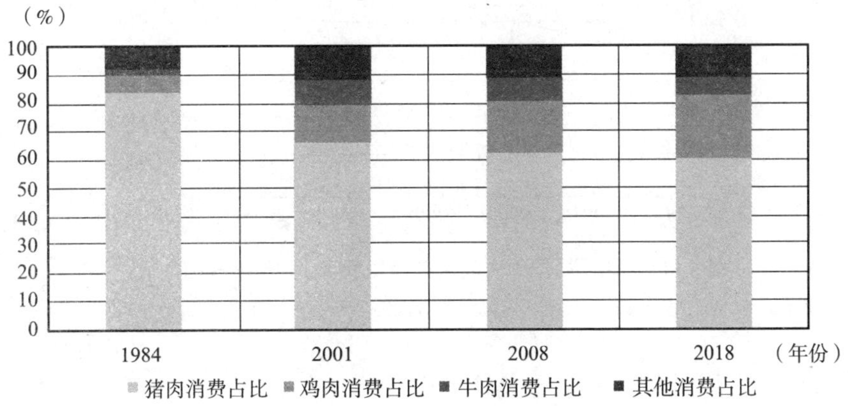

图 7-16　中国居民肉类平均消费结构（1984—2018 年）

资料来源：根据公开的信息整理

2. 鸡肉消费风靡全球的奥秘

《经济学人》发现，在过去近 30 年间，代表富裕经济体的经合组织国家（年人均可支配收入超过 3 万美元），人均牛肉消费量略微下降，鸡肉消费量跃然增长 70%，从 1990 年的 17.7 千克上升到了 30.2 千克。其中，欧盟 28 国在过去 27 年人均鸡肉消费量增速为 77%。连一直很爱吃鸡肉的美国也有 40%的消费量增速（图 7-17）。

在中国，“无鸡不成宴”的说法有着悠久的历史。近年来，随着科学技术的不断进步，鸡肉加工业正在突飞猛进地发展，再加上国家对传统餐饮行业的重视程度逐渐增加现代化快餐业的迅速成长，消费者收入水平和消费偏好都在发生变化，这些因素无疑会促进国内鸡肉消费市场不断兴旺。

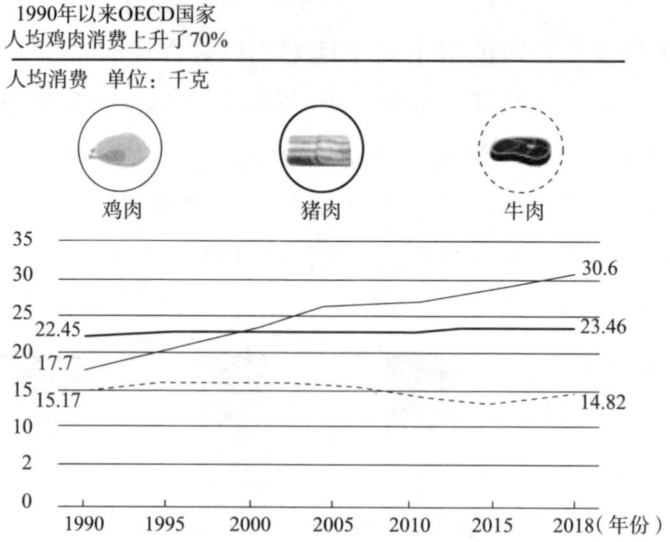

图 7-17 OECD 国家人均鸡肉消费状况（1990—2018 年）

资料来源：OECD 官网（https：//www. oecd. org）

3. 消费者越来越喜欢吃鸡肉的原因

进入 21 世纪，全球绿色生态文明建设进程加快。习近平总书记指出：我们既要绿水青山，也要金山银山。宁要绿水青山，不要金山银山，而且绿水青山就是金山银山。随着绿色生态理念深入人心，全球发展出现了一系列的变化，包括人们的饮食结构。鸡肉逐渐成为人们餐桌上的主要肉类消费便是一例，具体原因如下：

一是鸡肉独有的营养特点，更有利于人的身体健康。与猪肉等红肉相比，作为白肉的鸡肉具有“高蛋白、低脂肪、低热量”的营养特点。随着人们对健康饮食愈加重视，以鸡肉为代表的白肉消费正逐年递增。此外，鸡肉蛋白质中富含氨基酸，其含量与蛋、乳中的氨基酸谱极为相似，是优质的蛋白质来源。鸡肉蛋白质的消化率高，很容易被人体利用和吸收，同时是磷脂的重要来源。因此，鸡肉补中益气老少皆宜（见表 7-1）。

表 7-1　猪肉、牛肉和鸡肉的营养成分对比

名称	蛋白质平均含量（%）	脂肪平均含量（%）	热量（千卡/100 克）	钙（毫克）	钠（毫克）	铁（毫克）
猪肉	13.2	37	395	6	59.4	1.6
牛肉	15.7	2.4	95	7	54.6	1.6
鸡肉	21.6	4.5	122	9	74.1	2.1

资料来源：中国食物成分表 2018 年完整改进版

二是鸡肉是性价比较高的健康消费选择。以美国为例，鸡肉在过去近 30 年没有涨价太多：它的零售价只上涨了 33%。与之相比，牛肉和猪肉价格同期分别上涨 98% 和 58%。另外，鸡肉饲养周期短，使得饲养风险大大降低，这一方面，养牛和养猪的风险就相对较高。而且与养牛和养猪相比，养鸡更为环保。养鸡的碳排放只有养牛的 1/7。

三是规模化养殖使鸡肉变成了大众消费品。自古以来，中国的家禽养殖没有规模化和集约化。20 世纪 80 年代以后，随着国外白羽肉鸡的引进，规模化、集约化的家禽养殖遍地开花，也带动了国内黄羽肉鸡的规模化、集约化养殖，使得鸡肉不再是奢侈品。

四是源于宗教信仰和民族习惯，不同民族的饮食存在很多禁忌。但与其他肉类消费品相比，鸡肉是适合世界所有民族食用的肉类，这使其拥有更宽广的消费增长空间。

4. 中国生态养鸡前景光明

我国鸡肉消费总量排名世界第二，但人均消费量相比其他鸡肉消费大国仍有较大差距，中国人均鸡肉消费量每年仅为 10 千克左右，而与大陆居民饮食结构最接近的台湾地区的人均鸡肉消费量已达 28 千克左右，美国、巴西人均鸡肉消费量超过每年 40 千克，而且低于世界平均水平，预计我国未来鸡肉市场有较大增长空间（图 7-18）。

据中国肉类协会预计，按照“十三五”规划的目标，到 2020 年，我国人均肉类消费将达到 69 千克，肉类整体需求量达到 1 亿吨。2018 年中国肉类整体需求量约为 8200 万吨，而且猪肉消费量最近两年出现下滑。根据中国肉类消费结构的变化，预计到 2035 年，鸡肉消费将超

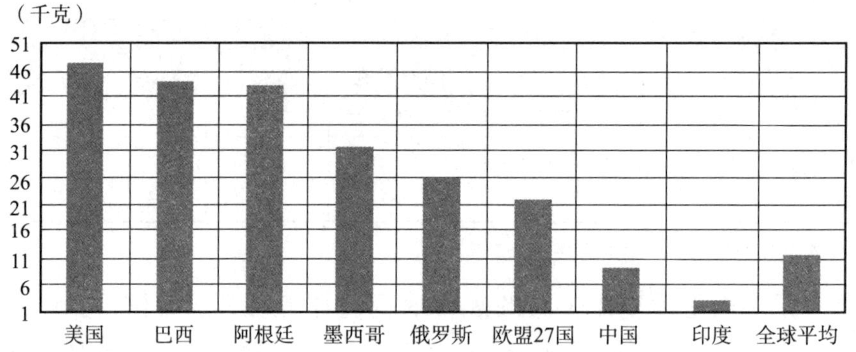

图 7-18　主要国家人均年鸡肉消费量

资料来源：根据公开的信息整理

过猪肉，成为中国第一大肉类消费品，因此，未来中国对鸡肉的需求将大幅增长。

中国作为肉鸡生产与消费大国，其充足的产量足以满足消费者对鸡肉的需求。不过中国的鸡肉生产的质量、安全和生产的可持续性尚有不足，仍有很大的发展空间。

一系列数据表明，无论是国内，还是国外，鸡肉消费都呈现强势增长的态势，不断扩大的市场需求让中国肉鸡业有更广阔的市场前景和发展潜力。

另外，中国肉鸡养殖规模化程度比猪要高很多。按照农业部定义 2000 只以上算规模养殖，目前肉鸡养殖规模化程度已达 85.7%。相信在巨大的市场需求以及肉鸡养殖技术不断成熟的背景下，中国规模化生态养鸡将会出现井喷式的发展。

（三）公司核心团队

在当今的互联网时代，要么组建一个团队，要么加入一个团队。在这个瞬息万变的世界里，单打独斗者，路越走越窄，选择志同道合的伙伴，就是选择了成功。用梦想去组建一个团队，用团队去实现一个梦想。人，因梦想而伟大，因团队而卓越，因感恩而幸福，因学习而改变，因行动而成功。

贵州拥德网络科技有限公司在组建之初就非常注重团队建设，目前，公司拥有两个核心团队：养殖技术团队和区块链技术团队。

1. 养殖技术团队

以贵州省唛纳生态种养业有限公司总经理徐树常先生为首的养殖技术专家，从事专业养殖近30年，拥有丰富的养殖经验。早在2012年，徐树常先生就在贵州建立大型养殖场地，对贵州的养殖环境和政府政策非常熟悉。唛纳公司具有繁育、养殖、屠宰、销售一条龙的产业链条，经验非常丰富，终端消费用户数量大而且稳定。近5年，公司年平均生态鸡销售量为200万只左右。

2018年8月，贵州拥德网络科技有限公司正式收购唛纳公司，这为拥德科技的稳步发展打下了坚实的基础。

2. 区块链技术团队

作为制造信任的机器，区块链技术在全球的商业应用越来越成熟，其实，溯源技术是区块链技术应用最广泛的技术，在食品安全方面起到了至关重要的作用。

基于此，贵州拥德网络科技有限公司在公司筹建期将建立拥德科技区块链开发团队放在首位，团队成员分别来自腾讯、SEE平台和原七程旅游网。

2018年10月中旬，由贵州拥德网络科技有限公司区块链开发团队开发的土鸡养殖“区块链溯源APP”在绥阳县郑场镇成功运行。拥德科技公司董事长曾凡永表示：“消费者可通过公司开发的APP清楚地看见这些鸡进食及活动情况，包括它们所住的棚户、海拔、气温、成长轨迹及屠宰、运输等全过程，让消费者在手机上就可追溯这只鸡从生长到上市的全过程。”

（四）拥德科技的企业文化

要建立一个长期稳定的、有战斗力和凝聚力的团队，良好的企业文化生活是必不可少的。企业文化是企业的灵魂，是推动企业发展的不竭动力，是企业在长期的生产经营管理过程中所形成的价值观念、经营思想、群体意识和行为规范的一种综合体，其核心是企业的精神和价值观。

结合自身的实际情况和所处的产业，贵州拥德网络科技有限公司制定了独特的企业文化：

企业价值观：诚信、创新、高效、共赢。

企业愿景：打造绿色健康原生态食材产业链，构建安全放心农副产品产销平台。

企业使命：为农者谋利，为食者造福。

产品理念：安全、美味、健康、绿色。

（五）养殖基地

目前，贵州拥德网络科技有限公司拥有三个大型生态养殖基地：绥阳育雏基地、习水养殖基地和息烽养殖基地。

绥阳县，隶属贵州省遵义市。位于贵州省北部大娄山脉中段，东连湄潭，南临汇川区，西接桐梓，北靠正安。占地总面积2566平方千米，占贵州省总面积的1.45%，占遵义市总面积的8.28%（见图7-19）。

图7-19　拥德科技的三个养殖基地

目前绥阳享有“国家级生态示范区”“全国商品粮基地县”“国家农业综合开发县”“中国辣椒之乡”“中国金银花之乡”“中国最佳休闲旅游县”等称号，还有一个名号“中国诗乡”。物产丰富的绥阳，受到大自然的丰厚馈赠，有颇大的自然景观和人文景观，享有“诗画绥阳·养生天堂”的别称，构成绥阳别具一格的特色旅游。

绥阳县提出了争做“生态建设的先行者”的响亮口号，成为推动绿色发展的实践者，争做生态建设的先行者。现代农业与绿共生。

贵州拥德网络科技有限公司在绥阳县郑场镇建设了超600亩月产量50万羽以上的育雏基地。在育雏基地充分让小鸡苗壮成长满1个月左右，体重500克左右再由专业工作人员放养到习水县桑木镇1号基地林下养殖。拥德科技以互联网平台和科技农业生态循环为主体，以安全、美味、健康、绿色为理念，打造具有特色的生态土鸡品牌——寻山土鸡。随着我国畜牧业发展观念的转变，拥德科技将生态养殖作为基础，颠覆传统养殖业，转型升级为科技农业养殖。当地政府也给予拥德科技大力支持，以引导畜牧生产走向生态发展道路，带动更多的农民参与到科技生态畜牧养殖中，助推当地脱贫攻坚战略。

桑木镇位于贵州省遵义市习水县南部，距县城22千米，仁习赤高速公路穿境而过，全镇幅员109平方千米。桑木镇因桑树而得名，历史悠久，文化厚重，是习水垂线乡镇的中心集镇，平均海拔940米，年平均气温14.3℃，降雨量充沛，森林覆盖率为58%，全镇以农业产业为主，无任何矿山企业。拥有避暑天堂千亩荷乡、红苗文化胜地、苗族风情园，全县唯一的温泉等景观景点。

桑木的鸡散养林中，吃百虫万草长大，系纯天然生态鸡，味道香醇，特别是炖出的土鸡清香绕梁三日，吃之回味无穷。目前，贵州拥德网络科技有限公司位于遵义市习水的桑木散养基地约600亩，年散养土鸡10万羽。另外，贵州拥德网络科技有限公司位于贵阳市息烽县的合作散养体量约为500万羽。

（六）企业产品

产品是一切商业模式的根本，特别是在互联网技术飞速发展，信息化对称的今天，没有好产品的企业根本无法生存。贵州拥德网络科技有限公司的产品有四大特点，具体如下：

1. 品牌建设

品牌是有价值的资产，联合国工业计划署的一项调查显示，名牌在所有产品品牌中所占数量不足3%，但所占市场份额却在40%以上，销售额占50%以上。这说明，好的品牌能有效监管控制品牌与消费者之间的关系，最终形成品牌的竞争优势，使企业行为更忠于品牌核心价值与精神，从而使品牌保持持续竞争力。

根据土鸡的成长于贵州大山深处，寻山间天然虫草食材的特点，贵州拥德网络科技有限公司给土鸡取了一个非常接地气的名字“寻山”，并在国家市场监督管理总局备案注册为商标。

2. 营养价值

“寻山”牌绿壳蛋鸡因产绿壳鸡蛋而得名，其特征是所产蛋的外壳颜色呈绿色，是我国特有禽种，被农业部列为“全国特种资源保护项目”，是比乌鸡还珍贵的鸡种。

绿壳蛋鸡体形较小，结实紧凑，行动敏捷，匀称秀丽，性成熟较早，产蛋量较高。成年公鸡体重3.2~4.5斤，母鸡体重1.9~3.1斤，年产蛋160~180枚。

当今黑色食品被列为继绿色食品（第三代食品）之后的第四代自然功能食品，在国际市场已形成销势强劲的消费新潮，将成为21世纪人类最喜爱的自然保健食品。

绿壳蛋鸡完全具备黑凤乌鸡的五黑特点，含有大量有极高滋补保健价值的黑色素以及人体必需的17种氨基酸、多种维生素和抗癌元素硒、铁等矿物质，其肉质乌黑结实、味香鲜美、口感极好；鸡肉中各种氨基酸明显高于其他鸡种，具有滋补肝肾、大补气血、调经止带等功效，且药效卓越神奇，被誉为“药鸡”。而且在某些地区老人说，绿壳鸡蛋有防治头痛效果。以中科院院士吴常信为主任委员的鉴定委员会一致鉴定认定，该鸡具有极高的营养保健价值，该鸡的研究水平达到了国内同类研究的领先水平。

3. 生态养殖只为健康

贵州省属高原地形，山地居多，素有“八山一水一分田”之说，是全国唯一没有平原支撑的省份。工业破坏率较低，亚热带湿润季风气候，四季分明、春暖风和、雨量充沛、雨热同期。

当幼鸡具备了放养的基本条件，让鸡群在开阔的山野各展其能，自由自在地捕捉昆虫，寻觅草籽，啄食嫩草，同时用纯天然玉米、高粱、麸皮、添加益生菌等生态粮全程无抗养殖+天然环境，158 天的慢时间成长。

益生菌可有效杀害肠道有害菌改善肠道吸收，平衡肠道菌群，益生菌随粪便通过肠道排出体外，还可以杀灭粪便中有害病菌，分解鸡粪中未消化的食物，减少鸡舍中氨气的产生，从而能更好地保护环境，减少环境污染和降低异味，确保周边环境不受影响。

4. 区块链溯源

基于区块链不可篡改等特点，通过 RFID 射频设备实时抓取数据上传，保证每只鸡从鸡苗到成鸡、从鸡场到餐桌的过程中，所有的数据都被真实记录，真正实现每只鸡的防伪溯源，给每只鸡加上一个独立的身份证。

在整个生产链上，实现从鸡苗的供应源、养殖基地，到屠宰加工厂、检疫部门、物流企业等环节打通信息壁垒，所有信息进行上传，并通过共识算法保证信息的不可篡改性、唯一性（图 7-20）。

5. 液氮速冻+顺丰冷链

液氮速冻是当今生鲜食品比较昂贵并有效的速冻方式。能快速将温度降至零下 120℃，确保在正确冷藏温度-18℃的低温下长期储存，确保新鲜美味不会流失，更有效地保留了土鸡的原汁原味。

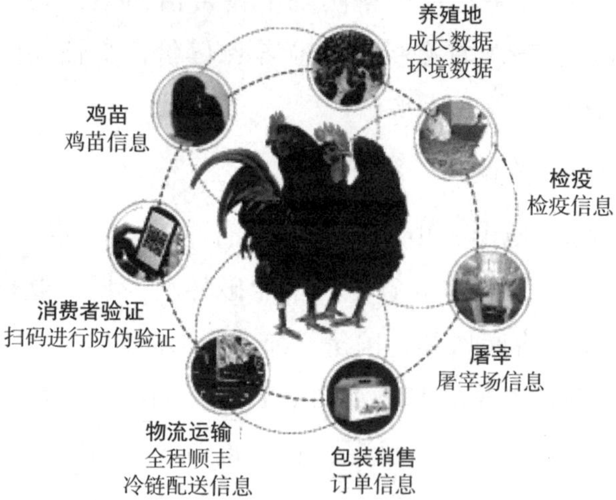

图 7-20 拥德科技区块链溯源

好产品自然要优先送达消费者，拥德科技携手顺丰冷链达成战略合作，确保全国大部分地区的消费者快人一步吃上贴近原味的“寻山”生态土鸡。

（七）发展前景

贵州拥德网络科技有限公司独创区块链+生态养殖+预售平台的商业模式，结合先进的益生菌养殖技术，为广大消费者提供“寻山”牌生态土鸡和营养价值极高的绿壳鸡蛋，在很短的时间里，拥德科技获得了极大的经济价值和社会效益。

另外，拥德科技在飞速发展的同时，不忘自己的社会责任。拥德科技与当地政府签约生态养殖项目，每卖出一只鸡，就有 1 元人民币进入扶贫基金，每养 3000 只鸡，就意味着一个贫困家庭彻底脱贫（见图 7-21）。

展望未来，随着鸡肉逐渐成为中国人餐桌上最为重要的肉类食品，在实现巨大经济利益的同时，拥德科技有了更高更大的目标，即当拥德科技每年出品的成鸡达到 1 亿只的时候，“寻山”牌土鸡可能有资格开启申请成为中国期货市场一个新的交易品种。

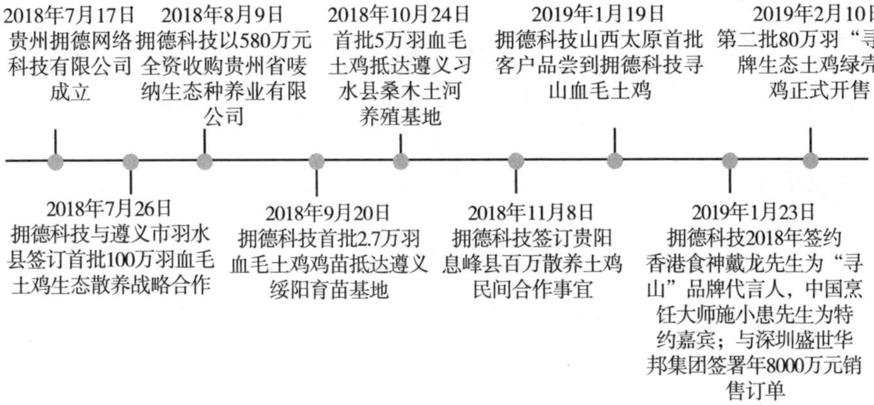

图 7-21 拥德科技发展路线

五、总结

在“快”为最显著特征的时代，任何一个身处其中的个体，面对新生事物和趋势，需要有一个适应和接受的过程，谁适应和接受得快，谁就可能成为最后的赢家。互联网时代的到来，无论你是主动适应还是被迫接受，它都已经影响到我们生活的方方面面。

在一个功利的时代，人们以结果论成败，往往忽视过程的美丽、追求结果的跌撞以及其中因失败所必须付出的代价。2001 年诺贝尔经济学奖者、著名经济学家约瑟夫·斯蒂格利茨（Joseph Eugene Stiglitz）在其新书《增长的方法：学习型社会与经济增长的新引擎》中写道：西方国家从 1800 年左右起开始向“学习型社会”转型，亚洲诸国近年来也开始了这一进程。向“学习型社会”转型的进程对人类福祉的影响，要远远大于改善资源配置效率或资源累积带来的效果。因此，学习和创新是一切进步的根源。

实体经济是一个国家生产的商品价值总量，包括物质的、精神的产品和服务的生产、流通等经济活动。实体经济直接创造物质财富，是社会生产力的集中体现，也是社会财富和综合国力的物质基础，也是人类社会赖以生存和发展的基础。发达稳健的实体经济，对提供就业岗位、改善人民生活、实现经济持续发展和社会稳定具有重要意义。当前，面临“新常态”、“互联网+”、新消费新零售和区块链、通证经济以及5G商业应用的冲击，实体经济的转型已经刻不容缓。

延伸阅读

何谓“实体经济”

近年来，随着中国经济转型进程的加快，振兴实体经济成为各行各业，包括政府关心的头等大事。很多人都知道，实体经济是相对于虚拟经济来说的，但是，究竟什么是实体经济，可能不同的人会有不同的答案。

为了切实有效地为实体经济服务，完成我国经济的转型，笔者将对这个问题进行探讨。

一、什么是“实体经济”

实体经济，360百科上的定义是，人通过思想使用工具在地球上创造的经济，包括物质的、精神的产品和服务的生产、流通等经济活动。包括农业、工业、交通通信业、商业服务业、建筑业、文化产业等物质生产和服务部门；也包括教育、文化、知识、信息、艺术、体育等精神产品的生产和服务部门。

由于实体经济涉及那些关系到国计民生的部门或行业，因此，以物质资料的生产经营活动为内容的实体经济，在国民经济发展过程中扮演着非常重要的角色，具体表现在三个方面：为民众提供基本生活资料；提高民众的生活水平；提升民众的综合素质。另外，由于实体经济直接创造物质财富，是社会财富和综合国力的物质基础，因此，实体经济始终是人类社会赖以生存和发展的基础。

二、美国的“实体经济”

美国一直非常重视实体经济的发展，尽管美国的服务业已经非常发达。作为美国货币政策的制定者和执行者，美联储（The Federal Reserve,

Fed）从20世纪90年代就开始关注美国经济结构的变化。时任美联储主席阿兰·格林斯潘（Alan Greenspan）在多个场合谈到实体经济（the real economy），并提及技术变革的重要影响，认为在创造经济价值的过程中，思想正在取代物质。正是在这种思维指导下，美联储对实体经济进行了界定：除房地产市场和金融市场之外的领域都属于实体经济的范畴。从美国经济数据的构成来看，包括制造业、进出口、经常账、零售销售等的部分被美联储笼统地概括为“实体经济”。所以，美国的“实体经济”在很大程度上反映了美国国内市场运行的“流水账”部分。

由于“实体经济”是一个国家市场稳定运行的最广泛基础，“实体经济”指标的偏差往往影响到社会生活的各个领域，并直接与民众的民生和企业的生存联系在一起。因此，美联储把近年来出现泡沫的房产市场和快速变化的金融市场排除在“实体经济”之外，这也充分说明美联储维护“实体经济”的良苦用心。

三、中国的“实体经济”

在中国，随着互联网应用的日渐深入，关于实体经济和虚拟经济的争论一直存在。有人认为，由于数字经济的扩张，实体经济正在萎缩，甚至要求政府加强对网络运营的监管；也有人认为，缺乏创新才是损害实体经济的真正原因。国务院总理李克强表示，所有经济体需要结合起来促进中国经济发展，但实体经济的高成本仍然是一个问题。找到正确的平衡方法是一个持续的挑战。

习近平总书记在党的十九大报告中指出：“建设现代化经济体系，必须把发展经济的着力点放在实体经济上，把提高供给体系质量作为主攻方向，显著增强我国经济质量优势。”那么，“什么是‘实体经济’，实体经济涵盖哪些领域”是实现党的十九大报告中关于实体经济发展总体要求和战略部署的第一步。如果这个问题不弄清楚，服务实体经济很多情况就会是隔靴搔痒，让服务实体经济，促进实体经济发展成为一句空话。

在中国，实体经济的具体含义似乎并没有一个统一的答案。从中国人民银行调查统计司副司长张文红在介绍2019年前四个月实体经济融资状况时的表述中，笔者对中国“实体经济”的定义有了一个初步的判断：实体经济是包括工业、基础设施业、制造业（尤其是高技术制造业），不含房地产业的服务业。

四、总结

当前，中国处于经济转型的关键时期，实体经济的发展举步维艰，但是实体经济的表现对于整个经济转型能否成功扮演至关重要的角色。尽管党和政府出台了一系列促进实体经济发展的政策和措施，但从目前情况看，效果并不明显。不仅如此，随着互联网，特别是移动互联网的飞速发展，5G商业应用已经拉开大幕，实体经济如何在新的形势下凤凰涅槃成为各行各业关心关注的焦点。

正所谓办法总比问题多，相信随着我国在数字经济和5G商业应用方面的长足进步，加上政府推出的减税措施以及科创板的落地，我国实体经济发展的外部环境必将大大改善，实体经济焕发第二春很快就会到来，让我们拭目以待！

很多企业还活在过去的旧观念里，舒服日子过惯了，没有勇气去变；很多企业即使想变，但不知道怎么变，没有方向，没有思路，无从着手。如何解决？首先，要从观念入手，认清现实的残酷性和紧迫性。如果你自己不采取行动，即使有最实用、最经典、最可行的哲学，也难以有好的结果。其次，加强学习勇于创新。人生的真谛在于不断进步，而学习和创新是实现不断进步的途径。最后，践行共享思维，构建闭环商业生态，促进实体经济快速转型升级，达到共赢的目的。

进入21世纪，人类开启实体工业经济向“绿色生态社群经济”的演化，更是人类从工业信息文明向绿色生态文明的进化。通过5G、区块链、人工智能、物联网、大数据、云平台赋能实体经济，人类阔步向前，吹响了实现万物互联互通，开创合作共赢新局面的号角。

参考文献

[1] 周鸿祎．周鸿祎自述——我的互联网方法论［M］．北京：中信出版社，2014.

[2] 叶开．Token 经济设计模式［M］．北京：机械工业出版社 2018.

[3] 马文彦．数字经济 2.0：发现传统产业和新兴业态的新机遇［M］．北京：民主与建设出版社，2017.

[4] 习近平在庆祝改革开放 40 周年大会上的讲话［EB/OL］．https：//baike. so. com/doc/28617687-30076526. html.

[5] 习近平主持召开民营企业座谈会上的讲话［EB/OL］．http：//www. gov. cn/xinwen/2018-11/01/content_ 5336540. htm.

[6] 蔡余杰，黄禄金．共享经济——引爆新一轮颠覆性商业革命［M］．北京：企业管理出版社，2015.

[7] 王义桅．世界是通的——“一带一路”的逻辑［M］．北京：商务印书馆，2017.

[8] 李祖喜．免费商业思维［M］．北京：华夏出版社，2018.

[9] ［美］约瑟夫·斯蒂格利茨．增长的方法：学习型社会与经济增长的新引擎［美］布鲁斯·格林沃尔德．陈宇欣，译［M］．北京：中信出版社，2017.

[10] 黄建波．一本书读懂物联网［M］．北京：清华大学出版社，2015.

[11] ［美］约翰·D. 洛克菲勒．窥见上帝秘密的人［M］．北京：中国三峡出版社，2012.

第八章 结语

当您读到结语的时候，也许会思考：要弄懂当下的趋势，找准定位需要掌握这么多知识？数字经济、区块链、通证、全球经济形势，还有 STO 和资产数字化。其实，随着人类对世界认识得越来越清晰，人们发现世界本身存在很大的不确定性，并非如过去想象的那样一切都是可以确定的。因此，在当下社会，人们要想把事情做得更好，必须有一种新的方法论体系。

十多年前，“文盲”的定义是指不识字并且不会写字的成年人，进入 21 世纪，很多人虽然接受过基本的识字教育，但在现代信息传播高度发达的社会生活存在比较大的困难。今天文盲的定义已经发生了巨大的变化，联合国重新定义文盲的标准，将文盲分为三类：第一类，不能读书识字的人，这是传统意义上的文盲；第二类，不能识别现代社会符号（地图、曲线图等常用图表）的人；第三类，不能使用计算机进行学习、交流和管理的人。后两类被认为是“功能型文盲”。

另外，回顾人类社会发展的历史，人类探索自然和社会的奥秘经历了这样一个过程：首先，在远古时代生产力水平低下的时候，由于人们获得信息的成本极高，所以人们起初探索自然完全靠经验和阅历，这一时段持续了很长的时间。经过人类的不断努力，自然科学逐步建立。其次，随着生产力水平的提高，特别是人口数量的大幅增长，如何处理好人与人之间的关系成为一个非常重要的课题，此时，人类逐步关注社会发展的现象和规律，一个个关于社会发展规律的学科诞生，并形成一个体系，即社会科学。

进入20世纪，随着自然科学和社会科学的不断发展融合，信息技术的突破为人类探索自然和社会插上了腾飞的翅膀。到了20世纪90年代，互联网（Internet）的商业应用彻底改变了人与人沟通交流的方式，使得人类获取信息的成本极低，甚至为零。在信息爆炸和碎片化的年代，如何将获取的信息去伪存真、去粗取精并为决策所用成为一个非常重要的话题。在此背景下，系统科学应运而生。系统科学的发展将人类认识自然的水平推向了一个极高的阶段。然而，这一过程并未停止，将系统科学的理论研究和实践应用上升到哲学的层次才是至高境界。正所谓：小道繁，大道简。哲学是最为抽象的科学，也是逻辑性的最好体现。

那么，什么是系统？系统研究经历了怎样的过程？作为一门科学，系统论的发展历程、现状以及未来的趋势如何？本章将逐一阐释。

一、什么是系统

世界上任何事物都可以看成一个系统，系统是普遍存在的，大到茫茫的宇宙，小至微观的粒子、一群蜜蜂、一台机器、一个工厂、一个学会团体等，都是系统，这个世界就是系统的集合。

系统一词，来源于古希腊语，是由部分构成整体的意思。所谓系统是指由若干要素以一定结构形式联结构成的并与环境发生关系的具有整体功能的有机整体。在这个定义中包括了系统、要素、结构、环境和功能六个概念，表明了要素与要素、要素与系统、系统与环境三方面的关系。

因此，系统的基本属性表现在六个方面：整体性、结构功能性、相关性、有序性、目标性、动态性。

整体性原则，即系统、要素、环境之间的辩证统一。首先，系统与要素、要素与要素、系统与环境之间存在有机联系，它们相互作用、相互影响，构成一个整体。其次，系统的性质和规律，只有从整体上才能显示出来，整体可以出现部分未有的新功能，整体功能不是各部分功能的简单相加。最后，系统内部各要素或部分的性质和行为，对其他要素或部分的性质和行为有依赖性，并对整体的性质和行为有影响。整体性原则是系统论的基本出发点，它要求人们在人生和处理系统对象时，都要从整体着手进行综合考察，以达到最佳效果。

结构功能性原则，即系统的结构和功能达到辩证统一。首先，结构是功能的基础，功能是结构的属性。结构不同，一般情况下功能也不同，即结构决定功能；其次，同一结构可能有多种功能。结构不同，可能产生相同的功能。它要求人们在研究各种系统时，要把握好系统结构和系统功能的辩证关系。

相关原则，即系统的整体性是通过各要素间的物质和能量的相互交换、转换及守恒的规律，还有信息的传递、交流等多种形式加以实现。研究系统整体性时，搞清系统内外部物质、能量和信息的流动状态是非常重要的。

有序性原则，即系统是有序的、分层次的和开放的。一般是由低级有序状态向高级有序状态发展。系统有序程度用熵度量。

目的性原则，即在反馈机制的作用下，系统能保持内部的稳定以及与环境的协调的一种特性。要掌握系统发展的趋势，必须要把握这种机制。

动态性原则，即现实系统都是变化发展的，一方面，系统内部存在“自组织”的活动。另一方面，由于环境的变化，系统也难以维持其原有的状态。因此，在动态中协调系统各方面的关系，使系统达到最优化才是正途。

其中，系统的整体性是系统论的核心思想。系统是多种多样的，可以从不同的角度对系统进行分类。按人类干预的情况可划分为自然系统、人工系统；按学科领域可分为自然系统、社会系统和思维系统；按范围可分为宏观系统和微观系统；按与环境的关系可分为开放系统、封闭系统和孤立系统；按状态可分为平衡系统、非平衡系统、近平衡系统和远平衡系统①。

系统观念在远古时代就已经萌芽，随着人类探索文明的不断努力以及技术进步的推动，系统观念逐渐形成体系，演变为系统论。

二、从系统探索到系统论

系统是普遍存在的，在宇宙间，从基本粒子到银河外星系，从人类社会到人的思维，从无机界到有机界，从自然科学到社会科学，系统无所不在。

（一）中医——人类系统理念的开端

宇宙、自然和人类，一切都在一个统一、运转的系统之中。一切伟大的进步都必须以系统论作为出发点及归属处。系统思想源远流长，在系统研究和探索方面，中国的古人做出了卓越的贡献，其中，至今5000多年的中医便是典型的一例。

人自身是现实世界中最典型的系统。人类对系统的研究从远古时代就开始了，最初是对人体自身的研究。因此，中医是人类对系统研究的开端。人类的医疗保健活动是和生产、生活实践紧密相联的。中医产生于原始社会，以《黄帝内经》为开端，春秋战国扁鹊、《黄帝内经》的出现意味着中医理论基本形成，出现了解剖和医学分科，已经采用“四诊”，治疗法有砭石、针刺、汤药、艾灸、导引、布气、祝由等，使中医学始终沿着唯物的道路向前发展。

北京中医药大学翟双庆教授认为，《黄帝内经》是我国现存医学文献中最早的一部典籍，包括《素问》和《灵枢》两部分，各81篇，共162篇。它比较全面地阐述了中医学理论的系统结构，反映出中医学的理论原则和学术思想，构建了中医学理论体系的框架，为中医学的发展奠定了基础。成书年代在公元前99年至公元前26年。

在长期的历史演变中，古人发展了独特的思维方式，来归纳、整

---

① 系统论的基本原则［EB/OL］. https：//wenku. baidu. com/view/f0fd19235901020207409c3a. html.

理并且指引中医的实践活动，这些思维方式是有趣的，并且值得“深信现代科学”的现代人的思考。

中医最经典的思维方式是从整体出发来看待人的生命过程，而不是分析性的、割裂的。首先，在看待生命体时，中医将其视为宇宙的一部分，视为自然环境的一部分。“天”“地”“人”本身就连在一起，不仅“天”的运行规律影响“人”的生命活动，而且“人所处的地域”也会影响人的生命特质，正所谓：“一方水土养一方人。”比如，月亮的圆缺与女性的月经有紧密的关系，经络的开合与自然的时间有紧密的关联。自然环境的天气与人类的疾病有紧密的关联。所以，中医治疗特别强调情志的调适。几乎所有的病症皆与情志有关。在本质上，情志或情绪与肌体功能的变化是紧密相连的。

古人认为，人与社会环境具有一致性，人总是在社会环境中生活的，因此，人生命的运行必然也会受到社会环境的影响。基于这一观念，中医很早就提出了“人—自然—社会”的医学模式，目前这一模式已经得到了世界卫生组织的认可。“医者，上知天文，下知地理，中知人事。”说明中医将“人”放在了自然环境与社会环境中。中医治病从来就是整体性调理，将五官、五脏、四肢百骸同时放在疾病的诊治过程中，来形成对疾病的认识。

中医的这些思想和理念受到当时人类认知自然的条件以及技术发展的制约，在现在看来非常符合客观认知规律的理念和想法并没有得到广泛的推广。

（二）系统论——从老子到 L. Von. Bertalanffy

公元前 6 世纪至公元前 3 世纪是人类文明的“轴心时代”（Axial Age），“人类意识”首次觉醒：当时希腊出现了智者运动，以苏格拉底（希腊语：Σωκράτης，英译：Socrates，公元前 469—公元前 399 年）为代表的希腊先哲强调人的价值、重视人的作用，构成了西方人文精神的滥觞；此时的中国出现了百家争鸣，道家儒家等学派纷纷开始重视研究人与社会，而老子的道家思想是源头。

《道德经》第二十五章："故道大，天大，地大，人亦大。域中有四大，而人居其一焉。人法地，地法天，天法道，道法自然。"即人类社会只不过是天地这个大系统中的一个"子系统"，其规律的"人之道"也应服从于天地整体规律的科学命题。老子还提出了"反馈"的一般概念，并明确了"正反馈"和"负反馈"的概念。《道德经》第七十七章："天之道，其犹张弓与？高者抑下，下者举之，有余者损之，不足者补之。天之道，损有余而补不足。"老子认为，天地自身有一个系统，正是因为天地的"反馈"（包括"正反馈"和"负反馈"）机制使其能保持自身稳定发展。

另外，《道德经》第四十二章："道生一，一生二，二生三，三生万物。"老子从自然时空的"表象"上，对事物的产生之源以及事物产生是由少到多的顺序予以高度概括，这应该是将数学与哲学进行融合的最早典范。

老子的这些思想为后来系统思想以及系统论的形成奠定了坚实的基础。随着人类对信息处理能力的增强，人类社会的发展步入了快车道。从古至今，人类共经历了五次信息技术的重大突破，每一次信息技术的变革都对人类社会的发展产生巨大的推动力。

第一次信息技术革命是以语言的产生和应用为特征的。语言的产生是历史上最伟大的信息技术革命，它成为人类社会化信息活动的首要条件。第二次信息技术革命是以文字的产生和使用为特征。它使人类信息传递突破了口语的直接传递方式，使信息可以储存在文字里，超越直接的时空界限，流传久远。第三次信息技术革命是以造纸和印刷术的发明为特征的。这一发明扩大了信息的交流和传递的容量和范围，使人类文明得以迅速传播。第四次信息技术革命是电报、电话、电视等现代通信技术的发明和应用。这些发明使信息的传递手段发生了根本性的变革，加快了信息传输的速度，缩短了信息的时空范围，信息能瞬间传遍全球。第五次信息技术革命是以电子计算机和通信卫星的出现为特征的。20 世纪中叶出现的电子计算机，从根本上改变了人类处理信息的手段，突破了人类大脑及感觉器官加工处理信息的局限性，使信息的收集、处理、存储、传递、应用等方面都达到了空前发达的程度。现在，全球正在成为一个信息共享的网络村。

系统论正是在人类第五次信息革命前夕诞生的。1932 年，美籍奥地利人、理论生物学家 L. V. 贝塔朗菲（L. Von. Bertalanffy）发表了“抗体系统论”，提出了系统论的思想。1937 年提出了一般系统论原理，奠定了这门科学的理论基础。1948 年，贝塔朗菲出版了《生命问题》一书，对一般系统论进行概括论述，并描述了系统思想在哲学史上的发展，导致一般系统论的正式问世。直到 1968 年，贝塔朗菲发表的专著《一般系统理论：基础、发展和应用》（*General System Theory*：*Foundations*，*Development*，*Applications*）才确立这门科学的学术地位。1972 年，贝塔朗菲对一般系统论又重新加以定义，在《一般系统论的历史和现状》一书中，他认为系统论应该包括以下三种：①关于“系统”的科学和数学系统论，运用精确的数学语言描述各种系统。②系统技术。包括系统工程的内容，研究系统思想和系统方法在科学技术和社会各种系统中的实际应用。③系统哲学。1973 年《一般系统论：基础、发展与应用》修订版再次阐述了机体生物学的系统与整合概念，提出开放系统论用于生物学研究，以及采用计算机方法与数学模型建立。

系统论是一个跨学科的科学领域，研究自然界、社会和科学中复杂系统的本质。更具体地说，它是一个框架，通过这个框架，人们可以分析和描述协同工作以产生某些结果的任何一组对象。因此，一般系统学是一项集体工程。

（三）系统论在中国

尽管中国是中医和道家哲学的发源地，但是，近现代一百多年的屈辱史使中国在科学技术的发展道路上放缓了脚步，甚至停滞不前。新中国成立以及“两弹一星”的成功试射后，中国科学技术的发展焕发出了新的活力，系统论也不例外。其中，中国“两弹一星”科学家钱学森先生的贡献最为突出。

首先，钱学森先生提出了一个清晰的现代科学技术的体系结构，认为整个科学技术包括自然科学、社会科学、数学科学、系统科学、思维科学和人体科学六个大部分。其中，工程技术是与实践联系最为紧密的学科，其次是为工程技术提供理论支撑的技术科学，接着就是基础学科，最后上升到哲学层次（见图 8-1）。

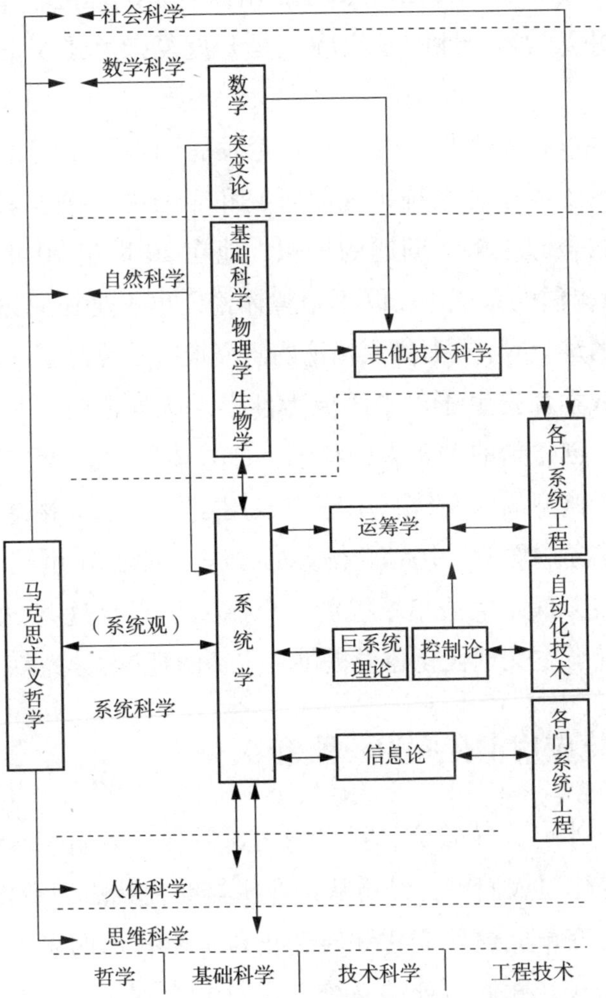

图 8-1　系统科学的体系

资料来源：钱学森．再谈系统科学的体系［J］．系统工程理论与实践，1981（1）.

其次，钱学森先生在前人研究的基础上结合自身的科学实践提出了清晰的系统科学结构。钱学森说："我认为把运筹学、控制论和信息论同贝塔朗菲、普里高津、哈肯、弗洛里希、艾肯等人的工作融会贯通，加以整理，就可以写出《系统学》这本书。"

再次，钱学森先生提出了"巨系统理论"。开放的复杂巨系统，是由钱学森先生于1990年提出的概念，指出巨系统理论着重分析系统的层次结构，并认为复杂性问题实际上是开放复杂巨系统的动力学特性问题。

最后，钱学森先生是把经典系统论发展到现代系统论的主要贡献者。在有关系统科学和系统工程的研究和实践中，钱学森先生强调把整体与部分结合起来解决问题的思想，他在20世纪70年代末明确指出："我们所提倡的系统论，既不是整体论，也不是还原论，而是整体论与还原论的统一。"从而将系统论的研究推向了更高层次。

另外，钱学森先生还对中医极为推崇，认为把中医都纳入科学技术的体系里，创立新的关于人的科学，即人体科学。钱学森先生认为，人体就是一个典型的巨系统，中医应该用定性与定量相结合的综合集成法去创建唯象中医学，用综合扬弃的方法，创建21世纪的新医学。

当然，钱学森先生关于系统论的思想还远不止这些，这些思想和理论为我国社会主义现代化建设提供了宝贵的理论支持。

三、系统应用正在成为一种趋势

20世纪下半叶，随着信息技术的飞速发展，人们生活的各个方面发生了巨大变化。人们正在经历从工业机器时代到后工业信息/知识时代的重大社会变革。这些变化和转变正在重塑我们的思维，重塑我们看待自己的方式，我们所处的系统，我们生活的环境，以及我们看待世界的方式。

随着系统理论逐渐体系化，系统商业应用也应运而生。2019年，系统商业应用的典型案例都出生于信息领域：计算机操作系统、智能手机操作系统和区块链公链平台。

一提到计算机操作系统，我们就会想到 Windows。1983 年 11 月，在纽约的 Plaza 饭店，微软公司（Microsoft）公布了其下一代操作系统 Microsoft Windows，该操作系统将为 IBM 计算机提供图形用户界面和多任务环境。两年后，微软公司推出 Windows 1.0。2015 年，微软公司正式发布 Windows 10。过去的 30 多年，Windows 操作系统成为电子计算机系统的代名词，尽管还有其他操作系统，不过，这些系统市场份额的总和占比不到 3%。正是由于 Windows 操作系统的巨大成功，其母公司微软公司更是赚得盆满钵满。2019 年 3 月 21 日，微软股价盘中最高至 118.75 美元/股，创历史新高，市值突破 9000 亿美元，成为全球市值最高的企业。

进入 21 世纪，智能手机的出现是人类信息史上的又一里程碑。起初，智能手机操作系统市场群雄逐鹿。2007 年，苹果公司推出了运行自己软件的 IOS，Google 宣布推出 Android 手机操作系统平台。这两种手机操作系统的出现彻底改变了智能手机市场的格局。目前，使用 Android 手机操作系统的市场份额接近 88%，而且有进一步扩大的趋势，苹果 IOS 系统的市场份额约为 12%，剩余操作系统所占份额大概在 0.3%左右。从诞生至今 10 多年的时间里，Android 手机操作系统可谓是一飞冲天，目前在手机操作系统占据绝对的优势。亮丽的业绩使得 Android 手机操作系统的母公司谷歌一直是全球科技类公司的翘楚（图 8-2）。

2008 年，随着中本聪发布比特币的白皮书：《一种点对点的电子现金系统》（*Bitcoin: A Peer-to-Peer Electronic Cash System*），人类在技术探索方面进入了一个新时代：区块链时代。此后，随着区块链技术第一个典型应用比特币的起起伏伏，区块链技术也逐渐成熟。目前，区块链发展处于准 3.0 时代，即以底层公链为基础的大规模 DAPP。

公链平台主要定位为区块链操作系统，为各种应用开发提供基础技术支撑，是未来区块链技术落地应用的核心基础。在国家工业和信

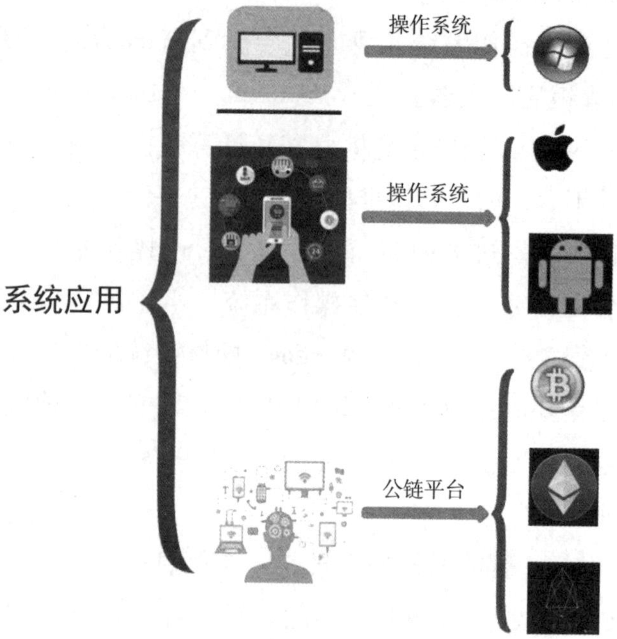

图 8-2　30 多年来系统应用实例

息化部赛迪研究院公布的最新一期全球公链排名中，EOS 自上榜以来连续十次排名第一，足见 EOS 在综合性、稳定性方面的卓越表现。截至 2019 年 3 月 18 日，EOS DAPP 开发累计至 458 个。然而，活跃度高的 DAPP 以博彩和游戏为主，看来公有链要真正为实体经济服务还有很长一段路要走（见图 8-3）。

无论是第一代公有链比特币、第二代公有链以太坊，还是目前最火的公有链 EOS，在经济价值方面，它们均创造了奇迹。未来，这些底层公有链，特别是以以太坊和 EOS 为代表，需要结合实体经济，在社会责任和社会价值等方面发挥重要作用，从而促进社会的发展。

在封闭的系统内，最后的状态是由最初的条件所决定的。但是在开放的系统内，最后的状态可以通过各种方式来到达。随着社会发展的开放程度越来越高，系统思维以及系统论的应用将会越来越广。

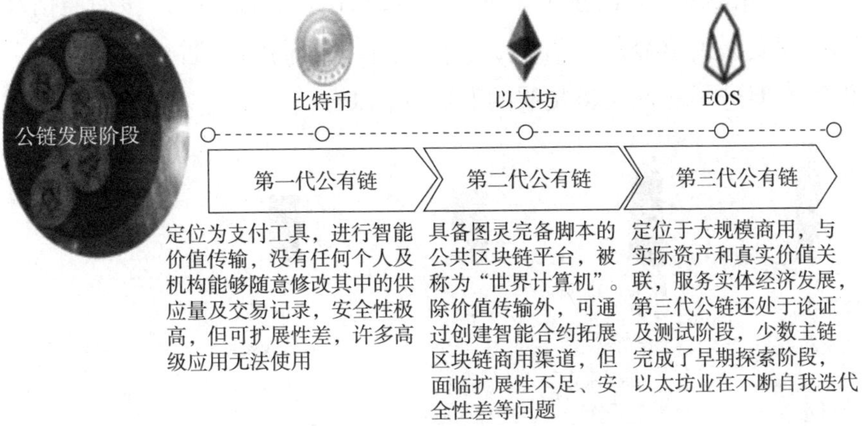

图 8-3　公链发展历程

四、5G 时代的系统思维

2019 年 3 月 30 日上午，上海市副市长吴清与在场外的上海航运交易所总裁张页拨通了首个 5G 手机通话，标志着上海成为全国首个中国移动 5G 试用城市。这意味着中国三大运营商中国移动、联通、电信均开启 5G 试商用，按计划将在北京、上海、广州、深圳、天津、青岛、苏州、沈阳等国内 20 多个一二线城市的消费者率先体验 5G 带来的便捷。5G 即将走进我们的日常生活。

（一）5G 是什么

在地球上，水与空气孕育了一个充满生命力的星球。人类不断生存繁衍、形成了现代文明社会。历经多次工业革命，生产力与生活水平达到了一个又一个新高度。然而我们也发现，历史总是惊人的相似，人类不甘于现状，在不断追求与世界、与万物相连，通信技术的突破与演进或许就是最好的证明。

从 1875 年亚历山大·格拉汉姆·贝尔（Alexander Graham Bell）发明了世界上第一台电话机，到 2019 年 1 月全球第一个 5G 户外通话的实现，人类在通信技术的探索上取得了令人惊叹的成就。特别是从 20 世纪

80 年代开始的移动通信技术发展，短短三十多年的发展，移动通信技术从第一代发展到至今的第五代，持续变革着人们的沟通与生活方式，一定程度上促进了地球人类文明的发展（图 8-4）。

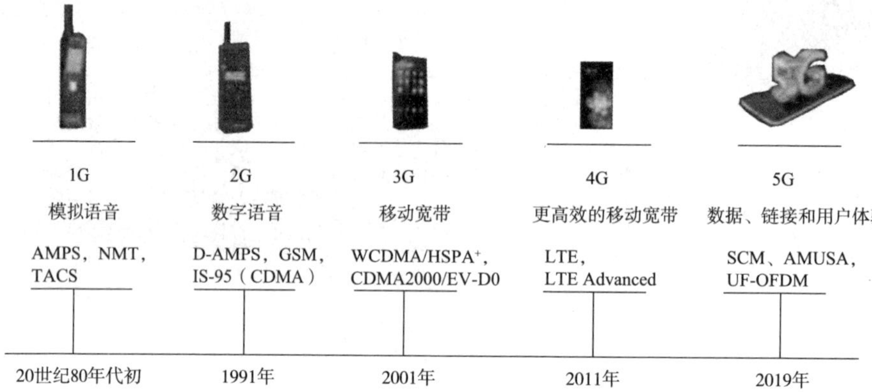

图 8-4　移动通信发展历程

资料来源：小火车，好多鱼．大话 5G［M］．北京：电子工业出版社，2019.

5G 的全称是第五代移动电话行动通信标准，也称第五代移动通信技术，因此，5 是指第五（The Fifth），G 指“代”（Generation）。其他几代移动网络包括 1G、2G、3G 和 4G。1G 时代传输模拟语音，2G 引入了数字语音（如 CDMA），3G 带来了移动数据（如 CDMA2000），4G LTE 开创了移动互联网时代。

5G 是一个系统。5G 将提升移动网络的作用，不仅让人与人之间互联，更让机器、物体和终端之间互联互通。它将实现更高水平的性能和效率，赋予新的用户体验和连接新的行业。5G 将提供高达数 10Gbps 的峰值速率、超低延时、巨大容量以及更加统一的用户体验。

5G 将重新定义终端，未来的终端都可以实时在线、自然交互、懂你所需、服务直达。时间和空间的连续性不再是问题，数字世界和物理世界的融合有了坚实基础，个人的体验也将发生巨大改变。

数字化和智能化给人们带来了无限精彩和无限可能，作为新一代移动通信技术，5G 在网络速度、低时延和高可靠性方面的优势，必将让这些可能变为现实，实现无限精彩。

（二）5G 的应用场景

国际电信联盟（International Telecommunication Union，ITU，简称国际电联）强调 5G 网络和人工智能（AI）是实现智慧社会所必需的创新领域。5G 是下一代移动标准，有望通过千兆速度提供新的应用和服务，并显著提高性能和可靠性，从而提供改善的最终用户体验。预计 5G 网络将通过 AI 进行增强，以便了解数据，管理和协调网络资源，并为连接和自治系统提供智能。因此，国际电信联盟把 5G 分成三个主要的应用场景（见图 8-5），分别是增强型移动宽带（Enhanced Mobile Broadband，eMBB）、海量机器类通信（Massive Machine Type of Communication，mMTC）及超高可靠低时延通信（Ultra Reliable Low Latency Communications，uRLLC）①。

1. 增强型移动宽带（eMBB）

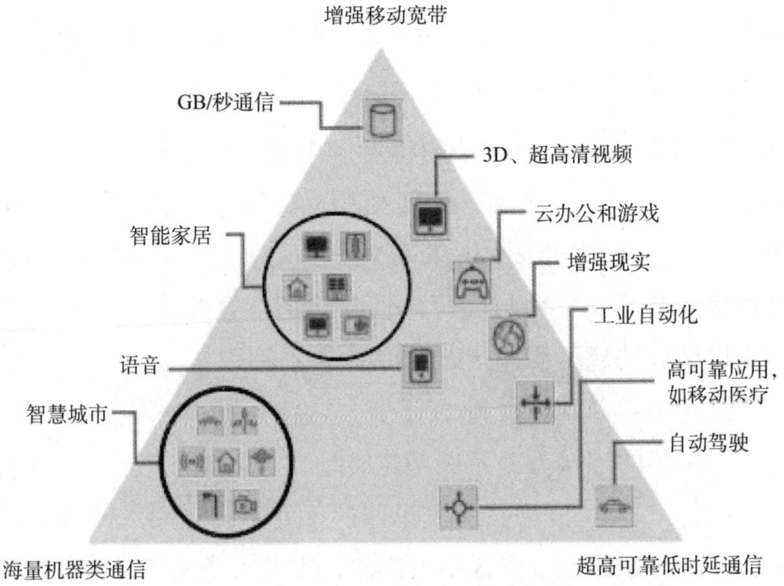

图 8-5　5G 典型的应用场景

资料来源：ITU-R M.2083-0（2015）建议书

① Recommendation ITU-R M.2083-0（09/2015），http：//www.itu.int/publ/R-REC/en.

5G 不仅能让智能手机更出色，还可以带来全新的沉浸式体验。增强型移动宽带将从两个关键方面在 5G 经济中促进普及和价值创造。第一个方面是将蜂窝覆盖扩展到范围更广的建筑物中，包括办公楼、工业园区、购物中心和大型场所。第二个方面是提升容量以满足使用大量数据的更多终端的需求，尤其在局部地区。这些网络的改进将支持更高效的数据传输，降低每比特数据传输成本，从而驱动在移动网络中更多地使用宽带应用。

2. 海量机器类通信（mMTC）

海量机器类通信（mMTC）也被翻译为海量物联网。5G 将利用早前在机器对机器（M2M）和传统物联网（IoT）应用方面的投入，支持规模经济的显著提升以促进其在全部行业中普及和应用。5G 能更好地满足低功耗需求，实现在授权和非授权频谱工作并提供更深入、更灵活的覆盖，从而在海量机器类通信情景中显著降低成本。这也将支持海量机器类通信扩大规模，并且将促进海量机器类通信应用更多地采用移动技术。

3. 超高可靠、低时延通信（uRLLC）

5G 网络低时延、高可靠性的特点，将在对通信连接要求极高的领域中体现得淋漓尽致，例如自动驾驶和远程医疗。这是移动技术的全新市场机会，也是 5G 重要的增长领域，并将支持那些需要高可靠、超低时延连接以及高安全性与高可用性的应用。这将支持无线技术提供与有线难以区分的超可靠连接以支持零容错应用。

历经三次工业革命，伴随着通信领域持续的技术突破与创新，人与彼此、与世界的连接方式不断演进，地球越发活力勃勃、充溢生机。而在不久的将来，5G 网络将引发第四次工业革命，对人来说，通信与连接将会变得与水和空气一样不可或缺，推动人类文明发展新的高度。

（三）5G 对我们的影响

5G 以更快的传输速度、超低的时延、更低功耗及海量连接开启万物互联新时代，催生和推动各行各业的数字化发展；在交通、能源、制造、教育、医疗、消费休闲娱乐等行业带来新的参与者，促进传统商业模式演进，甚至是颠覆性的重塑，实现巨大的经济价值和社会价值。

除了5G网络设施的支持，行业应用的演进或重塑还需要依靠人工智能、边缘计算、视觉技术、传感技术等多项基础技术及无人机、虚拟现实技术/增强现实技术、控制系统、监控系统等垂直行业解决方案一起合力完成。5G确保了各种技术所驱动的应用能够有机高效地整合在一起，发挥更加完整且智能化的作用。

真正的创新是一个系统创新，需要用系统思维创建端到端的系统，并将所有内容链接在一起。5G就是这样一个系统，把数字世界和物理世界这两大系统有效地链接和融合，从而实现万物互联的局面，创造无限精彩和价值。

高通（Qualcomm）《5G经济》研究报告的数据显示，到2035年，5G将在全球创造12.3万亿美元经济产出。仅5G价值链本身即可创造出高达3.5万亿美元的营业额，并支持多达2200万个工作岗位。此外，5G部署将支持全球实际GDP的长期可持续增长。2020年至2035年，5G对全球实际GDP增长的贡献预计将相当于一个与印度同等规模的经济体（2017年印度GDP为2.6万亿美元）。

在中国，5G的经济价值和社会价值更为突出。根据中国信息通信研究院的研究数据，自2020年正式商用起，5G预计带动直接经济产出0.5万亿元人民币，间接经济产出达1.2万亿元人民币；至2025年，5G预计带动直接经济产出3.3万亿元人民币，间接经济产出达6.3万亿元人民币；至2030年，5G预计带动直接经济产出6.3万亿元人民币，间接经济产出达10.6万亿元人民币。

在就业机会方面，2020年，5G商用预计将直接为社会创造约54万个就业机会，主要来自5G相关设备制造创造的就业机会。2025年，5G商用预计将直接提供约350万个就业机会，2030年，5G商用预计将直接带动超过800万人就业，5G对就业的间接贡献将更加明显。2020年、2025年和2030年，5G商用预计将间接创造130万个、700万个和1150万个就业机会（见图8-6）。

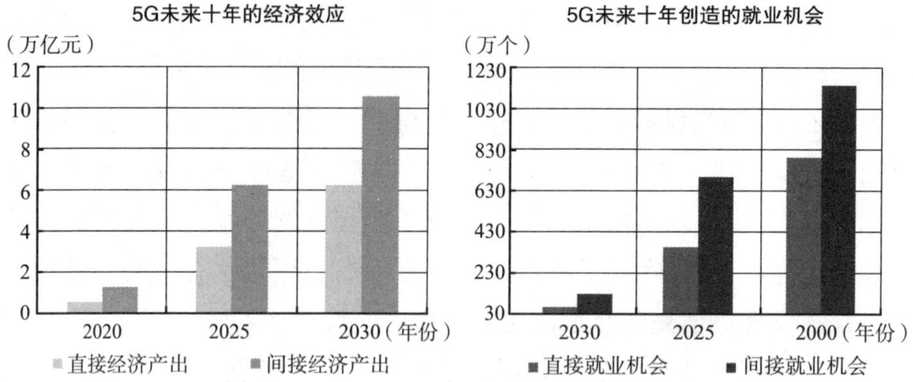

图 8-6　5G 对经济和就业的直接和间接贡献

资料来源：中国信息通信研究院.5G 经济社会影响白皮书［R］. 2017，6（18）.

（四）华为带给我们的思考

谈到 5G，有一家公司的大名可谓如雷贯耳，它就是中国的华为。华为创立于 1987 年，是全球领先的 ICT（信息与通信）基础设施和智能终端提供商，致力于把数字世界带给每个人、每个家庭、每个组织，构建万物互联的智能世界。目前华为有 18.8 万员工，业务遍及 170 多个国家和地区，服务 30 多亿人口。

华为 2018 年年报公布的数据显示，华为 2018 年的销售收入达到 7212 亿元人民币，年华增速为 19.48%。经济学有这样一个原理：总量的平衡有赖于结构的合理（见图 8-7）。

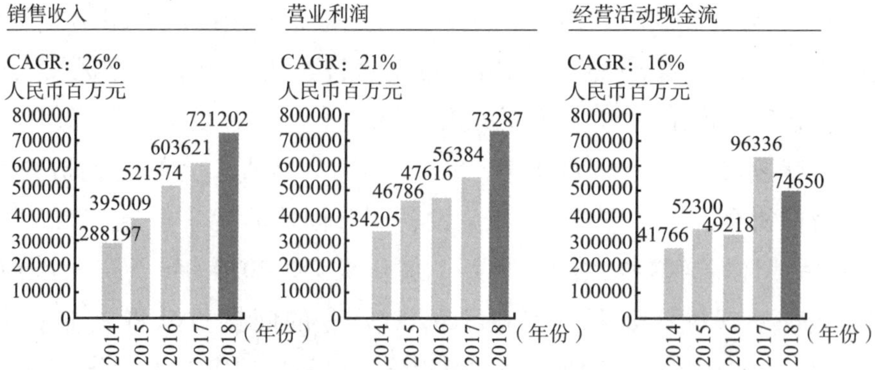

图 8-7　华为经营业绩一览

其实，华为在取得骄人业绩的同时，其业务结构也非常紧凑。目前，华为主要有三大业务：电信设备制造、手机制造和5G网络及相关设备。

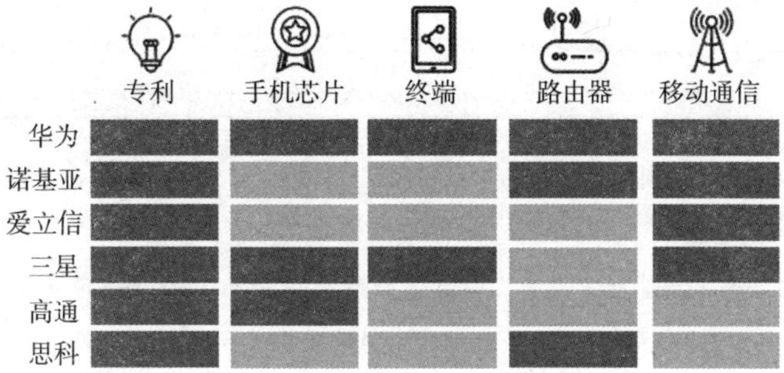

图8-8　全球主要5G商业产品生产商状况一览

资料来源：让美国国防部“操心”的华为5G技术是什么［EB/OL］. http：//www.c114.com.cn/news/126/a1089379.html.

目前，中国华为是业界唯一具备5G全系列商用产品的公司（见图8-8），并且早在2018年9月30日就推出3.5GHz 5G NSA端到端商用系统，已经在世界范围内部署。截至2019年6月25日，中国华为在全球已经签署了50个5G商用合同（这个数据未包括中国市场的数据），高居全球第一，爱立信在全球已经签署了42个5G商用合同，位居第二。

2019年4月3日，Dell'Oro Group发布了《2018年全球电信设备市场报告》，报告显示，中国华为营业收入的市场份额在2018年持续上升，达到29%。在过去五年中，爱立信和诺基亚营业收入的市场份额平均每年下降约1个百分点，2018年这两家设备商的市场份额基本持平（见图8-9）。

奇迹还在继续。2019年，国际知名信息技术研究与分析公司Gartner公布的2018年智能手机行业销售数据显示，中国华为2018年手机销量增长33%，市场份额由2017年的9.8%升至13%，而且连续3年稳定增长，而三星和苹果的销量继续下滑，也是连续三年下滑。按照这种趋势发展，华为将会在2019年下半年超越苹果

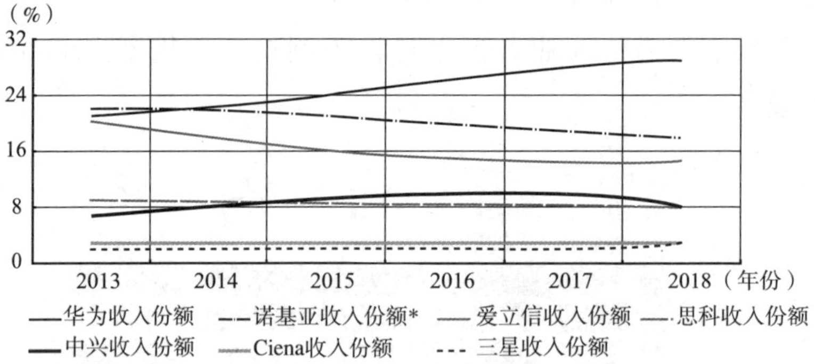

图 8-9　全球七大电信设备制造商情况一览（2013—2018 年）**

注：*诺基亚的收入份额包含阿尔卡特-朗讯（Alcatel-Lucent）；**电信设备，包含宽带接入、运营商 IP 电话、微波传输和移动回程、移动无线接入网（RAN）、光传输、服务提供商（SP）路由器 & 运营商以太网交换机、广域 IoT 和无线分组核心网等。

资料来源：Dell'Oro Group. 2018 年全球电信设备市场报告［R］.

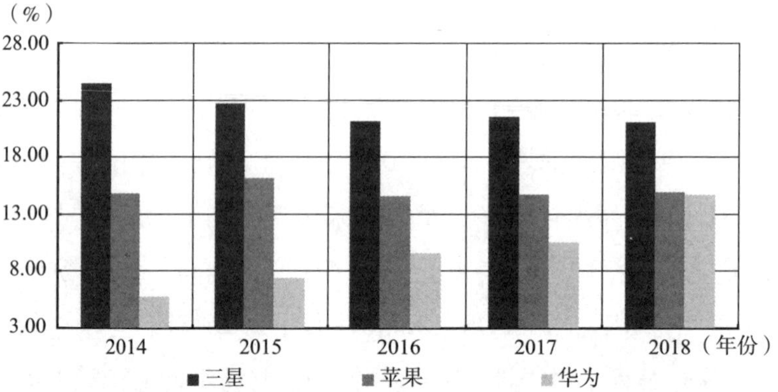

图 8-10　全球智能手机市场份额前三位情况一览（2014—2018）

（2018 年两者之间销量差距仅为 300 万台），成为全球第二大智能手机品牌。华为仅用了 8 年的时间从排名统计范围外一跃成为世界第三大手机供应商，这是一个奇迹！不过，数据告诉我们，奇迹之外还有更大的惊喜。市场研究机构 IDC 发布了 2019 年第一季度的全球智能手机市场统计报告，报告显示华为智能手机出货量及市场份额均大幅增长，华为第一季度手机市场份额同比增长 5.2%，苹果第一季度手机市场份额同比下滑 2.2%，华为正式取代苹果成为全球第二大智能手机品牌（见图 8-10）。

延伸阅读

极化码——华为 5G 业务的抓手

美国当地时间 2016 年 11 月 17 日凌晨 0 点 45 分，在 3GPP[①]RAN1 87 次会议的 5G 短码方案讨论中，中国华为公司主推的极化码（Polar Code）方案成为 5G 控制信道 eMBB 场景编码方案。这是中国公司首次进入基础通信框架协议领域，为中国在这一领域争取到一定的话语权奠定了基础，不仅如此，此后中国华为在 5G 商业应用方面一骑绝尘，让全世界为之侧目。是极化码的魔力，还是中国华为自身的底子厚，抑或是两者兼而有之，才成就了今天的华为？另外，2019 年是 5G 商业应用的元年，有哪些常识是我们需要了解的，接下来为大家一一呈现。

1. 新时代标准的意义

工业革命之后，随着工业化发展和国际贸易的快速发展，世界市场快速形成。为保证市场竞争有序，制定一个各参与方都能接受的游戏规则成为当务之急，国际标准由此产生。

标准的制定者一定是标准的最大受益者。正是基于此，标准化战略已成为各国实施技术和产业政策的重要手段，许多发达国家更是把国际标准化战略作为其标准化工作的重中之重。

20 世纪中期，随着信息化技术的发展，人类进入计算机时代，人类文明翻开新的一页。1948 年，美国数学家克劳德·香农提出了著名的香农定理，为信息通信产业奠定了理论基础。香农定理描述的信道容量极限，也为无线通信技术的演进留下了一个未知的挑战。

---

① 3GPP，是 3rd Generation Partnership Project 的简称，中文译为“第三代合作伙伴计划”，成立于 1998 年 12 月。3GPP 最初的工作范围是为第三代移动通信系统制定全球适用技术规范和技术报告。随后 3GPP 的工作范围得到了改进，增加了对 UTRA 长期演进系统的研究和标准制定。目前欧洲 ETSI，美国 TIA，日本 TTC、ARIB，韩国 TTA 以及我国 CCSA 是 3GPP 的 6 个组织伙伴（OP）。3GPP 的独立成员有 300 多家，此外，3GPP 还有 TD-SCDMA 产业联盟（TDIA）、TD-SCDMA 论坛、CDMA 发展组织（CDG）等 13 个市场伙伴（MRP）。

信息技术和计算机的应用加快了人类探索新奥秘的步伐，专利技术呈几何级增长。20世纪80年代，日本申请的专利数量最多，将近20万件；到2017年，中国成为全球申请专利最多的国家，专利数量达到1378042件。产生更多专利、诞生更多标准，占领国际标准化的制高点，成为新时代各国竞争的新目标。

当今，世界已进入由标准规范、制约市场的时代，标准的力量已经上升到了战略层面，成为影响全局的重大因素。随着5G商业应用大幕的拉开，在未来十年，5G商业应用直接创造的价值高达3.5万亿美元，并直接产生了2300万个就业机会，巨大的经济利益和社会价值使得5G的标准之争趋于白热化。

2. 5G标准

从20世纪80年代起，人类进入无线通信时代。1980年，世界第一代无限通信系统（1G时代）诞生。经过不到40年的发展，人类的无线通信从第一代发展到第五代（第五代移动通信，简称5G)。

在无线通信领域，编码和调制是无线通信技术中最核心、最深奥的部分，被誉为通信技术的皇冠。信息以信号为载体进行传播，从一端传输到另一端需要经过信道。信号在信道中传播不可避免地会发生扭曲和变形，信道中的噪声和干扰会降低信号质量，甚至淹没信号，导致接收端无法正常接收发射端的信息。为了纠错，移动通信系统引入了信道编码技术。

因此，在无线通信领域，数据传输有数据信道和控制信道。控制信道主要传输指令和同步数据参数等，数据信道主要传输数据。由于受到外界干扰，信息通过网络传输过程中可能产生错误。为了纠正这些错误，以及不让错误信息进一步积累，对要在信道中传送的数字信号进行的纠错、检错编码的过程就是信道编码。随着传输速度的提高以及传输协议的种类的增多，数据信道的数量随之大幅增加，信道编码的传输渐渐独立出来，并由专用的信道（编码信道）负责，这可以增强数据在信道中传输时抵御各种干扰的能力，提高系统的可靠性。

通俗来说，5G网络就像公路，编码就像路上的汽车。长短编码频率分别代表转速不同的轮胎，长短编码代表汽车轮胎的大小。只有轮胎小，并且转得快，才能让汽车跑得快。

从20世纪90年代开始，全球无线通信技术进入第三代，即第三代移动通信（3G），通信传输的标准应运而生。目前，全球主要有三种最具代表性的编码：由C. Berrou、A. Glavieux和P. Thitimajshiwa提出的Turbo码、由MIT的教授Robert Gallager提出的LDPC码，以及由土耳其比尔肯大学教授E. Arikan提出的Polar码。（见表8-1）

表8-1 三种最具代表性的编码

代码名称	发明人	代码产生年份	应用领域	阵营代表	备注
Turbo码	C. Berrou A. Glavieux P. Thitimajshiwa	1993	3G、4G、4.5G	Orange和爱立信	Turbo码基本专利在2013年8月29日已到期
LDPC码	Robert Gallager	1963	Wi-Fi、数据信道编码（eMBB）	美国高通（最重要）、Nokia、Intel和三星	2016年10月14日，LDPC码成为数据信道编码（eMBB）
Polar码	E. Arikan	2008	控制信道编码（eMBB）	中国华为	2016年11月17日获得

3. 标准之争日趋激烈

1G到4G主要解决人与人之间的沟通，5G除了让人与人之间的沟通更顺畅，还将解决人与物、物与物之间的沟通，即万物互联。由于5G应用前景广泛，所以5G“战略制高点”争夺战已风起云涌。

Turbo码是3G和4G时代使用的标准，阵营代表是Orange和爱立信。LDPC码在1963年就被提出，但一直未得到重视。直到1996年，在Turbo码的基础上对LDPC码重新进行研究后发现其具有逼近香农限的优异性能，并且具有译码复杂度低、可并行译码以及译码错误的可检测性等特点，很快成为信道编码理论新的研究热点。2016年10月14日，LDPC码在5G标准的竞争中占得先机，成为5G eMBB场景数据信道的编码标准，LDPC阵营的代表是高通、诺基亚、英特尔和三星（见表8-2）。

表 8-2　3GPP 数据信道投票和控制信道投票一览

投票类别	数据信道投票			控制信道投票
技术方案	长码	短码		短码
	LDPC（美国高通主导）	LDPC（美国高通主导）	Polar（中国华为主导）	Polar（中国华为主导）
投票企业	包括中国品牌华为终端、联想、中兴、努比亚、小米、oppo、酷派等品牌都支持 LDPC 作为长码方案	高通、三星和爱立信等企业支持	联想、摩托罗拉等 40 家家企业支持	联想、摩托罗拉等 60 多家企业支持
投票时间	2016 年 10 月 14 日	2016 年 11 月 17 日		2016 年 11 月 17 日
投票结果	LDPC 胜出	LDPC 胜出		Polar 胜出

资料来源：Final Report of 3GPP TSG RAN WG1 #87 v1.0.0（Reno，USA，$14^{th}-18^{th}$ November 2016），https：//www.3gpp.org/ftp/tsg_ ran/WG1_ RL1/TSGR1_ 87/Docs/

2016 年 11 月 14—18 日，在美国雷诺（Reno）举行的 3GPP RAN1 87 次会议上，以中国华为公司主推的 Polar Code（极化码）方案，成为 5G 控制信道 eMBB 场景编码方案。这是中国公司首次进入基础通信框架协议领域，为中国在 5G 应用领域（增强移动宽带（eMBB）、超高可靠低时延通信（uRLLC）和海量机器类通信（mMTC））争取到更多的话语权奠定了基础。

2017 年 2 月 17 日，在希腊举行的 3GPP TSG RAN WG1 第 88 次会议上，各方针对沃达丰、CMCC、爱立信、德国电信、TELUS、Bell Mobility 和中国电信提出的 WF（Wireless-Fidelity，缩写为 Wi-Fi）为新空口（New Radio，NR）在信道上编码的提案（R1-1613250）最终达成一致，协议内容如下：

（1）上行 eMBB 数据信道

采用灵活的 LDPC 作为小块规模的单通道编码方案——除非点对点模式（RAN1 Jan ad-hoc）在性能、实现复杂性和灵活性方面发现重大问题，否则有待确认。

（注意：对于大块，已经同意采用 LDPC。）

（2）下行 eMBB 数据信道

采用灵活的 LDPC 作为所有块规模的单通道编码方案。

（3）eMBB 的上行控制信道

采用极化码——除非 FFS 用于非常小的块长度，在这种情况下，重复/块编码可能是首选。

（4）eMBB 的下行控制信道

采用极化码——除非 FFS 用于非常小的块长度，在这种情况下，重复/块编码可能是首选。

除非点对点模式（RAN1 Jan ad-hoc）在性能、延迟、功耗和实现复杂性方面确定了重大问题，否则将予以确认。

2017 年 12 月，3GPP 5G 非独立组网标准正式完成并发布；2018 年 6 月，3GPP 5G 独立组网标准也宣告完成，这标志着首个真正完整意义的国际 5G 标准正式出炉，以中国华为为代表的中国公司在国际 5G 标准的制定过程中扮演了举足轻重的角色。随着 5G 商业应用的不断深入，以中国华为为代表的中国公司在更多国际 5G 标准的制定过程中将扮演越来越重要的角色。当然，华为的极化码获得 eMBB 控制信道的标准只是中国在 5G 国际标准争夺过程中走出了关键一步，未来在海量机器类通信（mMTC）及超高可靠低时延通信（uRLLC）领域的标准争夺才刚刚开始。

4. 结论

2018 年 2 月 22 日，全球第一个符合 3GPP 标准的、支持 Polar 码的 5G 系统在西班牙巴塞罗那向全球发布，这是由中国华为携手 Vodafone 共同完成的。

2019 年，尽管美国对中国华为实施所谓的“禁运”，但是中国华为以其在基础研究方面长期的深耕细作越挫越勇，并取得了骄人的成绩。截至 2019 年 6 月 25 日，中国华为已经在全球获得了 50 个商用合同（这一数据还不包括中国的数据），位居全球第一。

数据不会说谎，耀眼数据的背后是中国华为长期以来在基础研究方面的坚持和投入凝结的成果。中国华为创始人任正非先生认为：只有长期重视基础研究，才有工业的强大；只有长期重视基础教育，才有科技和产业振兴的人才土壤。基础研究的突破，往往需要上百年以及数代人的共同努力，需要有天才的灵感闪现，更需要大量科学家、能工巧匠的持续创新。

机会永远留给有准备的人。中国华为的成功带给我们惊喜的同时，也带给我们诸多思考：在“快”成为时代新特征的今天，速度并不代表全部，有时快速发展往往十分脆弱，或许系统化均衡发展才是持续稳健发展之道！

在当下互联网技术飞速发展的年代，机会稍纵即逝，因此，成功绝对不是侥幸或者偶然。华为的成功至少有三方面的原因。

第一，全体员工持股保障了企业持续发展的动力。华为是一家100%由员工持股的民营企业。华为通过工会实行员工持股计划，参与人数为96768人，参与人仅为公司员工，没有任何政府部门、机构持有华为股权。人才是21世纪最重要的资源，华为全员持股有效地解决了吸引人才和留住人才的问题。其实，这是共享理念最早也是最好的体现。

第二，创新是发展的唯一源泉。有了人才储备的支持，华为成为全球最大的专利持有企业之一，截至2018年12月31日，在全球累计获得授权专利87805件，其中中国授权专利累计43371件，中国以外国家授权专利累计44434件，90%以上专利为发明专利。华为在技术上的创新为华为在各条战线“披荆斩棘”提供了持续的动力支持。

第三，大道至简。所谓小道繁，大道简！华为以“极简站点、极简架构、极简协议、极简运维”的最佳5G端到端解决方案，帮助运营商快速大规模部署高性能5G网络，大幅降低建网和运营运维成本，提高投资效率。

系统思维的起点是数学，终点是哲学。华为正是这一思维的早期践行者，也是这一思维的最大受益者，华为的成功充分证明这一思维的强大。

2019年是新中国成立70周年，也是中国下一个40年周期的开局之年。目前，中国面临的经济环境不容乐观：首先，国际经济方面：中美贸易摩擦，对中国出口美国的商品加征高额关税，同时，美国对中国华为实施“限制”，影响了中国的科技进步和经济发展。其次，国内经济方面：目前中国经济正处于关键的转型期，如何在“经济新常态”的背景下快速转型、稳步发展，成为中国国内各行各业面临的重要问题。

正所谓：危机=危险+机会，机会永远只留给有准备的人。当前，随着互联网商业应用和信息数字技术的不断发展，数字经济方兴未艾，以区块链、人工智能和大数据等新型工具的发展，特别是5G时代的到来，一种新的经济模式——平台经济诞生，这将是新形势下的新机会。

历史的巨轮滚滚向前，历史从不等待一切犹豫者、观望者、懈怠者、软弱者。只有与历史同步伐、与时代共命运的人，才能赢得光明的未来。

俗话说“办法总比问题多”，面对新形势、新变化，我们首先要更新观念，认可新形势和新变化，利用新形势下提供的各种工具、便利和政策，以系统化的思维方式，践行共享经济的理念，为实体经济的转型和实现伟大的中国梦略尽绵薄之力！

参考文献

[1] 上海交通大学钱学森研究中心．智慧的钥匙：钱学森论系统科学（第二版）[M]．上海：上海交通大学出版社，2015.

[2] 姜璐．钱学森论系统科学（书信篇）[M]．北京：科学出版社，2012.

[3] 吉建华，等．信号与系统分析 [M]．北京：电子工业出版社，2017.

[4] 洛克菲勒．洛克菲勒留给儿子的38封信 [M]．北京：中华工商联合出版社，2012.

[5] 魏宏森．钱学森对系统论的创新 [J]．辽东学院学报（社会科学版），2010（6）：7.

[6] 魏宏森．钱学森构建系统论的基本思想 [J]．系统科学学报，2013（2）：1.

[7] 祝世钠．论中医系统论 [J]．山东中医医学院学报，1990，14（6）：9.

[8] 吴军．智能时代 [M]．北京：中信出版社，2016.

［9］钱学森．系统科学、思维科学和人体科学［J］．福建体育科技，1996，15（3）：57-58.

［10］李经纬．中医史［M］．海口：海南出版社，2015.

［11］http：//psychology. wikia. com/wiki/Systems_ theory#cite_ note-6.

［12］杨竞业．论媒介交往共识［J］．理论与改革，2009（5）：14-15.

［13］Bela Banathy. A TASTE OF SYSTEMICS［Z］. THE FIRST INTERNATIONAL ELECTRONIC SEMINAR ON WHOLENESS.

［14］钱学森．论人体科学［M］．北京：人民军医出版社，1988.

［15］《钱学森书信选》编辑组．钱学森书信选（上卷）［M］．北京：国防工业出版社，2008.

［16］Donella H. Meadows. Thinking in Systems，Earthscan（UK）［Z］2009.

附录一

赛迪公有链技术评估指数

自 2018 年 5 月起，中国电子信息产业发展研究院下属的赛迪（青岛）区块链研究院组织实施全球公有链技术评估工作，评估结果按月发布。

赛迪全球公有链技术评估指数由赛迪（青岛）区块链研究院发布，评估工作由赛迪区块链研究院组织实施，赛迪智库、中国软件评测中心共同参与。该指数是当前全球唯一一个聚焦技术的公链评估指数，对全球优秀公有链的技术水平、应用层级和创新动态进行定量评估。

赛迪全球公有链技术评估从公有链的基础技术、应用性和创新力三个方面出发。

第一，基础技术主要评估公有链的技术实现水平，包括功能、性能、安全性以及去中心化四个二级指标，基础技术所占权重为 65%。

第二，应用性主要评估公有链支持实际应用的综合水平，包括节点部署、钱包应用、开发支持与应用实现四个二级指标，应用性所占权重为 20%。

第三，创新力主要考察公有链的持续创新情况，包括开发人员规模、代码更新情况和代码影响力三个二级指标，创新力所占权重为 15%。

公有链评估对象的认定标准有五个：①具有自己独立主链；②公有链节点可自由创建；③具有公开的区块浏览器，区块信息科查阅；④代码开源；⑤拥有项目主页，项目团队可联系。

2018 年 5 月 17 日，工信部赛迪研究院正式向社会发布首期全球公有链技术评估指数及排名。结果显示，第二代区块链技术的典型代表、具有智能合约功能的公有链平台以太坊（ETH）的技术评估指数为 129.4，位列评估榜单第一。在基础技术分项指标方面，前五名依次为 EOS、比特股、斯蒂姆链、以太坊和公信链，其中除以太坊之外，均是采用了石墨烯底层技术的公有链。

附表 1 赛迪公有链技术评估指数

期数	公有链名称	Pub-Blockchain	分项技术指数 Sub-Index 基础技术 Basic-Tech	应用性 Applicability	创新力 Creativity	总指数 Total Index	综合排名 Ranking	备注
第一期	以太坊	Ethereum	80.3	23.7	25.4	129.4	1	2018 年 5 月 17 日公布，首期有 28 条公有链参与排名
	斯蒂姆链	Steem	82.6	9.4	23.9	115.9	2	
	应用链	Lisk	64.4	20.9	19.5	104.8	3	
第二期	EOS	EOS	102.0	15.4	44.1	161.5	1	2018 年 6 月 20 日公布，新增 EOS 和星云链两条公有链
	以太坊	Ethereum	85.2	24.9	28.3	138.4	2	
	NEO	NEO	73.7	27.4	7.9	109.0	3	
第三期	EOS	EOS	101.6	16.8	27.1	145.6	1	2018 年 7 月 20 日公布，新增一条公有链：公信链
	以太坊	Ethereum	80.2	26.4	30.8	137.3	2	
	星云链	Nebulas	73.0	25.9	9.9	108.8	3	
第四期	EOS	EOS	104.3	17.6	36.7	158.7	1	2018 年 8 月 17 日公布，新增了 NULS 和 Tezos 两条公有链
	以太坊	Ethereum	82.0	27.4	29.6	139.0	2	
	科莫多	Komodo	75.9	16.5	38.9	111.3	3	
第五期	EOS	EOS	100.9	17.6	26.9	145.5	1	2018 年 9 月 20 日公布
	以太坊	Ethereum	77.8	28.7	27.3	133.8	2	
	比特股	Bitshares	86.6	11.9	10.7	109.3	3	
第六期	EOS	EOS	101.4	20.1	29.0	150.5	1	2018 年 10 月 29 日公布
	以太坊	Ethereum	77.8	28.9	29.6	136.3	2	
	比特股	Bitshares	87.9	13.3	9.5	110.6	3	
第七期	EOS	EOS	104.9	19.9	27.2	152	1	2018 年 11 月 20 日公布
	以太坊	Ethereum	78.5	28.8	26.7	133.9	2	
	比特股	Bitshares	88.4	12.6	10.8	111.8	3	
第八期	EOS	EOS	106.4	19.9	29.7	156	1	2018 年 11 月 20 日公布，本期新增公有链：本体（Ontology）
	以太坊	Ethereum	79.4	28.8	28.3	136.4	2	
	公信链	GXchain	86.2	20.1	11.1	117.5	3	

续表

期数	公有链名称	Pub-Blockchain	分项技术指数 Sub-Index			总指数 Total Index	综合排名 Ranking	备注
			基础技术 Basic-Tech	应用性 Applicability	创新力 Creativity			
第九期	EOS	EOS	102.2	19.7	24.9	146.9	1	2019 年 1 月 24 日公布
	以太坊	Ethereum	77.4	29.3	27.4	134.1	2	
	本体	Ontology	82.2	23.3	7.2	112.7	3	
第十期	EOS	EOS	104.6	20.2	30.9	157.6	1	2019 年 2 月 26 日公布，本期新增公有链：波场（TRON）
	波场	TRON	96.8	24.6	24.1	145.6	2	
	以太坊	Ethereum	73.8	29	36.4	139.2	3	
第十一期	EOS	EOS	103.7	20	26.9	150.6	1	2019 年 3 月 22 日公布
	波场	TRON	99.7	24.5	22.4	146.7	2	
	以太坊	Ethereum	78.0	29.0	35.8	142.8	3	

资料来源：根据赛迪智库公布的相关信息整理。http：//www.ccidwise.com/plus/list.php? tid=11.

2019 年 3 月 22 日，中国电子信息产业发展研究院下属的赛迪（青岛）区块链研究院正式发布了第十一期赛迪全球公有链技术评估指数。结果显示，全球活跃度最高的三大 DAPP 平台：EOS、波场和以太坊仍然位列榜单前三，处于评估榜单的第一阵营。排名第 4 至第 10 的分别是比特股、星云链、本体、纳世链、公信链、NEO 和斯蒂姆链。比特币在全部 35 条评估公有链中排名第 15，较上期下降 2 个位次。

附录二

专业名词解释①

1. 51%攻击（51% Attack）

51%攻击是指通过获得或是并使用足够强大（超过了比特币网络其他算力之和）的计算力（也就是控制至少51%的全网算力），尝试去获得阻拦并逆转比特币交易的力量。这是数字货币领域最大的安全问题。

2. 拜占庭将军问题（Byzantine failures）

拜占庭将军问题是由莱斯利·兰伯特提出的点对点通信中的基本问题。含义是在存在消息丢失的不可靠信道上试图通过消息传递的方式达到一致性是不可能的。因此对一致性的研究一般假设信道是可靠的，或不存在本问题。

3. 实用拜占庭容错算法

实用拜占庭容错算法（Practical Byzantine Fault Tolerance，PBFT）是一种状态机副本复制算法，即服务作为状态机进行建模，状态机在分布式系统的不同节点进行副本复制。每个状态机的副本都保存了服务的状态，同时也实现了服务的操作。将所有的副本组成的集合使用大写字母R表示，使用0到|R|-1的整数表示每一个副本。为了描述方便，假设|R|=3f+1，这里f是有可能失效的副本的最大个数。尽管可以存在多于3f+1个副本，但是额外的副本除了降低性能之外不能提高可靠性。

4. 比特币地址（Bitcoin address）

比特币地址是一串像“13ignD31FysQbaBBVJUzffcQoFxxEuEcbE”这样的字符串。地址是由公钥产生的，公钥经过多种加密算法转换成公钥哈希，公钥哈希经过Base58编码生成地址——相当于银行卡卡号，因为公钥太长，在

① 为了方便读者查阅，专业术语按照术语汉语拼音的顺序进行排列。资料来源：最全的区块链专业术语，http://www.360doc.com/content/19/0115/19/52904734_809087312.shtml。

交易中公钥通常不显示，只显示两个地址之间的转账。

5. 比特币客户端（Bitcoin client）

比特币客户端是一个用来操纵接收与发送比特币的软件。最流行的是标准比特币客户端 Bitcoin-Qt，它可以在 bitcoin. org 下载到，同时还有很多其他的带有不同特性的可选择项。

6. 侧链（Side chain）

楔入式侧链技术（pegged sidechains），它将实现比特币和其他数字资产在多个区块链间的转移，这就意味着用户们在使用他们已有资产的情况下，就可以访问新的加密货币系统。

7. 超级账本（Hyperledger）

超级账本是 Linux 基金会于 2015 年发起的推进区块链数字技术和交易验证的开源项目。通过创建通用的分布式账本技术，协助组织扩展、建立行业专属应用程序、平台和硬件系统来支持成员各自的交易业务。

8. 创世区块（The genesis block）

创世区块是指区块链上的第一个区块，比特币的创世区块于 2009 年 1 月 4 日被创建。

9. 对等网络（P2P）

对等网络即对等计算机网络，是一种在对等者（Peer）之间分配任务和工作负载的分布式应用架构，是对等计算模型在应用层形成的一种组网或网络形式。

10. 分布式网络（Distributed Network）

处理能力和数据分布在节点上而不是拥有集中式数据中心的一种网络。

11. 分布式账本（Distributed Ledger）

数据通过分布式节点网络进行存储。分布式账本不是必须具有自己的货币，它可能会被许可和私有。

12. 分叉（Fork）

区块链是去中心的使用方式，一旦有新的软件版本发布后，并且每个人都会去升级到新版本，这就可能导致图 1 所示的问题：在 2 号区块生成的时候发布了新的版本，且新的版本增加了之前版本不能识别的数据结构，此时部分用户升级了新版，部分用户还没有升级，这些新旧版本的软件仍然在各自不停地挖矿、验证、打包区块，这就是分叉。分叉分为硬分叉和软分叉。

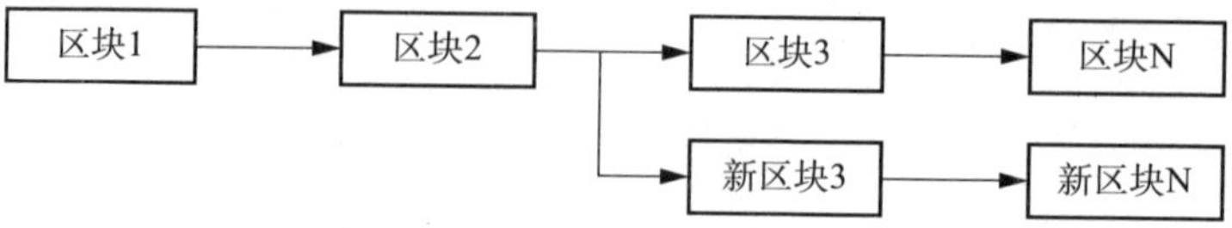

图 1

2016 年 7 月，以太坊开发团队通过修改以太坊软件的代码，在第 1920000 区块强行把 The DAO 及其子 DAO 的所有资金全部转到一个特定的退款合约地址，从而“夺回”黑客所控制的 DAO 合约的币。之后，形成两条链，一条为原链（ETC：以太经典），另一条为新的分叉链（ETH：以太坊）。

13. 分片技术（Sharding）

分片是一种基于数据库分成若干片段的传统概念扩容技术，它将数据库分割成多个碎片并将这些碎片放置在不同的服务器上，在底层公有链的系统内，网络上的交易将被分成不同的碎片，其由网络上的不同节点组成，这样能够大大提升每秒处理交易的笔数（Transaction Per Second，TPS），从而有效缓解网络拥堵问题。

14. 高级加密标准（AES）

密码学中的高级加密标准（Advanced Encryption Standard，AES），又称 Rijndael 加密法，是美国联邦政府采用的一种区块加密标准。

15. 公钥（Public Key）

公钥是和私钥成对出现的，公钥由私钥通过椭圆曲线生成，变换后是一个 65 个 byte 的数组，一般是通过十六进制处理后显示。除了加密，公开钥匙密码学最显著的成就是实现了数字签名。

16. 公有链（Public chain）

完全开放的区块链，是指任何人都可读取的、任何人都能发送交易且交易能获得有效确认的、全世界的人都可以参与系统维护工作，任何人都可以通过交易或挖矿读取和写入数据的区块链。目前全球主要的公有链有 EOS、以太坊、比特币等。

17. 工作量证明（Proof of work，POW）

工作量证明是指证明矿工“记账”得到网络节点认可之后，产生一个新区块，系统给矿工一定的比特币作为报酬的过程。这个概念由 Cynthia Dwork 和 Moni Naor 1993 年在学术论文中首次提出。而工作量证明（POW）这个名词，则是在 1999 年 Markus Jakobsson 和 Ari Juels 的文章中才被真正提出。

18. 共识机制（Consensus mechanism）

共识机制是指以去中心化的方式就网络的状态达成统一协议的过程。也被称为共识算法，有助于验证和验证信息被添加到分类账簿，确保只有真实的事务记录在区块链上。它是区块链技术的核心。目前比较常见的共识机制有工作量证明（Proof of Work）、权益证明（Proof of Stake）、委托权益证明（Delegated Proof of Stake）和实用拜占庭容错算法（Practical Byzantine Fault Tolerance，PBFT）。

19. 哈希（Hash）

一般翻译成“散列”，也有直接音译为“哈希”。是一种函数，它把任何数字或者字符串输入转化成一个固定长度的输出。通过输出我们不可能反向推得输入，除非尝试了所有的可能的输入值。哈希这个词也用于指代这样一个函数的输出值。

20. 哈希率（Hash Rate）

哈希率是比特币网络的处理能力的衡量单位。为了安全，比特币网络必须进行高强度的数学运算。网络的哈希率达到 10TH/s，意味着这个网络每秒能处理 10 亿次计算。

21. 回滚（Rollback）

回滚指的是程序或数据处理错误，将程序或数据恢复到上一次正确状态的行为。

22. 加密货币（Crypto Currency）

加密货币是数字货币（或称虚拟货币）的一种。是一种使用密码学原理来确保交易安全及控制交易单位创造的交易媒介。

23. 加密算法（Encryption algorithm）

加密算法是一个函数，它使用一把加密钥匙，把一条信息转化成一串不可阅读的看似随机的字符串，这个流程也是不可逆的（也就是说获得原始信息），除非是被某个也知道那把钥匙的人来操作。加密使得私密数据通过公共的因特网传输的时候不需要冒严重的被第三方知道传输的内容的风险。

24. 节点（Node）

负责维护网络运行的终端称为节点。节点分为“全节点”和“轻节点”。节点分布越多、越广泛，区块链网络就更加去中心化，网络运行也就越安全稳定。在比特币刚被中本聪创造出来的时候，中本聪一人运行比特币网络，第一次生成区块、第一次生产出 50 个比特币，中本聪就是比特币网络的第一个节点。

25. 客户身份验证（KYC）

KYC 是 Know Your Customer 的缩写，意思是了解你的客户，在国际《反洗钱法》条例中，要求各组织要对自己的客户作出全面的了解，以预测和发现商业行为中的不合理之处和潜在违法行为。

26. 跨链技术（Cross-chain）

跨链技术可以理解为连接各区块链的桥梁，其主要应用是实现各区块链之间的原子交易、资产转换、区块链内部信息互通，或解决 Oracle 的问题等。

27. 矿池（Mining pool）

矿池是一个全自动的挖矿平台，使得矿工们能够贡献各自的算力一起挖矿以创建区块，获得区块奖励，并根据算力贡献比例分配利润（矿机接入矿池—提供算力—获得收益）。

28. 矿工（Miner）

尝试创建区块并将其添加到区块链上的计算设备或者软件。在一个区块链网络中，当一个新的有效区块被创建时，系统一般会自动给予区块创建者（矿工）一定数量的代币，作为奖励，这也是数字货币系统存在的基础。

29. 冷钱包（Cold wallet）

冷钱包就是将数字货币在离线状态下储存的钱包，玩家在一台离线的钱包上生成数字货币地址和私钥，再将其保存起来。冷钱包是在不需要任何网络的情况下进行数字货币的储存，因此黑客是无法进入钱包获得私钥的。

30. 联盟链（Consortium Blockchain）

联盟链是指有若干个机构共同参与管理的区块链，每个机构都运行一个或多个节点，其中的数据只允许系统内不同的机构进行读写和发送交易，并且共同来记录交易数据。该联盟链的每个参与方只有通过对方授权的密钥才能看到其他参与者的数据，这样就解决数据隐私和安全性问题，同时能够实现去中心化。

31. 零知识证明（Zero knowledge proof）

零知识证明由 S. Goldwasser、S. Micali 及 C. Rackoff 在 20 世纪 80 年代初提出的。它指的是证明者能够在不向验证者提供任何有用的信息的情况下，使验证者相信某个论断是正确的。

32. Merkle 树

通常也被称作 Hash Tree，顾名思义，就是存储 Hash 值的一种树形数据结构，Merkle 树的叶子是数据块的 Hash 值，非叶节点是其对应子节点串联字符串的 Hash。

33. 难度（Difficulty）

代表着创建一个新的区块有多困难（与 target 目标值相反），这个数字是自动调节的，以保证全网平均 10 分钟找到一个新的有效的区块。

34. 钱包（Wallet）

钱包和银行卡一样，区块链资产是保存在区块链系统中的，钱包只是保管了我们的私钥，并将公钥（地址）显示出来，以便互相交易。它通常包含一个软件客户端，允许访问查看和创建钱包所设计的特定块链的交易，分为热钱包和冷钱包。

35. 区块（Block）

区块是指在区块链网络中，以文件的形式被永久记录的数据包，相当于会计中的“账页”。一个区块是一些或所有最新数字货币交易的记录集，且未被其他先前的区块记录。

36. 区块链（Blockchain）

区块链是用分布式数据库识别、传播和记载信息的智能化对等网络，是结合了分布式数据存储、点对点传输、共识机制、加密算法等计算机技术的新型应用模式。所有交易的历史记录按照时间先后顺序连在一起就是区块链。区块链技术的第一个应用是比特币。

37. 区块头（Block head）

区块头里存储着区块的头信息，包含上一个区块的哈希值（Pre Hash），本区块体的哈希值（Hash），以及时间戳（Time Stamp）等。区块与 Hash 是一一对应的，Hash 可以当作区块的唯一标识。

38. 去中心化（Decentralized）

去中心化是一种现象或结构，必须在拥有众多节点的系统中或在拥有众多个体的群中才能出现或存在。节点与节点之间的影响，会通过网络而形成非线性因果关系。去中心化是区块链最基本的特征。

39. 去中心化应用（Decentralized applications，Dapp）

去中心化应用是一种开源的应用程序，自动运行，将其数据存储在区块链上，以密码令牌的形式激励，并以显示有价值证明的协议进行操作。

40. 去中心化自治组织（Decentralized Autonomous Organization，DAO）

去中心化自治组织是通过一系列公开公正的规则，可以在无人干预和管理的情况下自主运行的组织机构。这些规则往往会以开源软件的形式出现。

41. 全节点（Full node）

全节点是拥有完整区块链账本的节点，全节点需要占用内存同步所有的区块链数据，能够独立校验区块链上的所有交易并实时更新数据，主要负责区块链的交易的广播和验证。

42. 权益证明（POS）

随着网络节点的增加，让每个人参与竞争挖矿会造成极大的资源浪费。因此，POS应运而生。权益证明通过选举的形式，其中任意节点被随机选择来验证下一个区块。根据你持有货币的量和时间进行利息分配的制度，在POS模式下，你的“挖矿”收益正比于你的币龄，而与计算机的计算性能无关。

43. 确认（Confirmation）

确认表示交易被网络验证并不会被回滚。一个确认就已经相当安全。但是对于大额转账（例如1000美金或以上），用户可以等待一个交易得到更多的确认，6次确认是一个比较通用的数量。每一次确认都降低了交易回滚的风险。

44. 热钱包（Hot wallet）

热钱包就是保持联网上线的钱包，也就是在线钱包。由于热钱包在联网状态下可以随时用来交易，对于频繁交易的用户，热钱包会更方便快捷，然而，由于触网，热钱包易遭受黑客攻击。

45. 软分叉（Soft fork）

当新共识规则发布后，没有升级的节点会因为不知道新共识规则下，而生产不合法的区块，就会产生临时性分叉，称为软分叉。

46. SHA256

SHA256是比特币一系列数字货币使用的加密算法。然而，它使用了大量的计算能力和处理时间，迫使矿工组建采矿池以获取收益。

47. 时间戳（Time Stamp）

时间戳是指字符串或编码信息用于辨识记录下来的时间日期。国际标准为ISO 8601。时间戳（Time Stamp），通常是一个字符序列，唯一地标识某一刻的时间。数字时间戳技术是数字签名技术一种变种的应用。

48. 私钥（Private Key）

私钥本质上是32个byte组成的数组，由256个0或者1随机组成，识别性较差——相当于银行卡密码，只有自己知道，私钥是随机生成的。

49. 私有链（Private chain）

私有链是指开发者并不希望任何人都可以参与某些区块链的应用场景，建立的一种不对外公开，只有被许可的节点才可以参与并且查看所有数据的区块链。私有链一般适用于特定机构的内部数据管理与审计。

50. 双重支付（Double Spending）

双重支付指同一笔钱（数字货币）被重复支付两次的现象。为了避免双重支付问题，比特币网络就设计了每笔交易都需要根据一定规则验证每笔交易。

51. 通证（Token）

Token最初被译成“代币”，狭义是指基于特定应用场景发行的虚拟货币，广义上，通证是指区块链上可流通的加密数字权益证明，从身份证到学历文凭，从货币到票据，从钥匙、门票到积分、卡券，从股票到债券，人类社会全部权益证明，都可以用通证来代表。通证有三个特点：数字权益证明、加密和可流通。

52. 挖矿（Mining）

挖矿是指矿工拿到订单信息时需要生成合法账单信息，等到生成成功，矿工会把交易账单分享到各个节点，经过节点验证后，这笔交易完成并产生新的区块的过程。每一笔账单上的信息包含账单号、交易时间、交易内容、上一笔账单的Hash和一个数字。

53. 未确认的交易（Unconfirmed transaction）

未确认的交易是一个还没有被打包到区块里面的交易。当一笔交易被打包到区块里，永久成为区块链的一部分的时候，一个确认就产生了。“6次确认”意味着这笔交易已经被打包进一个区块，并且在区块链上的这个区块后面还有5个区块，为这笔交易的合法性提供了更多的保证。

54. 委托权益证明（DPOS）

委托权益证明是目前所有共识协议中最快、最有效、最分散、最灵活的共识机制。DPOS利用利益相关方批准投票的权力以公平和民主的方式解决共识问题。所有网络参数，从费用估算到块间隔和交易规模，都可以通过选定的代表进行调整。块生产者的确定性选择允许平均仅需要1秒就能确认交易。

55. 硬分叉（Permanent divergence）

硬分叉是区块链发生永久性分歧，在新共识规则发布后，部分没有升级的节点无法验证已经升级的节点生产的区块，通常硬分叉就会发生。代码出现一个硬分叉，会改变挖矿算法的难度级别。

56. 智能合约（Smart contract）

智能合约是一种旨在以信息化方式传播、验证或执行合同的计算机协议。智能合约允许在没有第三方的情况下进行可信交易，这些交易可追踪且不可逆转。

57. 主链（Main chain）

主链一词源于主网（mainnet，相对于测试网 testnet），即正式上线的、独立的区块链网络。

后　记

有这样一则故事：有两个人在森林里行走，他们遇到了一只老虎。其中一个人赶紧从背后取下一双更轻便的运动鞋换上，另外一个人说：“你干嘛呢？再换鞋也跑不过老虎啊！”换了鞋的那个人回答说：“我只要跑得比你快就行了。”还有一则故事：《少帅》中在张学良成年之前，张作霖与张学良有一段经典对白。张作霖说：当年我在深山老林里走路，突然窜出来一只熊瞎子（狗熊），都说你老爹我英雄一世，但看见熊瞎子，你爹我拔腿就跑了。可是你有没有想过，如果当时我身后有你娘，还有你姐和你弟弟，当然还有你，你说你爹我还会跑吗？我不仅不能跑，还得死扛啊！

同样的故事，因为当事人关系的不同，结果是千差万别。现代社会，竞争无处不在，大到国家之间的战争外交，小到行业内的商战纷争，优胜劣汰的自然法则无时无处不在发挥它的威力。如何在竞争中立于不败之地是每个人需要思考的问题。

现实的世界，和象棋一样，每个人的能力是不一样的，象棋中每个棋子的力量也是不一样的。要想成为幸存者，除了自身努力之外，其他的只能听天由命。随着互联网技术的发展，每个网络节点获得的机会是均等的，和围棋一样。在围棋中，所有的棋子都是平等的，单个棋子的力量十分渺小甚至无助。

围棋被认为是世界上最复杂的棋类游戏。棋盘上各有 19 条平行线，构成 361 个交叉点。棋子分黑、白两色，各有 180 枚。弈棋有对子局和让子局之分，采用包围与反包围的基本战术，故称围棋。一般对弈一局围棋至少需要3个小时，有时长达六七个小时，甚至10个小时，它是对人脑力、体力、心理、生理等全方位的考验，唯有将单个棋子有效地联系起来，组成一个团队，形成一种“势”，才能具有防御或攻击能力，从而最终获得胜利。

Donella H. Meadows 在其遗著 Thinking in Systems 的“A NOTE FROM THE AUTHOR”中写道：系统思维超越了学科和文化，如果正确使用，它也会成为历史长河中最闪亮的一部分（Systems thinking transcends disciplines and cultures and，when it is done right，it overarches history as well.）。

这个世界唯一不变的是变化，而且随着移动通信技术的飞速发展，社会变化发展的速度越来越快，要跟上时代也需要及时更新我们的思维方式。因此，随着每个人在未来商业社会获得资源的机会日益均等，个人的力量微不足道，每个人都需要和有共识的人一起，以系统化的思维方式，构建利益共享的平台，在成就别人的同时，实现自身利益的最大化。

约翰·戴维森·洛克菲勒（John Davison Rockefeller）在给自己儿子的第二十二封信中写道：我们要成为世上的盐。盐食之有味，又能洁物、防腐。盐的盐味象征着高尚，而且能给人以力量。盐来到这个世界，就是要净化、美化这个世界，要让这个世界免于腐败，并给予世人更新鲜、更美好的生活气息。

正是基于这种想法，我花了20个月写完了我的第二本书。2019年3月31日，书稿终于完成，一直悬着的心总算落下了。在写作的过程中，我时而兴奋，时而激动，而更多的是忐忑，特别是在书稿即将完成的这一段时间，总是担心语言不够通俗，总是认为应该有更好的表达方式。有时在凌晨四五点钟，突然有个好的想法或思路，我会起身把它写下来，担心会忘记，12年前我撰写我的第一本书时的场景又出现了。

尽管从理论的角度看，我认为，本书的逻辑是通畅的，但是仍有许多需要完善的地方，而且随着时间的推移，有些逻辑可能已经发生了变化，相关修订工作只能留到下一版来完成。我在心里一直默默祈祷，希望广大读者能够喜欢这本书，并从中受益！

刘军稳

2019 年 7 月